U0331551

家庭"隔代互学"指导手册

李家成　程　豪

等 ——— 著

上海交通大学出版社
SHANGHAI JIAO TONG UNIVERSITY PRESS

内容提要

　　基于我国人口老龄化的严峻挑战,隔代教育的利弊分析,以及构建服务全民终身学习的教育体系的时代诉求,本书采用案例剖析的方法,探究祖辈和孙辈形成互相学习之关系的丰富经验和多元策略,为纾解隔代鸿沟、优化隔代关系提供一种教育方案。该书作者均为一线教师,他们直接开展了隔代互学的实践研究和理论探索,在隔代互学活动的策划、组织和评价等方面形成了一系列的成果,最终形成了本书。

　　本书读者对象为家长、老年人、中小学生、教师和教育研究者。

图书在版编目(CIP)数据

家庭"隔代互学"指导手册/李家成等著. —上海:
上海交通大学出版社,2022.9
　ISBN 978 - 7 - 313 - 27172 - 3

　Ⅰ.①家…　Ⅱ.①李…　Ⅲ.①终生教育-中国-手册
Ⅳ.①G729.2 - 62

　中国版本图书馆 CIP 数据核字(2022)第 137553 号

家庭"隔代互学"指导手册
JIATING "GEDAI HUXUE" ZHIDAO SHOUCE

著　　者:李家成　程　豪　等
出版发行:上海交通大学出版社　　　　　　　地　　址:上海市番禺路 951 号
邮政编码:200030　　　　　　　　　　　　　电　　话:021 - 64071208
印　　制:常熟市文化印刷有限公司　　　　　经　　销:全国新华书店
开　　本:787mm×1092mm　1/16　　　　　印　　张:16.5
字　　数:348 千字
版　　次:2022 年 9 月第 1 版　　　　　　　印　　次:2022 年 9 月第 1 次印刷
书　　号:ISBN 978 - 7 - 313 - 27172 - 3
定　　价:68.00 元

本书出版得到教育部人文社会科学重点研究基地华东师范大学基础教育改革与发展研究所的资助,特此致谢!

本书为国家社会科学基金教育学重点课题"服务全民终身学习视域下社区教育体系研究"(AKA210019)成果。

项目合作单位：

江苏省常州市新北区龙虎塘实验小学

浙江省武义县泉溪镇中心小学

云南省昆明市西山萃智御府学校

项目负责人 李家成　程　豪

项目助理 陶健美　涂淑莉

项目成员（以姓氏笔画为序）

丁小明　江苏省常州市新北区龙虎塘实验小学

亓　岩　云南省昆明市西山萃智御府学校

巴松拉姆　云南省昆明市西山萃智御府学校

王一帆　江苏省常州市新北区龙虎塘实验小学

朱莲娟　浙江省桐庐县学府小学

邓春花　广东省佛山市南海区里水镇旗峰小学

刘凤娇　江苏省常州市新北区龙虎塘实验小学

孙　洁　江苏省常州市新北区龙虎塘实验小学

邬双燕　云南省昆明市西山萃智御府学校

汤莹颖　浙江省武义县泉溪镇中心小学

李远兰　广东省阳江市阳东区东城镇中心小学

李星月　云南省昆明市西山萃智御府学校

沈　丽　江苏省常州市新北区龙虎塘实验小学

吴　洋　浙江省武义县泉溪镇中心小学

张振东　江苏省常州市新北区龙虎塘实验小学

张惠芳　云南省昆明市西山萃智御府学校

陈　芳　浙江省武义县泉溪镇中心小学

陈亚兰　江苏省常州市新北区龙虎塘实验小学

杨东丽　云南省昆明市西山萃智御府学校

周　莉　江苏省常州市新北区龙虎塘实验小学

周焕容　广东省佛山市南海区里水镇旗峰小学

胡鑫琪　江苏省常州市新北区龙虎塘实验小学

姚炎萍　江苏省常州市新北区龙虎塘实验小学

费玲妹　浙江省海宁市桃园小学

赵欧亚　江苏省常州市新北区龙虎塘实验小学

钱雨宁　江苏省常州市新北区龙虎塘实验小学

殷　花　江苏省常州市新北区新桥第二实验小学

徐青莉　浙江省武义县泉溪镇中心小学

涂淑莉　浙江省武义县泉溪镇中心小学

陶健美　浙江省武义县泉溪镇中心小学

康敏洁　浙江省海宁市袁花镇中心小学

曹　颖　江苏省常州市新北区龙虎塘实验小学

潘　虹　江苏省常州市新北区龙虎塘实验小学

前言 "隔代互学"项目的发展历程与价值追求

李家成*　　程　豪**

"隔代互学"致力于促成祖辈与孙辈之间形成相互学习、共同发展的关系,强调祖辈教孙辈、孙辈教祖辈。这一项目的发展,历经了多个阶段的思想准备和实践探索。

一、酝酿与思想的初步形成

将老人视为学生学习的对象,建立起小学生向老人学习的关系,源自上海市闵行区汽轮小学的一次研究。研究的场景是全国普遍存在、大量开展着的学生去敬老院、养老院献爱心的活动。

这样的活动传统现在依然大量存在着,开展的方式是孩子们带着礼物到敬老院等机构送给老人们,同时为老人们表演节目,帮助老人们做一些生活方面的护理,陪老人说说话、聊聊天,以此表达对老人的尊重。从学生的角度出发,这是"献爱心";从老人的角度看,大概就是"接受"孩子们的爱心吧!

案例班级的班主任,就在 2006 年 12 月开展了这样的一个活动。而我们在共同研讨中明确意识到,这对于孩子们来说,价值并没有想象得那么大,因为孩子们只是给予者,自己并没有得到太多实质性的发展。

于是,我们和班主任一起设计了第二、第三个活动,鼓励、指导孩子们去做调查,了解敬老院的老人们身上有哪些值得学习的资源。我们从学生的角度出发,想探讨这样的活动能否促进学生的发展,让孩子们受益。

正是通过这一调查,教师和学生们发现这家敬老院的老人身上的历史、文化资源非常丰富。由此,一个向老人学习的活动全面开展起来,并通过一节主题班会,系统呈现了孩子们的学习收获。①

---

* 华东师范大学上海终身教育研究院。
** 华东师范大学教育学系。
① 李家成,王晓丽,李晓文.学生发展与教育指导纲要[M].福州:福建教育出版社,2016:135-136.

由于学生从未去过敬老院,对敬老院的了解完全是空白的。于是,2006 年 12 月 15 日,我带领五个中队委前往敬老院进行了一番实地调查,初步了解了老人们的生活状况。五个中队委一进敬老院的门,就开始东张西望,兴奋而又茫然地看着周围的一切。分散后片刻,他们马上又回到我的身边,因为,他们不知道该从哪里开始调查。我从他们急切的眼神中,看到了他们想了解老人的渴望。我心中不由一喜,这些孩子不但不排斥老人,而且非常愿意接受。于是,我带着他们来到一位老人身边开始了"采访"……回校后,各小队按照调查的结果做了第一次活动方案的设计。

……

第一、第二次活动以后,学生说这些老人是可怜的、孤独的,所以他们是同情这些老人的。

在第三次活动中,学生对老人的情感发生了很大的转变,由同情转为敬佩。因为他们发现,在这所普通的敬老院中,许多老人身上有着不同寻常的经历,其中六位老人最为突出:抗联英雄、身残志不残的老人、把自己的财产捐给社会的爱国人士、抗美援朝志愿军战士、上海市第一届居委会主任、上海市劳动模范……学生们不由得对这些老人产生了敬佩之情,老人的经历深深感动着学生。

上述案例就是我们项目研究中说明的如何增强资源意识、促成学生发展的经典例子。在这一案例中,将老人视为拥有丰富育人资源的主体,将学生视为需要向老人学习的主体的思想已经很清晰地形成了。

尽管已经过去了十余年,但本书开头提到的"献爱心"的做法依旧大量存在,这实际上极大地浪费了可见或潜在的教育资源。据报道,截至 2019 年 6 月底,中国共有各类养老机构 2.99 万个,社区养老服务机构和设施 14.34 万个,养老服务床位合计 735.3 万张[①]。

我们尚未知悉全国养老机构到底有多少老人,也不清楚一年中有多少孩子通过这样的活动走进了敬老院。但是,如果所有的活动都渗透着向老人学习的意识,是否会让更多孩子受益,并形成文化传承、终身学习的意识? 是否会让更多老人更有尊严、更享受隔代交往?

二、在暑期研究中的拓展

上述工作大部分都是在学期当中针对小学和敬老院的案例积累。自从我们开展寒暑假研究之后,发现很少有人针对这个独特的时段做过集中、专门性的系统研究。但这个领

---

① 中国新闻网. 截至今年 6 月底,中国共有各类养老机构 2.99 万个[EB/OL]. [2021 - 10 - 30]. http://www.chinanews.com/gn/2019/09-26/8966505.shtml.

域,事实上已经影响到全国约两亿学生每年至少三个月的生活和学习质量;如果把和孩子的寒暑假生活直接相关的父母、老人、相关社会人士统计进去,其影响的人数更加可观。

正是着眼于这一价值,我们自2015年暑假开始研究,持续至今;研究的对象绝不仅仅只是学生,而是自项目开始阶段就一直倡导的学生、家长、教师之间的"三力驱动、三环交融"。

寒暑假研究持续开展,在2017年,上海嘉定区民办桃苑小学的陶菊老师,为我们带来了一个全新的案例。

这个案例是围绕孩子与家里老人的关系开展的。在之前的暑假,就有很多孩子被送回家乡,祖辈和孙辈因此会有较多的时间共同生活。陶老师这次实践的特殊之处,是鼓励孩子向老人学习。于是,整个暑假,各种手工艺等的学习,就陆续发生了。祖辈不再仅仅只是孙辈的长辈,而是慢慢开始成为他们的老师。

这一研究和汽轮小学的案例相比,有很多不同:一是发生在暑假,二是发生在学生自己的家里,三是学习的内容偏重生活和地方文化。但同时,思路又是一致的,都强调向老人学习,而不是嫌弃老人远离了时代,或仅仅将老人视为孙辈的生活照料者。

我们在全国研讨会上公开了这一成果,并在随后将其整理成文,发表于《中小学班主任》杂志①。

这一研究形成了以家庭为单位的祖辈与孙辈的学习关系,而全国更多的老人是以"居家养老"为主体的,在寒暑假期间,隔代生活更是常态。《国务院办公厅关于推进养老服务发展的意见》:

党中央、国务院高度重视养老服务,党的十八大以来,出台了加快发展养老服务业、全面放开养老服务市场等政策措施,养老服务体系建设取得显著成效。但总的看,养老服务市场活力尚未充分激发,发展不平衡不充分、有效供给不足、服务质量不高等问题依然存在,人民群众养老服务需求尚未有效满足。按照2019年政府工作报告对养老服务工作的部署,为打通"堵点",消除"痛点",破除发展障碍,健全市场机制,持续完善居家为基础、社区为依托、机构为补充、医养相结合的养老服务体系,建立健全高龄、失能老年人长期照护服务体系,强化信用为核心、质量为保障、放权与监管并重的服务管理体系,大力推动养老服务供给结构不断优化、社会有效投资明显扩大、养老服务质量持续改善、养老服务消费潜力充分释放,确保到2022年在保障人人享有基本养老服务的基础上,有效满足老年人多样化、多层次养老服务需求,老年人及其子女获得感、幸福感、安全感显著提高。②

结合上述内容可以发现,陶老师的实践充分重视"居家为基础",全力探索如何实现"老年人及其子女获得感、幸福感、安全感显著提高"。这一探索,具有重大意义。

---

① 陶菊. 如何让"奶奶团"在农民工子女返乡教育中绽放光彩?[J]. 中小学班主任,2018(2):42-44.
② 国务院办公厅. 国务院办公厅关于推进养老服务发展的意见[EB/OL]. [2021-10-20]. http://www.gov.cn/zhengce/content/2019-04/16/content_5383270.htm.

三、正式提出并开展专题研究

上述阶段的研究,已经将思想理念确定下来,在时空上也有了一定的拓展,其核心是改变对老人的单向照护,建构学生向老人学习的新关系。但真正明确提出双向学习关系,是2018年在常州市钟楼区花园小学的暑假研究中。

我们之前就与花园小学有持续的合作,所以在思想理念的沟通上非常容易,而且该学校的教师们也极具创造性。当我在2018年6月参加当年暑假研究的启动、准备会议时,周琪老师指导的两位毕业班学生的发言,让我惊喜不已。因为就在这个班级中,在周老师的指导下,在孩子们的自主参与中,隔代互学的思路已经完全形成。两位孩子分别介绍了前期是如何开展调研的,并特别介绍了本次暑假的设想,其中就包括孩子要教会老人什么、孩子要向老人学会什么。例如,在孩子要教会老人什么环节中,两位孩子就提到可以教会老人使用微信、使用电子地图等。

在这一阶段的研究中,实践的发展将"隔代互学"的思路完全体现出来,而且是来自学生、教师、家长的共同创造。本项目发展至今,一定要向这个班级、这所学校的学生、教师、家长致谢,是他们推开了这个独特领域的大门!

四、自觉研究与深入探索

但遗憾也是有的,不可能总是一切如意。当年在常州的实践探索是真实的,在新学期开始后,我们希望能做一些总结。但因为各种原因,花园小学没来得及对当年的成果进行梳理。也因此,现在没有更多的成果形态,只能通过本人的叙述,还原当时的创造。但这样的实践和思想,是不会中断的。

2018年重阳节前后,我在深圳做研究,与合作的班主任一起探索各类活动的开展。其中,光明实验学校的卓苑芳老师开放了一节班会,呈现的是孩子们如何通过调研,了解家里老人过去的生活。在活动中,有孩子说,通过调研,明白了为什么家里的老人一定要求自己不能剩饭,因为他们以前曾经历过饥饿;明白了为什么家里的老人舍不得丢弃废旧的物品,因为他们经历过贫穷。我们在研究中,一起探讨、聚焦老人与儿童的关系,提出要形成隔代之间"了解""理解""相处""相长"的四层关系①。

通过这一阶段的探索,我们将新型隔代关系研究进一步体现在相关专题中。而且,在2018年12月—2019年3月间,常州市新北区龙虎塘实验小学丁小明副校长将此项研究推进到了一个全新的样态。

记得在常州市龙虎塘实验小学的项目启动会上,我介绍了花园小学在暑假所做的研

---

① 卓苑芳. 在活动中重建祖孙关系——以传统节日活动为例[J]. 教育视界,2019(7):36-38.

究,建议在 2019 年寒假继续深入。丁副校长原本就在推动家庭三代人之间的交往,特别是与语文学科结合,通过读、写方式推动了三代人之间的互动,但那时还没有明确使用"隔代互学"这一概念。正是在当年的寒假研究中,丁副校长鼓励学生和祖辈签订互学协议,开展了丰富的隔代互学,并且在 2019 年 3 月的全国研讨会上首次公布研究成果,产生了非常好的反响。该成果不仅发表在《教育视界》杂志上[①],也被收录在我们的研究成果集中。

与之同时开展探索的还有深圳市光明区的林小燕老师。她以编织红围巾为纽带,推动祖辈和孙辈合作,产生了很好的效果[②]。

通过这样的努力,隔代共学互学的思路已经非常清晰,立场非常坚定,语言系统也正式形成[③]。在学习型社会建设的背景下,我们从促进两代人"学习"的立场出发,一致认为值得做这样的研究,并在最短的时间内形成了可推广的模型。

五、开拓思路与学术成果提炼

2019 年 3 月,新学期开始后,常州市龙虎塘实验小学的丁小明副校长组织了隔代互学的校内展评互动,进一步提升了该项目的影响力。而且,自 2019 年 6 月 1 日开始,又启动了非常富有创意的小学与老年学校的合作研究,促成了不同教育机构的老人与孩子的共学互学。该阶段的信息,已经在相关论文、报告中详细介绍,此处不再赘述。

值得总结的是,该阶段的探索明确形成了基于家庭、基于中小学、基于中小学和老年教育机构关系等不同类型的隔代互学思路与实践。而且我们在合作中,已经把项目推进到非常富有学术性的个案研究阶段,形成了若干篇深度研究报告。比如,2019 年 11 月,由上海终身教育研究院主编的《中国终身教育研究(第一辑)》收录了三篇与隔代互学直接相关的研究报告,旨在探讨基于小学与老年学校合作的隔代互学,为隔代互学由家庭、社区走向教育机构间的发展提供了范例[④⑤⑥]。

我们相信:实践是理论创新的源头活水,更相信理论与实践可以共生互生,还相信中国的隔代互学研究,能为国际社会贡献中国智慧。也是在这一时期,我们开始大量检索、分析国外的代际学习研究成果,开始关注联合国教科文组织终身学习研究所的同类项目。

---

① 丁小明. 创生互学共长的隔代教育新样态[J]. 教育视界,2019(7):33 - 35.
② 林小燕. 以综合活动促进多主体的共学互学——以"你好,寒假!"项目的"红围巾"活动为例[J]. 教育视界,2019(7):39 - 41.
③ 李家成. 隔代教育的实践类型与发展走向——兼论学习型社会建设中的隔代学习[J]. 教育视界,2019(7):31 - 32.
④ 程豪,丁小明,李家成. "跨域"学习可以促进小学生怎样的发展?——基于龙虎塘实验小学和河海老年学校的个案研究[M]//上海终身教育研究院. 中国终身教育研究(第一辑). 上海:上海交通大学出版社,2020:70 - 86.
⑤ 程豪,丁小明,李家成,吕珂漩. 隔代学习实现老人和儿童的共学互学——基于龙虎塘实验小学和河海老年学校的个案研究[M]//上海终身教育研究院. 中国终身教育研究(第一辑). 上海:上海交通大学出版社,2020:86 - 107.
⑥ 丁小明. 以"隔代共学互学"项目促进老年人精神幸福——对常州市河海老年学校学员的调研报告[M]//上海终身教育研究院. 中国终身教育研究(第一辑). 上海:上海交通大学出版社,2020:108 - 116.

六、主动推广与系统发展

我们在 2019 年 12 月启动了 2020 年的"你好,寒假!"研究项目。我们在设计研究方案时,明确将"隔代互学"作为专题,努力推介相关成果,而且也寻找到了很好的合作伙伴,并通过英文论文、报告等方式向世界传递中国在隔代学习领域的突出贡献①②③。

本书旨在反映我们正在开展的隔代互学项目的进展。在本书的撰写过程中,我们邀请参与其中的教师、家长,在充分的实践基础上进行整理,呈现项目的整体面貌,并探讨如何进一步深化研究。

我们坚信,这项得到很多校长、老师、家长、学生参与的实践具有重大意义,我们更希望通过合作、对话,邀请更多同行参与研究,共同为全国亿计的老人、青少年儿童谋福利,为家庭和谐、社会发展做出贡献。

---

① Lyu Keyi, Xu Ying, Cheng Hao, et al. The Implementation and Effectiveness of Intergenerational Learning during the COVID-19 Pandemic: Evidence from China [J]. International Review of Education, 2020, 66(5): 833-855.

② Cheng Hao, Li Jiacheng, Ding Xiaoming. A Making Intergenerational Learning: A Case Study of the Chinese Exploration and Experience [R]. Nordic Educational Research Association Annual Conference, 2020.

③ Ding Xiaoming, Li Jiacheng, Yin Mingxin. Intergenerational Learning between Older Adults and Students [EB/OL]. [2021-10-30]. https://uil. unesco. org/case-study/effective-practices-database-litbase-0/intergenerational-learning-between-older-adults.

目　录

第三篇　隔代互学项目的评价

第四篇　隔代互学项目的拓展

第一篇　隔代互学项目的组织

如何发动孩子和老人发展隔代互学？

孙　洁[*]

隔代教育指的是祖辈对孙辈的抚养和教育，它作为家庭教育的一种方式，对孩子的身心、个性发展产生深远影响。而隔代互学致力于促成孙辈与祖辈之间形成共同学习和相互学习的关系，有利于促进"尊老爱老"家风的形成。孩子与老人是隔代互学中的两个主体，如何发动老人和孩子参与隔代互学，显得尤其重要。

案例呈现

一、如何激发孩子参与隔代互学的积极性

2020年1月14日，在寒假即将开始之前，笔者在任教的常州市新北区龙虎塘实验小学二(8)班组织了一堂特殊的班队会，借此激发孩子们参与"隔代互学"活动的积极性。

班队会伊始，笔者以"同学们，平时你们和爷爷奶奶在一起会做些什么？"打开了学生们的话匣子。通过自主交流和指名发言，笔者发现孩子和爷爷奶奶在一起很少有互动，大家各自在做自己的事情。即使有互动，也只是停留在"今天在学校里吃了什么？""今天上课有没有专心听讲？""今天有没有和同学闹矛盾？"诸如此类寻常的"问答-回应式对话"上而已。但也有少数孩子讲到，当爷爷奶奶做家务，尤其是做好吃的食物时，自己会上前帮忙，但大多帮的是倒忙，自己只是觉得好玩，并没有想去学的心思。

了解情况之后，笔者话锋一转，问道："同学们，你们有没有想过，其实爷爷奶奶身上藏着许多有用的本领，值得我们学习。你发现爷爷奶奶身上有哪些本领值得我们学习呢？请与同桌说一说。"问题一抛出去，孩子们立即认真回忆和思考起来，不一会儿就和同桌聊得热火朝天。通过讨论和交流，孩子们发现爷爷奶奶身上值得学习的东西可多了！有家务劳

* 江苏省常州市新北区龙虎塘实验小学。

动(洗碗、扫地、拖地、擦窗、整理衣柜等)、田头干活(耕地、种菜、收稻子等)、制作美食(如馒头、团子、饺子、面饼等)、手工劳动(剪窗花、纳鞋底、刺绣、糊风筝等),还有他们身上勤劳善良、勤俭节约的美好品德,这些都是值得孩子们学习的地方!

"那你们身上有没有值得爷爷奶奶学习的地方呢?"看到同学们讨论得差不多了,笔者又及时提出了下一个问题。这下可把孩子们难住了,他们眨巴着困惑的小眼睛,绞尽脑汁地思考:"我们身上有什么值得爷爷奶奶学习的呢?我们哪里比得上爷爷奶奶呢?"看到他们可爱的小表情,笔者不禁笑了,开始慢慢引导:"同学们,你们会用手机开视频,你们的爷爷奶奶会吗?你们会乘地铁,爷爷奶奶会吗?"经过这么一提醒,同学们的思路顿时打开了。"对呀,我可以教爷爷奶奶看微信视频!""我可以教爷爷奶奶发电子红包!""我可以教爷爷奶奶画画!""我可以教爷爷奶奶跳舞!""我可以教爷爷奶奶垃圾分类!"……

由此,隔代互学的兴趣被激发出来了,笔者立即趁热打铁:"同学们,在我们学校四(7)班有一位'隔代互学小达人',想不想认识一下?"同学们异口同声地高喊:"想!"于是,笔者开始播放四(7)班"隔代互学小达人"于同学的隔代互学视频,他正在向老师、同学们展示他跟爷爷奶奶学到的新本领,比如包饺子、做团子、包小馄饨、做煎饼,尤其是他包小馄饨时熟练、飞快的动作惹得同学们惊讶不已,连连拍手叫好!看完之后,笔者问:"你们想不想也像这位大哥哥一样做一位隔代互学的小达人?"孩子们个个摩拳擦掌,决心满满地说:"想!"

就这样,通过一堂特殊的班队会,经历了"课前交流,了解祖孙平时的相处方式""引发思考,激发孩子参加互学的兴趣""介绍榜样,激励孩子争做互学小先锋"等具体阶段,孩子们参与"隔代互学"的热情被调动起来了。

二、如何激发老人参与隔代互学的主动性

2020年1月15日,为了深入了解祖辈所拥有的技能和学习需求,笔者所在学校结合华东师范大学李家成教授提出的关于"隔代互学"的两个核心问题,即"你觉得'学习'是什么?"以及"你现在最想学习什么?"从老年人的职业、特长、学习需求、学习类型、对学习的理解等8个方面设计了关于祖辈"终身学习"的调查问卷。

笔者在班级共发放问卷51份,实际回收问卷47份。参加调查的47位老人对学习的理解大致可以分为以下三类:一是以善于倾听、寓教于乐、讲究方法为主的学习过程;二是以踏实认真、积极向上、持之以恒、勤奋努力、学无止境为主的学习态度;三是以学本领、找工作、美德养成、改变命运、适应社会为主的学习目的。

其中,有5位老年人已经具有终身学习的理念和意识。老年人的学习需求涉及智能手机、语言、养生、文化知识、健身、技能、才艺等不同的内容,47%的老年人希望学习多种技能来丰富自己的老年生活,15%的老年人有着学习普通话和英语的愿望,11%的老年人想通过学习文化知识提升精神生活质量(见图1)。由此可见,老年人对学习保持着积极的心理认知,学习动机明确,学习需求多样化。老年人学习意愿的凸显,大大增加了其参与隔代互

学活动的可能性。

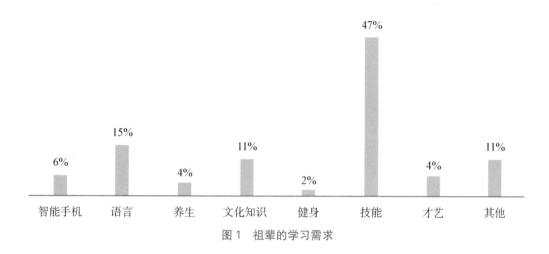

图1　祖辈的学习需求

　　基于上述内容，笔者起草了以下这份"隔代互学"倡议书，借此给孩子的祖辈们宣传老年人参加隔代互学的意义和价值。

"隔代互学"倡议书

亲爱的爷爷奶奶：

　　你们好！假期"隔代互学长本领"活动即将开始！今天，孩子们在课堂上自豪地说起了爷爷奶奶的本领，相信孩子们一定迫不及待地想要跟你们学习呢！

　　当然，别看孩子们小，他们可是人小鬼大，跟着他们学一学，爷爷奶奶也会学到很多新鲜的事物哦！学校四(7)班张同学的奶奶是做鸡鸭鹅生意的，原来不会使用智能手机，年轻人很少光顾她的小摊。寒假里，她跟孙子学会了使用微信，做了一个二维码扫描支付，现在有很多年轻人来光顾她的小摊，她的生意也越来越好了！她非常感谢学校开展这样的活动。"隔代互学"好处多多，不仅可以让你们紧跟时代的步伐，丰富晚年生活，还可以增进和孙辈之间的感情呢！开学后，学校将组织"隔代互学小达人"的评比，我们还会邀请隔代互学"种子家庭"①的爷爷奶奶进入课堂，跟孩子们一起互学共长，快快加入我们吧！这个假期，相信爷爷奶奶和孩子们互相学习的生活会更幸福，更有意义！

龙虎塘实验小学　　二8班　　孙老师

2020年1月15日

　　祖孙两代人的互学活动能否顺利开展起来，父辈家长同样是关键。父母在中间要起到组织、协调、支持和鼓励的作用。2020年1月17日，我先在班级群里跟家长们说明了"召开家庭会议"对于祖孙开展"隔代互学"的重要作用；然后指导他们如何召开家庭会议，如何商

---

① 种子家庭，指在群体中具有示范引导作用的家庭。本书中的"种子"指团队中实力较强的成员，具有示范引导作用。

定祖孙隔代互学的内容;最后探讨了如何制作思维导图,完成家庭"隔代互学"的活动方案。

通过手把手的指导,家长们明白了自己的职责和定位,回到家立刻召开了家庭会议。在家庭会议上,老人和孩子们确定了互学的内容,签下了"隔代互学协议"。孩子在父母的指导和帮助下,完成了"隔代互学"思维导图(见图2)。

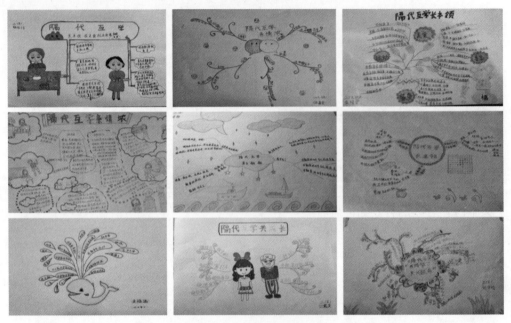

图2　隔代互学思维导图示例

经历"一份调查问卷,了解老人对学习的理解和学习的意愿""一份倡议书,宣传老年人参加活动的意义和价值"和"一次家庭会议,父母促成祖孙两代人的互学"之后,孩子和老年人参与学习的热情被充分调动起来了。有了老师前期的充分准备,以及孩子、父母、祖辈思想上的充分认识,后期开展隔代互学活动也就顺理成章了。

原理解读

老人和孩子是"隔代互学"中的两个主体,如何调动两个主体的积极投入是项目启动的关键。

一、激发祖辈和孙辈开展隔代互学的内驱力

学习内驱力来源于学习动机,学习动机强,则学习行为积极,主动性高,学习效果好。学习动力可从来源的角度划分为内部动力和外部动力,而内部动力具有最强的驱动力和最

持久的持续时间①。因此，在活动前期，激发活动主体的内驱力是开展隔代互学活动必不可少的重要环节。只有充分调动老人和孩子这两个主体的积极性，他们才会从被动学习转向积极投入，才能产生互学的内驱力。互学的内驱力也将促使他们不断思考、尝试、改进和提升，使隔代互学呈现良好的发展态势。

二、激发兴趣、好为人师、榜样激励是发动孩子的影响因素

首先，兴趣是最好的老师，建议教师在活动发动阶段要充分激发孩子的学习兴趣。其次，每个孩子都特别喜欢做"小老师"，利用他们"好为人师"的身心发展特点能起到"事半功倍"的效果。最后，榜样的力量是无穷的，有了榜样的引领，孩子们就有了赶、比、超的对象。

三、了解需求、宣传鼓励和家长支持是发动老年人的影响因素

知己知彼，方能百战不殆。要想发动老年人积极参与隔代互学活动，首先要了解老年人的学习需求。只有提供给他们所需要的学习内容，才能激发他们学习的内驱力。其次，要让老年人明白隔代互学对于孙辈和自己的目的和意义，这样才会增强老年人参加的意愿。最后，要发挥父辈家长的桥梁作用，有了孩子爸爸妈妈的支持、鼓励和协调，老年人会更加有底气和自信参加隔代互学。

温馨提示

首先，互学中的祖孙本位。笔者是以班队会的形式发动学生参与隔代互学的，在这个过程中尽力抓住一切可以促发学生学习内驱力的有利因素，以关键性的问题引导学生，在尊重与鼓舞中唤醒学生的思维活性，使学生在榜样激励下及小组讨论中碰撞思维、探索隔代互学内容的多样性，形成主动学习的意识。

当然，发动孩子参与隔代互学的形式也是多样的。例如，浙江省武义县泉溪镇中心小学的涂淑莉老师就巧用"休业式"，在班级开展了"隔代互学"项目培训会，邀请学生父母和祖辈共同进入课堂，调动祖孙的积极性，这不失为一种高效的发动方式。"休业式"是每学期结束前教师和同学们一起召开的会议，对本学期进行回顾总结，并交流假期作业、注意事项等相关内容。

不管哪种方式，都建议在发动过程中激发孩子与老年人的内在学习动力，避免用父辈家长和教师的作用直接替代祖辈和孙辈的主体角色。倘若教师在宣传发动阶段发现部分

---

① 齐宏军.核心素养视域下激发学习内驱力之浅见[J].课程教育研究,2019(50):58.

老年人不愿意参加,可以请孩子去做祖辈的思想工作。反之,假如孙辈不乐意参加,则可以请祖辈帮忙,鼓励孩子一起参加活动。

其次,过程中的父辈家长辅助。父辈家长是连接学校和家庭的桥梁,是联系老年人和孩子的枢纽。在项目启动过程中,可以发挥他们的中间力量,为祖孙隔代互学创建多样的学习平台,提供物质、精神支持和帮助,积极推送隔代或多代共学互学的成果。

最后,启动中的教师引领。教师要指导孙辈、祖辈和父辈家长召开家庭会议,确定互学内容,指导孩子制作隔代互学思维导图,为后期互学活动的顺利开展提出建设性的建议。同时建立长程式的活动方案,逐渐让"互学共长"的理念扎根于祖孙心中。

拓展思路

在此,笔者想继续探讨的是,如何具体实施隔代互学。

首先,针对特殊人群,具体问题具体分析。例如,针对发动后仍然不愿意参加隔代互学活动的祖辈,我们可以通过个别访谈,了解老年人的真实想法,鼓励老年人积极尝试;祖辈不在身边的孩子,我们可以通过个别指导,让他们邀请邻居或社区的爷爷奶奶开展隔代互学活动;或由教师将"倡议书"拍摄成微视频,由家长播放给老年人观看,采用线上形式进行。

其次,发挥"种子家庭"的榜样作用。例如,"种子家庭"可以率先开展隔代互学活动,记录过程性资料,形成美篇、视频等成果,并将其分享到班级群里,激发其他家庭中的老人和孩子积极融入。

最后,借助与笔者学校合作的河海老年学校的学员,以讲座宣传的方式传播终身学习的理念,发动老年人积极参加隔代互学活动。

如何促进家庭隔代互学方案的形成？

赵欧亚*　　沈　丽**

一份有效的家庭隔代互学方案，可以为活动的组织者和参与者提供明确的方向，使活动的目标、步骤和进度得以合理有序地开展，为后期活动的延续提供经验、依据或保障。

在有效方案基础上开展的隔代互学活动，能在最大程度上调动家庭资源，为祖孙的学习和生活带来活力和新鲜感。实践表明，隔代互学有助于增进祖孙之间的情感，让祖孙在获得价值满足的同时，拥有更加强烈的家庭归属感。

案例呈现

一、集思广益定主题

确定主题是隔代互学方案形成的首要条件。在 2020 年"寒假幸福作业"的指导课上，笔者通过询问了解到班中有一大半同学将回老家度过一个多月的寒假生活，而且由于父母上班，假期的绝大部分时间都会与爷爷、奶奶或外公、外婆待在一起。

于是，笔者继续发问"这个寒假我们将开展家庭隔代互学活动，你能给这个活动起一个好听的名字吗？"在小组成员的合作下，孩子们想出了许多活动主题，如"爷爷、奶奶，我来啦！""隔代互学显成长"……最终，经过民主投票，"祖孙互学，各显神通"这一主题以绝对的优势胜出。由此，笔者和孩子们确定了"祖孙互学，各显神通"的 2020 年"你好，寒假！"家庭隔代互学的活动主题。

* 江苏省常州市新北区龙虎塘实验小学。
** 江苏省宜兴市高塍实验小学。

二、家庭调查定内容

隔代互学内容是方案的重要组成部分。为了进一步了解隔代互学的内容,笔者提出了两个调查问题。第一,"祖孙互学,各显神通,你们觉得自己有哪些隐藏的神通可以与爷爷奶奶分享呢?"第二,"既然是互学,那么爷爷奶奶又有什么神通可以教你们呢?"基于这两个核心问题,笔者和学生共同设计了以下这份班级隔代互学内容的调查单。

三(6)班寒假家庭隔代互学内容调查单

亲爱的家长们、同学们:

我们的幸福寒假即将来临,同学们将回归家庭,回归社会。作为家庭的一员,孩子们要学会自理,学会在家庭中交往与实践。这是一次很好的家庭成员之间相互学习、共同成长的机会。经过与孩子们的讨论,我们共同确定了本次寒假的"幸福作业"主题——"隔代互学,各显神通"。关于学习内容,您又有哪些独特的想法呢?下面这份调查单请孩子与祖辈合作填写完成,让我们共同领略您与家人的神奇吧!

学生	你可以教祖辈什么?	祖辈可以教你什么?

龙虎塘实验小学三(6)班

2020 年 1 月 10 日

孙辈回到家和长辈们取得了联系,共同讨论并确定了隔代互学的内容(见表1)。每一个孩子、每一个家庭的情况都不一样,为了不限制大家的思维和创造,我们遵从孩子与长辈们的个人意愿,选择使用自行填空的方式,鼓励大家选择自己认为最独特的本领进行互学,哪怕是同一个互学项目,也可以与其他小伙伴有不一样的"独门秘诀"。

表1　三(6)班部分同学隔代互学意向

学生	你教祖辈什么?	祖辈教你什么?
学生 1	跳绳、读古诗	包饺子
学生 2	背《三字经》、唐诗	洗碗、种菜
学生 3	识字、画画	扫地、折纸
学生 4	练字	包馄饨
学生 5	操作手机	织毛衣

隔代互学内容的丰富性不仅体现在主题的多样上,还体现在不同的教授方法、学习方

式和展现途径上。我们力图从中寻求隔代互学内容的独特性。

在昆明市西山萃智御府学校,教师指导学生将前期调查出来的隔代互学内容进行分类,并以思维导图的方式(见图1),予以清晰、系统地呈现,这有助于进一步形成隔代互学的具体方案。

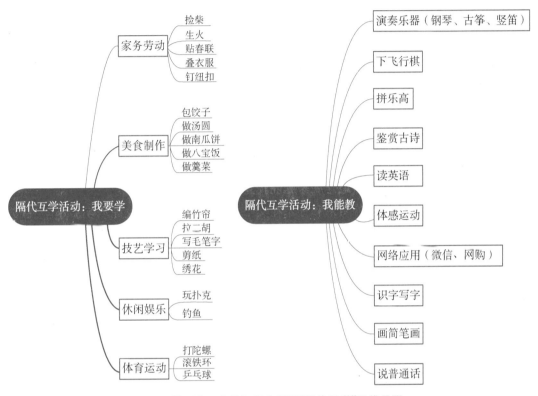

图1 昆明市西山萃智御府学校"隔代互学"思维导图

三、互学要求大家谈

确定好隔代互学的主题与具体内容之后,我们开展了第二次隔代互学指导课。笔者和孩子们就隔代互学的相关要求、原则和建议进行了较为充分的讨论。在与孩子们交流和沟通的基础上,我们共同总结出以下三点隔代互学的要求。

第一,祖孙双方在相互传授本领时,必须耐心、认真,并且态度保持和善,不得发火,不得言语不敬。

第二,隔代互学的内容必须是祖孙双方共同感兴趣的,而且能够通过学习掌握。

第三,祖孙双方需要在规定的期限内完成学习任务,没有完成的,幸福寒假作业等第不建议评为优秀。

在此基础上,笔者继而提出"采用哪些方式呈现祖孙互学成果"这一话题,并引领学生进行讨论,鼓励他们表达自己的独特观点和想法。比如,有学生提出从微视频、抖音、照片、美篇、日记、绘本、现场展示等多种方式中择其一或多种进行呈现。我们强调隔代互学成果的展现不拘泥于形式,最适合自己即可。因此,在隔代互学方案形成之时,也需要提前确定好互学成果的展现方式,这既可以帮助每个家庭更加系统、全面地考虑隔代互学的各个环节,促进后续活动的顺利开展,也增加了隔代互学方案的完整性、动态性与可操作性。

四、汇总建议制方案

有了上述的想法、调研和课堂指导,我们的隔代互学方案框架也就基本成形了。笔者将前期活动中形成的文字材料,整合成了本班寒假“祖孙互学,各显神通”的具体活动方案,其中包含活动主题介绍、祖孙互学内容建议、学习要求、学习成果呈现四个板块,希望家庭成员通过阅读这份方案,清晰、详细地了解隔代互学的目标、内容以及流程等,并基于每个家庭的具体实际情况,合理有序地开展家庭隔代互学活动。

根据各个家庭的实际情况,祖辈和孙辈在父辈的帮助下填写好《龙虎塘实验小学三(6)班“家庭隔代互学”方案》(见图2)。此方案包括互学项目、互学要求、互学成果(呈现方式)、互学时间。而后,笔者鼓励他们将“方案”分享到班级微信群中。有了这份家庭隔代互学方案的引导,每个家庭在隔代互学过程中就有了明确的方向,同时也有力地保障了隔代互学过程的有序进行。

龙虎塘实验小学三(6)班“家庭隔代互学”方案

学生姓名: 苗**

一、互学项目

祖辈向孙辈传授本领:

包饺子的三种花式、做寿司、洗碗小妙招、给自己扎辫子、做简易书签。

孙辈向祖辈传授本领:

如何让使用手机微信与他人聊天、做广播操、背诵5首唐诗。

二、互学要求

1、祖孙双方在相互传授本领时必须耐心、认真、态度和蔼,不得发火,不得言语不敬。

2、祖孙双方在互学期间,孙辈必须学会五项本领,祖辈至少要学会三项本领,逾期没有完成任务的,寒假作业等第不得评为优秀。

三、互学成果(呈现方式)

微视频:做寿司、做广播操、背诵5首唐诗

抖音:给自己扎辫子、做简易书签

美篇:如何使用手机微信与他人聊天

照片:包饺子的三种花式

日记:洗碗小妙招

四、互学时间

2020.1.20-2020.2.10 每天晚上6.00-6.30祖辈教学时间,6.30-7.00孙辈教学时间。备注:根据期限与互学内容,平均分配各个学习项目的教学时间。

龙虎塘实验小学三(6)班“家庭隔代互学”方案

学生姓名: 朱**

一、互学项目

祖辈向孙辈传授本领:

下象棋、种小白菜、养殖多肉的方法、叠衣服的技巧、做蛋炒饭

孙辈向祖辈传授本领:

眼保健操、跳绳、画国画。

二、互学要求

1、祖孙双方在相互传授本领时必须耐心、认真、态度和蔼,不得发火,不得言语不敬。

2、祖孙双方在互学期间,孙辈必须学会五项本领,祖辈至少要学会三项本领,逾期没有完成任务的,寒假作业等第不得评为优秀。

三、互学成果(呈现方式)

微视频:做蛋炒饭、跳绳、眼保健操

抖音:叠衣服的技巧

美篇:种小白菜

照片:画国画

日记:下象棋、养殖多肉的方法(附照片)

四、互学时间

2020.1.18-2020.2.10 每天下午2.00-2.30祖辈教学时间,2.30-3.00孙辈教学时间。备注:根据期限与互学内容,平均分配各个学习项目的教学时间。

图2 三(6)班部分同学的“家庭隔代互学方案”

五、基于实情促开展

如果说基于班级的隔代互学方案具有共性特征，那么基于家庭的隔代互学则呈现出个性化、独特性的特征。每个家庭在隔代互学的共性要求下，结合自身的具体实际情况，进一步形成了富有个性的、具体化的家庭隔代互学方案。

（一）商定隔代互学的具体时间

由于各个家庭的作息时间不同，隔代互学的时间选择具有自由、开放等特征，每一个家庭根据实际情况确定隔代互学的时间。但需要注意两点：第一，一旦学习时间被确定下来，应保证按时学习、高效学习；第二，开展隔代互学不能影响家庭生活的正常秩序，切勿因隔代互学的开展而给家庭氛围、家庭环境带来负面影响。

（二）关注隔代互学内容的选择

在活动开展中可秉持三个方面的原则。第一，每一对组合中祖辈和孙辈都有各自所擅长的领域以及可能不足之处，因此需要祖辈和孙辈共同商讨并确定要教对方什么内容。第二，隔代互学的内容需要考虑祖辈和孙辈的身心发展特征，需要了解双方的学习能力，确保祖孙彼此通过互教、互学能够掌握所学内容。第三，隔代互学的内容需要明晰、具体，比如要避免这样笼统的内容陈述：孙辈将"手机等电子设备操作"教给祖辈，祖辈将"做饭、种菜、历史文化等技能和知识"教给孙辈。总而言之，基于家庭的隔代学习需要根据家庭成员的具体需求展开，避免笼统和宽泛。

（三）选择适合的隔代互学成果呈现方式

随着信息化、电子化等技术性的产品融入生活，微视频、抖音、照片、美篇等都可以成为隔代互学成果的表达方式。除此之外，我们鼓励更多家庭以更加创新的渠道和方式展现隔代互学的个性化成果。需要注意的是，隔代互学成果的表达需要客观、实事求是，教师可以参与家庭隔代学习的指导，保证学习成果的质量，达到成果展现与学习内容的一致性。

原理解读

一份良好、适合自己的"隔代互学"方案，可以帮助祖辈与孙辈以更加积极的姿态投入隔代互学活动，在科学可行的方案指导下有序开展隔代互学，有效地提升隔代互学的效果。

教师对学生的指导可以有多种渠道,本校采用的是"幸福作业指导课"。在此过程中,鼓励学生自主参与交流和讨论,并确定隔代互学主题是活动的重要环节之一。

"隔代互学内容调查单"为方案形成提供了依据和方向。学生的父辈家长看似没有出现在隔代学习的主体中,但他们在活动中承担着沟通、衔接、支持、鼓励等多元化的任务,是助力隔代互学活动有序、真实开展的重要角色。

隔代互学方案看似是一份份停留在文字上的材料,但经过每个家庭个性化、独特性的改造、完善和更新后,被赋予了来自多个家庭的教育力、学习力和生命力。由此,千千万万个家庭隔代互学方案的链接与组合,形成的是一幅幅网状的隔代互学范例。在这样丰富多彩的范例中,学习遍布于隔代关系、家庭生活的点点滴滴中,学习不再是一件枯燥无味的难事,而是一件与生活息息相关的趣事。每一个家庭成员既是教育者,同时也是学习者,是教育者与学习者的统一体。

温馨提示

家庭隔代互学活动从方案初成,到落地实施,再到成果生成,需要隔代主体、家长和教师等多方合力、共同参与。要形成一份可实施、出成果、有评价的隔代互学方案,有以下四点注意事项可供参考。

一、明确学生立场

通过两节"幸福作业指导课",学生不仅明白了何谓隔代互学,更加知道了如何开展隔代互学。"祖孙互学,各显神通"主题的确立,使学生对这一活动有了清晰的认知、学习的兴趣、实施的方向,因此,"幸福作业指导课"对于隔代互学的推进卓有成效,学生立场渗透于隔代互学的方方面面。

二、祖孙本位的互学视角

老人和孩子是隔代互学的主体,尊重他们的学习意愿尤为重要。因此,在开展隔代互学之前,通过一张"需求调查表",让孩子和老人重新"审视"自己、"看见"对方,是对他们本身价值的肯定和挖掘。隔代互学不是仅仅关注孩子的发展,而是兼顾祖辈和孙辈的共同成长,让处于社会中的两个特殊群体重新在家庭中"被看见"和"被重视",重新塑造他们的个体形象和社会价值,帮助他们走出"就在身边却并不了解"的尴尬窘境。从"看见彼此"的视角出发,让隔代互学活动的"双主演"闪亮登场。

三、不可缺席的父母角色

父辈家长虽然在隔代互学活动中属于"隐形角色"，但发挥的作用是不容小觑的，他们给孙辈以引领，给祖辈以帮扶，承担着"传话筒"等"交通枢纽式"的角色。例如，父辈家长在隔代互学活动中给祖孙加油、鼓励、指导，提供场所、设备、金点子，为活动的顺利开展提供坚实的"后勤保障"。因此，在隔代互学活动的筹备中，教师与父辈家长保持沟通显得至关重要。

四、班主任需发挥指导、统筹的职责

班主任是学生、家长的领导者[①]。在隔代互学过程中，班主任是"看不见的大手"。从指导课上对学生的引领，到活动实施前的调查准备，再到活动开始后对隔代互学主体的引导，及至学习成果的收集、分析和反馈等诸多环节，班主任贯穿于整个活动，并以"旁观者"的视角予以审视和辅导，让这一长程式的活动方案在多方努力下开启、完善，逐步形成每一家庭的"隔代互学"范式。

拓展思路

如何挖掘隔代互学的内容？每个家庭由于家庭成员的性格、特长等不同，隔代互学方案也各具特色。挖掘隔代互学内容，除了依靠隔代主体双方所具有的知识、技艺和价值观等，还可以拓展到家庭其他成员的既有资源，以及社会资源。此外，在当下这个"互联网＋"无处不在的时代，隔代互学的空间被无限拓展，充分利用"线上资源"是隔代互学的发展方向之一。

如何增强家庭之间的互学联动？有些家庭可能缺乏学习资源，有些家庭可能缺少活动主体。譬如，祖辈过世或祖辈没有学习能力的家庭，可以发动身边的老年人开展隔代互学活动。面对这样缺乏必要条件或者活动条件单一的家庭，如何确保隔代互学活动的正常开展及保持其趣味性，也是必须要思考的问题之一。为了避免隔代互学活动陷入窘境，教师需要提前准备、主动介入、积极优化家庭间的隔代互学或多代互学。

最后，期待能设计更多形式的隔代互学活动方案，来奏响家中老人的"人生暮歌"，并与稚嫩的童声一起编织出蓬勃的生活乐章。

---

① 李家成.班主任是领导者[N].中国教师报，2019－12－25(11).

如何发挥"种子祖辈"在隔代互学中的作用？

朱莲娟*　　胡鑫琪**

"隔代互学"作为祖辈和孙辈之间的一种新型学习关系，人们一开始难免会不了解该如何开展，不清楚该研究主题或领域的价值，也缺乏前期的经验积累和可借鉴的学习模板。这时，可考虑充分发挥"种子孙辈"和"种子祖辈"在引领、辐射等方面的可能作用。我们的研究表明，发挥"种子祖辈"在隔代互学中的作用，显得尤为重要。

案例呈现

笔者以浙江省桐庐县学府小学一（10）班"隔代互学"实践活动为例，重点介绍如何发挥"种子祖辈"的作用。

一、满怀期待，大失所望

2020年寒假前的两个月，本文第一作者（下文以"笔者"代表）开始计划在寒假组织学生开展"隔代互学"活动。由于笔者任教一年级，对班级中的学生与祖辈相处情况不太熟悉，心里也没有底，就打算让几位"种子家长"当"牵线人"。

其间，笔者与"种子家长"进行过多次交流，主要内容包括五个方面。第一，学生与祖辈一起生活时有哪些日常习惯；第二，祖辈参与孙辈的养育状况如何；第三，祖辈对孙辈的教育理念有哪些；第四，家长对隔代教育的策划以及设想是什么；第五，家长对隔代互学项目的实施有哪些建议。

一轮交流和讨论下来，"种子家长"表示很茫然，"到底有没有必要开展隔代互学活

＊　浙江省桐庐县学府小学。
＊＊　江苏省常州市新北区龙虎塘实验小学。

动？""祖辈和孙辈会参与隔代互学活动吗？"这种种疑惑出现在笔者和"种子家长"们的心中。

恰好那时，笔者得知江苏省常州市龙虎塘实验小学将召开"隔代互学动员会"，于是提出了去现场学习的倡议，获得了3位"种子家长"的回应。2019年12月29日，我们不惜驱车来回9个小时，赶到常州参与这次会议。这趟旅途让我们收获满满。印象最深刻的是会上一位来自农村的老奶奶的发言，她带着两个孙子从"无序教育"到"有计划的隔代互学"，不仅收获了知识，更在互学中收获了浓浓的"祖孙情"。我们在现场充分感受到祖孙间融洽的关系，互促的学习方式，十分动容。

江苏之行，让笔者对"隔代互学"活动的开展充满了信心，尤其是在回程车上与"种子家长"的探讨，更让笔者有了努力的方向。为了使隔代互学计划尽量好懂、易操作，笔者一回来就着手进行了修改，并迫不及待地把它发在班级群里，但无人回应。挫败感肯定是有的，但静下心来想一想，对于五六十岁的祖辈来说，让他们接受向孩子学习的想法，一时半会儿是有困难的。另一方面，他们的育儿观念很简单，比如"七八岁的孩子，健康快乐就好，很多事情现在不会，长大了自然就会了，还需要什么隔代互学？"如此来看，开展"隔代互学"困难不少。

二、寻求方法，峰回路转

转机随之而来。2020年1月14日，一同去学习的一位"种子家长"主动联系笔者，说她的孩子和爷爷可以尝试开展隔代互学。一则爷爷乐于交流，也善于学习；二则孩子的爸爸常年在外地工作，即使每月回家一趟，也基本不会参与孩子的教育。孩子需要父辈浸润式的陪伴，也需要祖辈发挥有效的作用，共同促进其全面和谐发展。

"寒假隔代互学"学什么？怎么学？经过与这位"种子家长"的沟通，最后确定从爷爷最擅长的厨艺开始。但隔代互学并不像计划中得那么顺畅。

爷爷第一次手把手地教孙子切菜和烧菜，有着许许多多的不放心。比如，爷爷不放心孙子用菜刀，妈妈就在边上鼓励"让孩子试试看"，爷爷还是反对，说"小学生用刀不安全！"妈妈也只有尊重爷爷的教学，慢慢来！

第二次，爷爷教孙子炒鸡蛋，因为炒鸡蛋不用刀，而且还好上手。当孙子把菜盛出锅时，爷爷看着有点着急，又亲自上阵，把炒鸡蛋盛入菜盘。

第三次，爷爷带着孙子去买菜，妈妈建议让孩子去菜场认识几种蔬菜，了解菜的价格。可还没走进菜场，孙子就被门口小店的玩具吸引了，结果玩了半天玩具后就回家了。妈妈试图沟通，爷爷却不以为然，坚持着"还小，不教没关系"。

对比起来，孙子教爷爷似乎更容易些，老人觉得开心，学得也很投入，如孙子教爷爷如何使用微信收发红包等。图1展示了爷爷教孙子做菜，孙子教爷爷"发红包"的互学情景。

图1　隔代互学场景

三、精心指导，初见成效

在第一次隔代互学中，爷爷的教学积极性并不高，孩子妈妈也抱怨了好几次。笔者打算正月去家访，当面跟爷爷聊聊隔代互学的意义。但突如其来的疫情，迫使上门家访计划取消。笔者就跟孩子妈妈微信互聊，把意见发给她，同时也指导她如何跟孩子的爷爷交流，如说话的语气、语言的呈现方式等。笔者也跟孩子进行了视频聊天，指导他去说服爷爷，让爷爷在教学的时候适当地放手，同时尽可能表扬爷爷，教爷爷一些新本领，比如电视点播等。

从实践来看，孙子的言语对于爷爷参与隔代互学是有帮助的。在接下来的一周，爷爷和孙子参与隔代互学的热情、行为等均有明显提升。经过几次教学，爷爷越来越懂得"放手"，如包饺子时会有意识地给孩子留一些菜，让孩子学剁馅；看到孩子再次拿起刀具，爷爷不会马上去抢夺，而是在旁边耐心地指点。祖孙俩一起揉面团，爷爷教孙子如何把握放馅的量，孙子教爷爷使用美术课学来的技巧捏花样。这样的场景温馨而美好（见图2），洋溢着满满的祖孙情！

图2　祖孙一起包饺子

爷爷除了教自己擅长的厨艺之外，也开始教其他的生活技能。比如，爷爷教孙子洗鞋子，孙子教爷爷穿花样式的鞋带系法；爷爷教孙子清理卫生，孙子教爷爷折三角形的塑料袋以便于携带……每一次的隔代互学都会有意想不到的收获，也让爷爷更加懂得"放手是为了让孩子更好地进步！"

随着隔代互学的推进,孙子将亲手画的"教学之星"奖发给爷爷,他认为爷爷比较有效地教会了他烧菜的技巧,所以就给爷爷设计了一个"教学之星";与此同时,爷爷也给孙子颁了个"大奖",爷爷认为孙子在寒假学会了很多家务,而且做得很棒,所以赞他为"家庭劳动之星"(见图3)。奖状是由爷爷、妈妈、孩子共同设计的。

图3　祖孙互相颁发"奖状"

经过一个寒假隔代互学的探索,祖孙俩的感情越来越好了,孙子也越来越尊重爷爷,理解了爷爷平时在家烧饭的辛苦。爷爷在对孙子的教育上也越来越懂得"放手",明白了只有让孩子自己去尝试,才能获得真正意义上的体验和成长。

四、种子祖辈,作用凸显

由于爷爷不熟悉微信的使用,就没有加入班级微信群。从2020年1月15日开始,由妈妈每天及时把隔代互学的照片、视频、美篇发到群里和大家分享,所写心得也积极投稿到"你好,寒假!"项目组的微信公众号,并进行推送。这些信息在班级群里获得了家长们的一致好评。

除了上述家庭开展的隔代学习活动之外,2020年2月13日,王同学的外公也加入了隔代互学。他退休前是一所重点高中的化学老师,所以他选择利用自己的专业,录制系列化的科学小实验,发到群里让学生们学习,而外孙女则教外公如何拍视频、如何在拍摄中站位,俨然成了一名"小导演"。

3月15日,笔者在"钉钉群"针对隔代互学的参与和开展情况进行了调查,出乎意料的是,有24对祖辈和孙辈加入了隔代互学(见图4)。

为了再次了解"种子祖辈"参与隔代互学的实践情况,3月22日,笔者对帅同学和王同学两个家庭的祖孙进行了电话采访。

对帅同学和爷爷的访谈。

帅爷爷:教孙辈很开心,每天很充实,还要思考第二天可以教什么或者如何巩固。以后

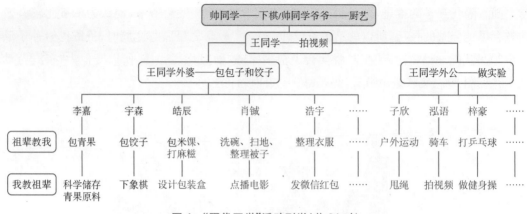

图4 "隔代互学"活动列举(共24对)

自己也要不断去学习,不能落伍。

帅同学:教爷爷很有成就感,尤其是一遍一遍地纠正他的拼音,教他打字。另外,在跟爷爷学习的过程中,我发现他在很多方面都很厉害,比如终身学习。还有,以前不太和爷爷说话,觉得没什么好说的,现在经常和爷爷聊天,有一次聊着聊着爷爷竟然忘记了烧饭。

对王同学和外公的访谈。

王外公:我一直在群里关注帅同学爷俩的信息,觉得做得很好。女儿也鼓励我做。2月初您也联系我女儿聊起这个事。我想了想,可以发挥我作为化学老师的特长。到昨天为止,我已经拍了14个科学小视频。大家都给我点赞,我很开心。外孙女进步了很多,而且和我的关系也融洽多了。以前给她布置任务,她总是回答"我不做",现在的回答是"哦,好的,我这就去做啦"。

王同学:外公很厉害的,现在很多实验材料都是我帮着准备的,外公还教我一个实验可以有不同的组合。我也纠正外公的普通话发音,还教外公背美文、背古诗。这个寒假很有意义。

除了上述电话采访中提及的信息之外,他们还提到了班级里有不少祖辈单独跟他们联系,向他们讨教如何开展隔代互学,住在一个小区的同学及其祖辈还直接上门请教、学习。基于上述实践,我们可以很明显地看到,"种子祖辈"在隔代互学中具有示范、带动、帮扶等多元作用。同时,他们也一致肯定了隔代互学项目的意义,表示一定会坚持下去。

原理解读

前期开展隔代互学尤其需要选好"种子祖辈",同时也要重视孙辈的作用。前面已经提到,我们于 2020 年寒假启动了隔代互学项目,作为教师的我们也在摸索、借鉴和学习当中。鉴于一年级的祖辈更加宠溺孩子,我们以选定"种子祖辈"的方式逐步推进隔代互学的开展。与此同时,在选定"种子祖辈"的过程中,也需要考虑孙辈的意见,孙辈的一些言行对于祖辈参与隔代互学可能非常有效。所以,有时候也可以发动孙辈的力量来动员祖辈参与隔代互学。

发挥剧场效应在隔代互学项目推进中的作用。看到别的家庭隔代互学开展得好,自己也得赶紧跟上,这是人之常情。记得隔代互学活动刚开始的四五天时间,大家对于微信群中家长上传的隔代互学照片没有太大反应,点赞的家长数量也不多。当笔者指导家长不要只发图片,最好能与学生制作图文并茂的美篇进行推送后,一篇又一篇的美篇被分享在群里,隔代互学的影响力逐渐变得越来越大。不少家长开始询问:"这个是怎么做的?""哇,你家小孩真厉害!""明天我也让儿子跟她奶奶进行共学互学。""前几天他爷爷准备要教孩子做玩具,我觉得家里都被弄脏了,就阻止了。"从上面家长们的话语表达中不难发现,隔代互学已经不再局限于"种子家庭"了,更多家庭中的祖辈和孙辈都已经成为隔代互学活动中的一员了。

发挥父辈家长在隔代互学项目开展中的作用。疫情期间,笔者与祖辈的交流局限于线上,他们一时半会儿理解不了隔代互学的理念,或者不知道该如何开展,也或许由于开展不顺利而选择了放弃。这时,笔者选择与父辈家长进行沟通和交流。实践表明,父辈家长也可以在隔代互学项目的开展中发挥推动作用。

温馨提示

在隔代互学活动的组织中,教师要注意以下几点。

一、主动联系祖辈、孙辈以及父辈家长,并提供精心指导

"种子祖辈"虽然乐意开展隔代互学活动,但对于他们来说隔代互学是陌生的,在实施当中也会出现各种不确定的困惑和突发难题。作为教师,有必要做好指导工作,随时和"种子祖辈"及其家人们沟通交流,关注隔代互学活动的开展条件、过程,为隔代互学活动的顺利开展提供帮助。

二、相信祖辈、孙辈和父辈家长可以创生出丰富多彩的隔代互学

隔代互学作为隔代关系的新型存在,其发展具有无限可能,值得不断探索。虽然在"隔代互学"的探索中会存在一些问题,比如参与人数、学习内容、学习方法等与预期有差距。但是,教师依然要相信祖辈和孙辈,必要时可以充分发挥"种子祖辈"的榜样力量,去影响更

多想要参与隔代互学的祖辈和孙辈。

三、丰富隔代互学的展示形式,激发隔代主体的学习兴趣

教师要格外关注"种子祖辈"在隔代互学活动开展中的作用,引导他们丰富隔代互学成果的展示方式。例如,可以将隔代互学成果制作成美篇、短视频等,在线上予以展示。也即借助互联网的方式引起更多祖辈、孙辈和父辈家长对隔代互学产生情感共鸣,激发他们主动加入"隔代互学"的兴趣和动力。

拓展思路

首先,教师可以通过"种子祖辈"的事例来宣传发动,或连线视频,或提前召开祖辈家长会,统一讲述"种子祖辈"开展隔代互学活动的详细过程。

其次,随着疫情逐渐得到缓解,待到开学之后,可以尝试将祖辈引入课堂,给"种子祖辈"提供展示他们开展隔代互学的经验,引导其他家庭中的祖辈和孙辈进行学习。比如,教师可以以班队活动为载体,为"种子祖辈"提供展示舞台,邀请班级其他祖辈参观和欣赏,激发班级祖孙共同开展隔代互学的兴趣。

最后,教师还可以结合学校的校本课程,在学校相关教师的指导和帮助下,由学校或家委会成员设计隔代互学活动方案,由"种子祖辈"和学生共同完成活动课程,并联通校本课程和班本课程的资源,发挥"种子祖辈"作用,助力"隔代互学"的有序开展[1]。

---

① 唐春花,张淑荣.发挥祖辈家长在学校教育中作用的实践探索[J].少年儿童研究,2019(5):56-59.

如何发挥"种子孙辈"在隔代互学中的作用？

姚炎萍[*]

"种子孙辈"是指在隔代互学中具有发展潜力，能够积极参与活动，彰显示范性的孙辈。当前大部分的隔代关系处于隔代抚养、照料或教育的状态，呈现出祖辈指向孙辈的单向关系，尚未过多关注孙辈对祖辈的反哺作用。

然而，"隔代互学"是新时代祖辈和孙辈相处的一种新型方式，考虑到隔代主体并未对彼此双向学习的思想予以充分理解和完全接纳，因此隔代互学活动的组织、实施和具体开展具有一定的困难。为了解决上述问题，笔者认为需要充分发挥"种子孙辈""种子祖辈"的引领作用。下面，笔者主要阐述如何发挥"种子孙辈"在隔代互学中的作用，以期能够为隔代互学活动的开展提供实践经验。

案例呈现

一、借助问卷了解隔代互学开展的实际情况

2020 年 1 月 13 日，笔者利用班队会开展了 2020 年寒假隔代互学活动策划会。会上，笔者和学生们一起讨论了隔代互学的内容、要求和成果的呈现方式。班队会气氛热烈，大家讨论得热火朝天，一场隔代互学的热潮仿佛近在眼前。

但突如其来的疫情阻碍了人们回家的脚步，改变了人们的生活方式。假期已经过去十几天了，班级群里只有杨同学发来了隔代互学活动的美篇，而其他同学并没有反馈是否和祖辈一起开展隔代互学活动。为了进一步了解隔代互学活动开展的现实情况，笔者从三个维度设计了调查问卷，采用了较为便捷的线上调查方式进行了解。主要调查三个方面的内容：第一，有无开展隔代互学活动？第二，如果有，为什么没有在群里分享？第三，如果没

---

* 江苏省常州市新北区龙虎塘实验小学。

有,原因是什么? 具体的调查问卷如下所示。

关于"隔代互学"活动开展情况的调查问卷

同学们:

你们好!

寒假之前,我们在班里开展了一次"隔代互学"活动的策划会。会上,同学们讨论得非常热烈,表现出来的学习热情也非常高。但是,寒假过去十多天了,老师只看到杨同学在群里发了隔代互学的美篇。你们是不是遇到了什么困难? 为了了解真实情况,有针对性地为大家提供帮助,老师设计了调查问卷,请大家务必如实填写。

1. 在开展"隔代互学"时,你遇到了什么困难?

A. 祖辈在身边,但是不愿意开展隔代互学活动。

B. 祖辈不在身边,不知道如何开展隔代互学活动。

C. 已经开展了隔代互学活动,但是不会做美篇,没有进行分享。

D. 其他困难(请具体说明)_____

2. 如果开展隔代互学活动,你希望得到怎样的帮助?

A. 学习如何做祖辈的思想工作。

B. 获得技术帮助,以便祖孙可以进行线上隔代互学。

C. 提供制作美篇、PPT 的指导。

D. 加入班级隔代互学玩伴团,获得团队的力量。

E. 其他帮助(请具体说明)_____

2020 年 2 月 20 日,笔者利用问卷星将调查问卷发布到班级 QQ 群,让家长和学生共同填写。一共收回 47 份问卷,回收率100%。调查结果包括两个部分。

第一,关于开展"隔代互学"的困难,有 8.51% 的家庭回答祖辈在身边,但是不愿意开展隔代互学活动;有 51.06% 的家庭回答祖辈不在身边,不知道如何开展隔代互学活动;有 31.91% 的家庭回答已经开展了隔代互学活动,但是不会做美篇,没有进行分享;还有 8.51% 的家庭存在其他各种各样的困难。

第二,关于"如果开展隔代互学活动,你希望得到怎样的帮助",有 17.02% 的家庭回答需要学习如何做祖辈的思想工作;有 34.04% 的家庭回答需要获得技术帮助,以便祖孙可以进行线上隔代互学;有 12.77% 的家庭回答需要提供制作美篇和 PPT 的指导;有 29.79% 的家庭回答需要加入班级隔代互学玩伴团,以便获得团队的力量;还有 6.38% 的家庭希望能够提供其他多种帮助。

二、分类施策,精准发力

通过以上问卷分析,笔者基本摸清了隔代互学活动难以开展的问题根源,找到了隔代互学开展不顺的症结所在,这为隔代互学的实践推进提供了基于调查的真实分析。

调查问卷显示,有 31.91% 的同学不会制作美篇。笔者了解到,杨同学作为"种子孙辈"在这方面可以发挥很好的作用。于是,笔者通过 QQ 联系杨同学,让他录制一段教同学们制作美篇的视频。

作为"小老师",杨同学很细致地为同学们讲解了美篇制作的步骤。第一,在手机"应用市场"中下载美篇 APP;第二,通过手机号或微信注册、登录美篇;第三,点击首页下方的"＋"号,新建美篇;第四,按照顺序添加照片,并配上一些文字说明,美篇制作就初具雏形了;第五,为了提升美感,可以为自己的美篇作品配上好看的背景图片和好听的背景音乐。最后点击分享。图 1 为杨同学在班级群中分享的美篇制作视频,图 2 为杨同学自己做的美篇。

图 1　杨同学在班级群的分享　图 2　杨同学自己做的美篇

看完杨同学分享的美篇制作视频后,班级群里分享隔代互学活动的同学一下子增加了许多。就在这时,第二位"种子孙辈"方同学走进了笔者的视线。方同学 2020 年回爷爷奶奶家过年,受疫情影响,全家人都被隔离在了老家。在这个假期里,她向奶奶学习了搓红薯圆子,做馅饼;向爷爷学习了怎么摘野菜,怎么除杂草。除此之外,方同学还教在常州的外婆如何使用微信,现在她和外婆每周基本都会通三次视频电话。

方同学与外婆在线上开展"隔代互学",对于"祖辈不在身边,不知道如何开展隔代互学"的同学来说具有很强的借鉴和启发意义。于是,笔者建议方同学针对如何与外婆开展线上"隔代互学"活动,在群里做了一个重点分享。原来与祖辈的线上互动是如此有趣的学习方式,这让更多同学开展隔代互学有了参照。在那之后,"很多祖辈不在身边,不知道如何开展隔代互学活动"的同学都积极地加入了线上"隔代互学"。

通过发挥杨同学和方同学两位"种子孙辈"的作用,班级中绝大部分家庭积极投入了"隔代互学",但仍有个别家庭因为祖辈学习意愿不高,而无法顺利开展此项活动。对此,笔者在班级群中和同学们交流是否还有什么别的好方法，能够让没有参与隔代互学活动的祖辈们愿意参与活动。

其中，陈同学的发言十分精彩。他说："有的祖辈可能因为自己的学习能力略差，觉得不好意思学；有的则是祖辈对学习内容不感兴趣，觉得自己在生活中用不到；还有的是因为孙辈平时对自己态度不好，所以不想学。"基于此，陈同学建议大家要分别从语言的鼓励性、隔代互学内容的实用性、教学环节的亲和力等方面对症下药。听了陈同学的精彩发言，笔者和同学们顿时有豁然开朗之感。

于是，笔者建议陈同学组建"隔代互学玩伴团"，让遇到这方面问题的同学都加入进来，对他们进行一对一的帮扶，针对实际情况做好祖辈的思想工作，从而确保"隔代互学"活动的顺利开展。在陈同学的帮助下，笔者所带班级终于实现了全员参与家庭"隔代互学"活动，部分隔代互学活动的实例如表1所示。

表1 家庭"隔代互学"活动列举

学生	活动方式	祖辈教我	我教祖辈
杨同学		织手套、包汤圆、做油泼面	使用智能手机、说简单的英语
方同学		做沙包、做糕饼、摘野菜	使用微信视频通话、用美图软件自拍
陈同学		下象棋	唱英文歌
刘同学		做花馍、缝制桌椅脚垫	诗意武术操
郑同学	居家实践	练习东北二人转	科学佩戴口罩和脱口罩方法
罗同学		做糯米饼	做蛋糕
江同学		种花、打理盆景	缝补衣服、打造简单的木器
奚同学		挑荠菜、择荠菜、使用电子秤和传统秤、学习高淳方言	淘宝购物、手机截图、正确佩戴口罩
赵同学		学常州方言	写自己的名字
岳同学		写毛笔字	朗诵古诗

原理解读

第一，坚持问题导向。当隔代互学活动没有达到预期效果时，教师首先要找准问题的症结所在，只有精准定位问题所在，才能做到对症下药，准确发力。其次要优化、细化解决问题的具体策略，有针对性地解决问题，做到因人、因事详细制订解决问题的有效方案。

第二，利用榜样示范。在"隔代互学"活动开展中，当祖孙两代人存在内在动力不足的时候，需要借助一种良性的外力作用加以引导和推动。这时，教师可以在班级里充分挖掘有潜力的"种子孙辈"，通过一名又一名"种子孙辈"的分享、指导和带动，让隔代互学活动的正面影响力越来越大，如此加入隔代互学的祖孙自然也会越来越多。

温馨提示

在隔代互学活动组织中，教师要注意以下几点。

一、巧用调查问卷，摸清隔代互学的真实情况

为了保证隔代互学活动的顺利推进，教师可以根据本班实际情况，预设隔代互学活动中会遇到的一些问题，并有针对性地制作一份调查问卷，以此了解班级同学在开展隔代互学活动时会遇到的各种困难，确保后期指导具有针对性。

二、对症下药，因材施教

在挖掘"种子孙辈"时，教师要有意识地进行归类，这样在解决问题时才能够让不同的"种子孙辈"针对不同的问题发挥各自作用。例如，宣传能力强的可以教同学们如何做祖辈的思想工作；信息能力强的可以向同学们分享制作美篇、PPT等的实操经验；领导能力强的可以组建"隔代互学玩伴团"，让一些没有条件开展活动的同学加入进来。

三、相信孩子的力量

活动开展过程中，如果遇到棘手的、教师一时也找不到好的方法去解决的问题，不妨在班级里集思广益，相信孩子们的聪明才智，相信孩子们的力量。或许他们比我们更懂得祖辈的心思、兴趣和能力等，提出的解决方法可能更有趣、更巧妙。

拓展思路

班主任在班级里所挖掘到的"种子孙辈"事迹，可以在年级组内共享，这样其他班主任遇到同样问题就可以借鉴和学习了。比如，开学以后，班主任可以利用学校"龙娃玩转午间"的时段，或晨会、夕会的部分时间，让"种子孙辈"上讲台分享他们参与隔代互学的心得和感悟，让更多的同学向他们学习，努力成为下一个"种子孙辈"。

班主任可以向学校推荐"种子孙辈"，利用学校升旗仪式，介绍他们关于隔代互学的先进事迹，扩大"种子孙辈"的影响力，让更多学生、祖辈和教师从中受益。当然，班主任也可

以考虑由一个班的"种子孙辈"带动一个年级的"种子孙辈",进而带动全校的"种子孙辈",最终以火种的力量达到带动全校隔代互学活动良好发展的效果。

　　班主任需要持续关注"种子孙辈"的学习和发展,促进"种子孙辈"在多方面主动发展,以真实的事例主动影响其他家庭的祖辈和孙辈,在持续提升"种子孙辈"领导力发展的同时,逐渐带动其他学生在领导力、组织力、协调力等方面的多元发展。

如何发挥教师在隔代互学中的作用？

孙 洁*

教师是教育者、引导者和组织者。在日常的教育教学、班级发展中，教师还需要有组织决策能力、沟通协调能力、身体力行的特点和人格魅力①。在寒假生活变革中，教师不仅要兼顾家长和学生的现实需求，还要有能力洞察班级发展现状，理清班级发展的可能策略，进而找准切入点，推动家长群体积极投入隔代互学。在2020年的寒假"隔代互学"活动中，面对突发的新冠肺炎疫情，原本的寒假生活和学习计划被打乱，如何迅速重新规划学生的寒假生活，需要教师的智慧。

案例呈现

2020年1月18日，笔者在班级正式启动隔代互学活动。然而，新冠肺炎疫情的突然来临打乱了我们原本关于隔代互学的计划。面对疫情带来的一系列风险和问题，笔者及时地进行思考、调整和推进，尽可能采取有效措施，调动和发挥一切可以利用的力量，全面推动隔代互学活动的有序开展。

一、教师沟通协调，丰富隔代互学内容

新冠肺炎疫情防控期间，一些老年人对疫情防控措施缺乏深入了解，对防疫方式如戴口罩、洗手、消毒等不重视，防疫意识淡薄。相关调查表明，老年人恰恰是本次新冠疫情病

---

* 江苏省常州市新北区龙虎塘实验小学。
① 王怀玉.论寒假生活变革中的班主任领导力——以班级寒假生活项目规划与实施为例［J］.现代教学，2017(10)：12 - 15.

毒的易感人群①。如何增强老年人的科学防疫意识,保护老年人的身体健康,成为社会各界关注的焦点。笔者敏锐地意识到这是开展"隔代互学"中一个很值得探讨的内容,于是和班级家委会会长进行沟通,想把"科学防疫"作为每个家庭必须开展的"隔代互学"内容,得到了会长的高度赞同。

通过商量,我们决定在班里开展以"防疫竞答赛,祖孙'疫'起战"为主题的隔代互学共学活动。考虑到小学二年级的孩子年龄尚小,我们发动学生的父母进行协助。在父母的协助下,孩子们使用多媒体、网络搜集疫情相关资料,并形成了诸多类型的小题库。在此基础上,孩子们拉着爷爷奶奶,给他们普及防疫小知识,和他们一起参加防疫知识抢答活动(见图1)。就这样,一场又一场别开生面的"防疫竞答赛"在各个家庭中精彩上演。

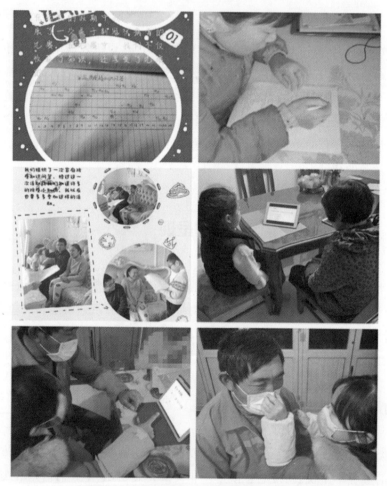

图1 "防疫竞答赛,祖孙'疫'起战"场景

① 熊琼,刘敏,申琳芸.重大突发公共卫生事件下的失独老人脆弱性研究——基于上海新冠肺炎疫情防控实践的调查[J].华东师范大学学报(哲学社会科学版),2021,53(2):117-126+179.

孩子们在自学、向父母学习、和爷爷奶奶共学防疫知识的同时,不仅增加了自身的防疫知识,提高了防疫能力,还带动了全家人学习,为建设"学习型家庭"打下了坚实基础。同时,借此契机,孩子们意识到了生命的脆弱和可贵,形成了主动隔离、关注疫情、关切国事、关爱他人的自觉。

二、教师统筹引领,更新隔代互学模式

为了进一步了解祖孙实施隔代互学活动的可能性,2020 年 1 月下旬,笔者通过问卷,对二(8)班的 51 个家庭进行了相关调查。本次发放调查问卷 51 份,回收 49 份,回收率达96%。在接受调查的 49 个家庭中,48.98%的孩子平时和祖辈住在一起,95.92%的祖孙准备在寒假团聚,但由于突发的新冠肺炎疫情,实际上最终只有 59.18%的孩子和老人聚到了一起。

爷爷奶奶不在身边的孩子如何开展隔代互学活动呢? 笔者针对前期隔代互学活动中涌现出来的"种子家庭",设立了"隔代互学线上玩伴团"。2020 年 2 月 1 日,小言同学的妈妈邀请了老人不在身边的 10 个家庭的孩子入群。小言妈妈将祖辈教孙辈包饺子的过程进行动作分解,并将其录制成视频微课,供隔代互学线上玩伴团的孩子学习。孩子们学成后,在班级群内以视频、美篇的形式进行成果分享与交流。

为了扩大隔代互学的影响力,笔者建议孩子们把自己的技能和本领录制成视频,通过班级群分享给其他家庭,让其他家庭的爷爷奶奶也能够学习。如此,老人和孩子在相互学习各种知识和各项技能的同时,也创造了"线上隔代互学的新模式"。截至 2020 年 2 月 15日,参与线上玩伴团的孩子由原来的 11 人增加至 24 人。线上隔代互学模式极大地激发了祖孙参与学习的热情,给疫情阴影下的家庭生活和学习注入了新的快乐和希望。

三、教师适时评价,助推全员参与隔代互学

科学的身体锻炼可以增强体质、抵御病毒。2020 年 1 月 19 日,小焙和奶奶绘制出"健康打卡表",坚持每天互相学习健身项目。祖辈教孙辈打太极,孙辈将"太极"和学校的"诗意国学操"结合起来,教祖辈学习国学操(见图 2)。

为了继续扩大隔代互学的传播,小焙和奶奶在班级群里分享了隔代互学运动的乐趣。笔者在群里及时表扬了小焙和奶奶互学共长的精神,营造出互学互动的浓厚氛围,为其他祖孙开展共学互学活动树立了榜样。与此同时,小焙和奶奶的学习热情

图 2　体育健身类祖孙互学场景

也再次被激发出来,小焓积极向笔者提议将诗意国学操的教学视频上传至班级群,由小焓奶奶录制打太极的完整教学视频,分享给班级所有的家庭。随即,班内掀起了一股"隔代互学运动热",祖孙互学互督、取长补短,都有了巨大的收获。由此可见,教师适当的评价激励,有助于提高和实现全员互学的可能性。

原理解读

在"隔代互学"项目的组织过程中,作为专业的教育工作者,教师应当承担隔代互学活动的引领者、鼓励者、推动者、指导者等多重角色。这不仅仅体现在前期发动、组织策划等方面,更表现在有突发情况时进行引领号召、沟通协调和规划指导等方面。实践证明,教师充分、有效地介入,有利于促进寒假隔代互学项目的顺利组织和持续推进。

在隔代互学项目的开展中,教师不仅要关注活动主体,更要关注活动的过程,及时统筹调控。教师应及时抓住生活中的每一个教育和学习契机,与家长、学生取得充分的沟通和交流,及时调整隔代互学的内容和方向,适时更新隔代互学的模式。在隔代互学开展过程中,教师应该是一位智者,为祖辈和孙辈解除困惑;教师应该是一个鼓手,为祖辈和孙辈加油呐喊,促成隔代互学活动取得更加积极的成效。

除此之外,教师也应当是一名研究者。研究隔代互学活动的目的和意义、策略与方法,以及隔代互学活动中人、事及其关系的发展变化,从而在不断的应变过程中积累研究经验,提炼研究成果,提升研究能力,促进专业发展和生命自觉。

温馨提示

首先,教师要对疫期防控特殊时期孩子和老人的生活状态有所了解,善于发现可利用的教育和学习资源,并巧妙转化为隔代互学活动中的生成资源。由于家庭类型多样,教师要特别关注"长期潜水"的家庭,尝试个别沟通或开展针对性的指导,确保每个学生都能参与隔代互学。

其次,教师要善于发现隔代互学过程中具有特殊引领价值的"关键事件"或"关键人",对家庭中已有资源和活动中生成的资源进行巧妙整合和转化,助力开发隔代互学活动的长程设计,推动后期活动的动态生成与持续开展。

最后,教师要及时对隔代互学效果进行总结、反思与重建,让隔代主体基于学习成效产生更加强烈的学习期待,持续推动隔代互学活动的发展。而教师在积极参与隔代互学活动的过程中,也要持续不断地促进专业发展,如更新教育理念、提升综合思维品质和育人能力等。

拓展思路

首先，生活因为有了四季而丰富，生命因为有了个性而多彩。不同年龄段的教师可以结合自身的优势，策划与众不同的隔代互学活动形式和活动内容。例如，年轻教师可以借助"互联网＋"对隔代互学活动形式进行创新；老教师可以发挥良好的沟通优势，把策划、引领转化为沟通、指导，鼓励父辈家长、孩子和老人自主策划隔代互学方案，催生更多样态的活动形式和活动内容。

其次，"隔代互学"活动的开展给教师家校合作能力的提升提供了锻炼的平台。教师在这个平台上，可以建立起家校互动的新机制。具体而言，在隔代互学前期做好现状调查研究，和学生、父辈家长、祖辈进行沟通协商，确保双方的学习意愿；中期了解隔代互学活动开展的具体情况，对有困难的学生、祖辈等进行及时指导，并提供必要的帮助；后期及时跟进，在班级中开展隔代互学成果的展评，对不同家庭开展隔代互学活动情况予以评估。"隔代互学"是提供给教师的一次很好的家校合作机会，对提升教师的家校沟通能力有着很大的促进作用。

最后，假期"隔代互学"活动对教师的日常教育教学工作有滋养和反哺作用。"隔代互学"活动中建立起来的良好的家校合作关系，能够促进教师日常教育教学工作的有效开展。活动中所呈现出来的教育和学习资源，可以极大地丰富教师的课堂教学，使课堂更加鲜活，更具有生命活力。同时，疫情防控带来"隔代互学"方式的转变，可以拓展到开学后，实现线上和线下相结合的新的隔代互学方式。当然，我们也可以继续开展"隔代互学线上玩伴团"，创立"班级隔代互学"公众号，定期推出"隔代互学"的"种子家庭"，以此不断提升"隔代互学"的质量。

总之，教师要充分发挥自身的作用，为隔代互学活动中的学生发展、家长发展贡献出自己的智慧和力量。

如何发挥父亲在隔代互学中的作用?

张振东[*]

在家庭教育中,父亲的缺位问题逐渐受到人们的关注[①]。寒假是父亲参与孩子假期生活、亲子活动和家庭教育的良好时机,加之2020年春节期间因为新冠肺炎疫情的特殊情况,让父亲有了更多的居家时间[②]。我们认为,父亲可以在"隔代互学"项目中发挥很大作用。作为一名父亲,笔者拟结合自身具体的实践,探讨"如何发挥父亲在隔代互学中的作用"这一核心问题。

案例呈现

因为孩子没有和祖辈生活在一起,我们之前的隔代互学一直通过网络或在春节回老家期间开展。以往祖辈和孙辈之间的聊天多以生活琐事为主,其间也没有"互学"的明确概念。祖辈偶有询问孙辈的学习情况,也局限于询问学校里学科考试成绩。孩子与祖辈的交流因为时代等因素而存在代沟,故而每次聊天时间都不会太长。

自从孩子接触"隔代互学"项目以后,每次在网上同祖辈聊天或者春节期间见面时,笔者总是以学校鼓励和建议开展"隔代互学"为由,组织并促成孩子与祖辈之间的共学互学。时间久了,祖辈自然而然逐渐理解、认同和吸收隔代互学的思想理念,并且表现出愿意和孩子一起开展隔代互学的态度和行为,每次与孩子的交流时间得到极大的延长,从以往只是几分钟的匆匆几句,到现在的半个多小时甚至更长时间的深入畅聊。根据笔者的观察,开展隔代互学确实有助于促进祖孙关系的健康发展,即使祖孙分居于两地,也可以采用互联网的方式进行沟通,互学时间也呈现出有所增加的趋势。

2020年春节期间,孩子在教师、家长的指导和帮助下参加了"线上玩伴团"活动,班里回

---

[*] 江苏省常州市新北区龙虎塘实验小学家委会主任。

① 吴重涵,戚务念. 留守儿童家庭结构中的亲代在位[J]. 华东师范大学学报(教育科学版),2020(6):86-101.

② 蓝美琴,姚爱芳,刘茜,等. 疫情期间父亲参与家庭教育现状的调查研究[J]. 现代教学,2020(10):55-57.

老家过年的孩子也都相互约好在群内发拜年视频。大年三十晚上，笔者孩子建议在拜年的视频中添加多代共学互学的内容，包括孙辈教外公外婆普通话和英语，以及笔者和孩子向外公外婆学习福建方言等内容。在这个特别的拜年视频中（见图1），一家多代使用了普通话、福建方言和英语三种方式表达新年祝福，孩子认为这样的拜年仪式很有意义，这也是家庭隔代互学成果的展示。

图1　家庭成员录制拜年视频场景

因为孩子外婆住在福建农村，当时对新冠病毒的认识只是从电视新闻上有所耳闻，故而很多人没有重视起来，对疫情的认知、理解水平还远远不够，更不用提预防了。笔者建议孩子以此内容为主题，开展家庭多代互学"小课堂"，并在前期以协助者的角色和孩子一起"备课"，内容聚焦于复习"线上玩伴团"发布的相关知识，如对新冠病毒的认识、口罩的佩戴方法、七步洗手法等。2020年1月23日，孩子正式提出举办"家庭小课堂"活动（见图2）。

图2　"家庭小课堂"活动场景

在笔者的组织和协调下，外公还主动叫来太婆，一家四代人开展了"家庭小课堂"。由于语言不通，太婆和外婆听不懂普通话，笔者专门邀请孩子妈妈担任"翻译"角色。通过孩子的讲解，祖辈对于新型冠状病毒肺炎有了一定的了解，并接纳了相关的预防方法。小课堂结束时，外公还像小学生一样回答"知道了"，这样的学习效果是我们父辈几天规劝都不可能达到的。通过家庭多代互学小课堂的举办和开展，后期祖辈出门时，在孩子的叮嘱下都会佩戴好口罩,回家做到勤洗手。

在孩子和奶奶的"隔代互学"中,孩子教奶奶学会了一些网络知识。比如,以往祖辈与孙辈的沟通只能通过电话,自从孙辈教祖辈学会上网之后,双方可以通过 QQ 视频联系了,这比电话沟通方便很多。奶奶说:"不用话费,还能看到人,有空随时都可以聊天,比打电话好多了。"这自然激发了奶奶的学习热情,后来她还学会了上网查资料、搜索爷爷喜欢看的戏曲视频等。有时奶奶还会说:"我都 70 多岁了,还会上网,好多人羡慕我呢。我这真正做到了'活到老,学到老'。"

孩子和祖辈由于受到年龄、经验和能力的限制,很多互学内容是想不到的。但笔者在其中出谋划策,就使得"隔代互学"内容有了一定的拓展。除了学习传统的家务劳动、家乡美食之外,笔者还会建议他们开展从学科知识到生活知识的学习,从传统文化到新时代文明的学习,还有疫情下的医学知识学习等。

有些时候父辈也会参加到隔代互学当中,自然而然就形成了"多代互学"的家庭学习局面。笔者发现,"代沟"在三代人沟通时间的增加中逐渐得到消减,也即,多代互学促进家庭成员找到了更多的共同话语。通过多代互学,孩子成为家庭亲情融通的"黏合剂"。

在福建外婆家,仍能看到一些古式建筑——木屋,这是孩子以往没有见过的。通过隔代互学,孩子向祖辈请教,祖辈会将知道的传统文化讲解给孩子听,如介绍有关木屋的建造过程、木屋历史等。又如,村子里有两块石碑,孩子看到后感到非常好奇,于是就去询问妈妈(见图 3)。可是,妈妈只知道它的存在,其他的就说不出所以然了。这自然激发了孩子主动询问外公和太婆的动力。太婆和外公详细地讲解了石碑的来龙去脉:其中一块石碑上写着"清光绪戊寅",意思是清朝光绪戊寅年,戊寅是干支纪年法,用现在的纪年法就是 1878

图 3　福建外婆家的木屋及村里的石碑

年,距今已有 140 多年了。另外一块石碑上写着"贡生石应浦立",是我们石家叫石应浦的人考中贡生而立的石碑,以此留作纪念。贡生相当于现代考上高等学府的大学生。通过祖辈的讲解,不只是孩子,父辈也得到了学习。

原理解读

2020 年 3 月 2 日上午,笔者面向龙虎塘实验小学的家长们发出了"隔代教育中父亲参与状态"的调查问卷。3 月 3 日共回收有效问卷 652 份。通过分析可以发现,父亲参与隔代互学是必要的,也是可行的。

一、隔代互学逐渐受到父亲思想上的重视

参与本次问卷填写的家长共 652 人,低年级(一、二年级)242 人,占 37.12%;中年级(三、四年级)271 人,占 41.57%;高年级(五、六年级)139 人,占 21.31%。在高年级家长中,六年级家长为 28 人,占 4.29%。从各年级家长填写问卷的数据(见图 4)可以看出,高年级家长对孩子参与隔代互学的重视不够。这主要与高年级面临升学,家长重视孩子文化成绩有关。

图 4 "隔代互学"中各年级问卷填写情况

在填写问卷的家长当中,孩子在假期开展隔代互学活动的有 574 人,占 88.04%。可见,隔代互学已经引起家长们的广泛重视。笔者孩子就读的龙虎塘实验小学已经将"隔代互学"列为学校品牌研究项目[①],各年级在平时以及节假日均可以开展,在学期初进行展评。

---

① 丁小明. 创生互学共长的隔代教育新样态[J]. 教育视界,2019(7):33-35.

无论学生还是家长,均能在隔代互学活动中有所感悟、有所发展。

二、父亲在特定时期积极参与隔代互学活动

父亲很珍惜参与家庭活动的机会。问卷结果表明,在本次寒假开展的隔代互学活动中,父亲的参与度达到了 88.19%,这是前所未有的。以往学校举办活动或家长会,每个班级出席的父亲人数大多不超过 5 人,占比不到 10%。

另外,通过问卷分析笔者还发现,越来越多的父亲意识到参与隔代互学对于孩子的成长、老年人的发展以及自我价值的提升均是非常必要的,本次填写问卷的 652 位父亲中,有611 人认为父亲的参与很有必要,占 93.71%,这在以往的学校活动中是很少看到的。

三、父亲参与提高了隔代互学的有效度

在本次调查问卷中,认为参加隔代互学也能让自己从中受益的父亲有 620 人,占95.09%。而学到的具体内容,更是丰富多样(见图 5)。作为父亲,努力好学既给孩子树立了榜样,也充实了自己的生活。

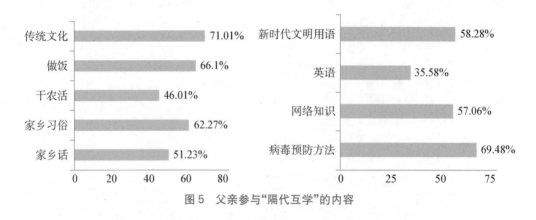

图 5 父亲参与"隔代互学"的内容

父亲在隔代互学中对祖辈以及孩子能起到有效的促进作用,在每次隔代互学当中,祖辈与孩子往往因为各自的年龄、接触的事物环境不同,在思想上出现分歧,导致隔代互学半途而废。而父亲基于家庭地位,能够很好地予以协调,或调解,或参与,或提建议,可以促使隔代互学、多代共学持续开展。

温馨提醒

笔者认为,在隔代互学活动中,父亲应发挥应有的作用。

一、父亲要把回归家庭作为常态，在家庭教育中起到关键作用

在这个特殊的假期中，通过开展隔代互学，很多父亲与孩子重新认识了对方，增进了彼此的了解，从而拉近了亲子关系，提高了家庭幸福指数。只有父亲自己有主动参与的意愿，才能真正参与进去，并在家庭教育中起到核心作用。

二、父亲要树立终身学习的理念，积极参与"隔代互学"

经过寒假与祖辈和孩子的磨合，很多父亲已经积极参与了家庭内部的"隔代互学"，对促成家庭成员的和谐相处做出了一定的贡献。因此，教师要引导孩子借此机会在后期制订"家庭多代互学计划"，让父亲持续参与，不再缺位。另外，教师还要努力帮助祖辈、父辈以及孙辈树立终身学习的理念，这样才能促使各主体更加积极地参与"隔代互学"。

三、父亲需要不断明晰自我在"隔代互学"中的角色和定位

在开展隔代互学时，父亲要清晰自己的角色定位，以祖辈和孙辈为活动主体，让自己作为协助者，做好"后勤保障"，并给予双方合理的学习建议。在开展多代共学时，父亲也可以成为主角，既协调祖辈、父辈和孙辈三代人的互学内容，也和孩子、祖辈一起，共同主导互学方向。特别是在隔代互学的开展出现矛盾时，如在互学内容、互学方式等方面存在分歧时，父亲要主动从中协调，促进双方相互沟通、相互理解。此时，父亲不能以"一家之主""发号施令"的心态参与，而应该呈现出"亦师亦友""和善并坚定"的姿态。

拓展思路

在开展隔代互学时，隔代自然会有"代沟"，也会遇到一些具体问题。例如，如何促使祖辈和孙辈进行互学？祖孙互学时如有矛盾该如何解决？祖孙倘若没有耐心应如何处理？缺乏学习设备如何处理？问题不可怕，因为解决问题的过程就是学习的过程。父亲在其中可以起到调和关系、把控利弊倾向等至关重要的作用。

与此同时，父亲更需要促进日常生活中的隔代互学，在家庭中倡导好学之风，学会向家人、同事、长辈学习，以父亲的直接示范促成良好的学习家风。

在日常生活中，家庭成员均需要不断学习，父亲在家庭中的地位有利于其去引导隔代互学。父亲要善于发现隔代互学的内容，及时对祖辈和孩子的"发光点"予以表扬，增强他们的自信心。同时，父亲也要虚心向家人学习，作为共同学习者，推进学习型家庭的建设。

如何发挥家委会主任在隔代互学中的作用？

张振东*

在以班级、学校为单位开展的隔代互学项目中，家长群体的状态非常重要。笔者于2019年接任江苏省常州市新北区龙虎塘实验小学校级家委会主任一职，以家委会主任的身份参与隔代互学研究，并支持、鼓励家委们参与"隔代互学"活动，努力发挥家委会主任的作用。

案例呈现

一、作为引领者，积极宣传"隔代互学"的思想理念

2019年3月，笔者以家长的身份参加了在浙江省武义县举办的"学生寒暑假生活与学期初生活重建"全国论坛，同行的丁小明副校长在大会上做了《互生共长，创生"隔代教育"新样态》的报告①。通过这次论坛，笔者全面了解到孩子学校在"隔代互学"方面所做的努力。既然隔代教育优点这么多，为什么不向更多人去传播呢？

大会结束返回常州后，笔者就以校家委会主任的身份在校级家委会群宣传了"隔代互学"的教育理念，并要求家委们转发至各个班级群，让更多的家长对"隔代互学"项目有所了解，在平时的活动中慢慢渗透。

2019年12月，为了让更多家长关注家庭教育，笔者联合学校家委会骨干成员，决定定期召开家庭教育研讨会。12月29日，经过前期的组织策划和充分准备，第二期家庭教育研讨会在学校报告厅如期召开，探讨的主题是"隔代教育"。来参加研讨会的有孩子们的爷爷奶奶、外公外婆，也有孩子们的爸爸妈妈，共计70余人。我们专门邀请了常州市家庭教育专

* 江苏省常州市新北区龙虎塘实验小学家委会主任。

① 丁小明. 创生互学共长的隔代教育新样态［J］. 教育视界，2019(7)：33－35.

家王红益老师、开展"隔代互学"研究的丁小明副校长以及"隔代互学"典型代表彭奶奶进行分享。此外,还迎来了从浙江远道而来的老师和家长。作为家委会主任,笔者觉得自己的工作很有价值。

二、作为实践者,积极参与"隔代互学"活动

笔者先从自己孩子所在班级开始着手设计活动,以此带动其他班级。重阳节是中国传统的"敬老节"。2019 年,笔者抓住重阳节这一特殊时间节点,同班级家委会主任联系,组织开展了"隔代互学"活动。孩子们都积极向祖辈学习方言,学做地方美食,学习传统乐器演奏等。当然,作为"回馈",孩子们也教祖辈们学习英语、电子产品应用、新时代文明用语等。

2020 年寒假,龙虎塘实验小学正式将"隔代互学"列为重点研究项目。春节期间,由于新冠肺炎疫情的影响,很多线下活动无法开展,孩子们自发在线上组织"线上玩伴团"活动,得到学校领导、教师以及家长们的支持。笔者作为家委会主任,也会就活动开展给孩子们一些提醒。比如,线下活动虽不能开展,但我们可以在家开展"家庭小课堂"活动,以此延续学校的"隔代互学"项目。笔者协助孩子开展了由"隔代互学"升级而来的、一家四代人参与的"多代共学"。一边指导、协助孩子开展"家庭小课堂",一边拍摄小视频,并把家庭多代共学小视频精心编辑后分享到学校的微信群、QQ 群,让其他家委、家长们也找到开展"隔代互学"的新思路。

作为家委会主任,笔者也会对开展"隔代互学"活动有困难的家庭提供帮助。记得寒假"隔代互学"活动开始前,笔者就接到了一个咨询者的电话:"我家里没有老人,孩子的爷爷奶奶和外公外婆都过世了,怎么开展'隔代互学'活动啊?"我听了以后,立即热心地引导说:"开展'隔代互学'活动,并不一定非要至亲的祖辈,家庭里其他祖辈或者邻居祖辈等都可以成为我们活动的主体。只要让孩子和祖辈在互学当中能够真正学习到本领,能在活动中得到成长,就达到互学的目的了。"笔者的话让他豁然开朗,连连称谢。于是,一段时间内,很多没有至亲祖辈或者没有和祖辈生活在一起的孩子们,开始了"借爷爷""借奶奶"的隔代互学热潮。虽然没有血缘关系,但是他们同样在和"借来的"祖辈的互学中,学到了知识、本领。很多"借来的"爷爷奶奶表示这个活动很有意义,让他们感受到了另类的"隔代亲"和学习的欲望。

笔者也努力对开展"隔代互学"活动的学生、家长进行及时鼓励。2020 年寒假后期,华东师范大学李家成教授建立了"隔代互学"专题总结微信群。笔者将学校两位学生和家长撰写的"隔代互学"活动感悟和心得发到群内。李教授专门对两篇文章做了批注,并进行指导。随后,笔者将两篇文章发送至学校家委会群和学校"线上玩伴团"群,发完后提醒两位家长,并特别强调文章经过李教授批注。两位家长在群内回复信息,表示非常感谢,其他家长也纷纷点赞。这在很大程度上调动了家长和孩子们总结经验、继续开展隔代互学活动的热情和动力。

三、作为领导者,积极组织"隔代互学"活动

2020年1月16日,笔者接到学校主抓"隔代互学"项目的丁小明副校长的邀请,一起组织开展"隔代互学"走进溧阳深山沟的活动。笔者随即在校级家委会成员中进行招募。短短一天时间,就招募到了100名组员。1月18日,活动正式开展。孩子们和深山沟的老人们互动,向老人们学习舞龙、烧土灶台、做糍粑、做汤圆、包包子,以及用磨盘磨豆浆,还学习了地方传统文化。此外,孩子们给老人们表演节目,写祝福对联送给老人。当天在深山沟参与"隔代互学"活动的家长和孩子们感悟甚多,活动结束后,纷纷发表活动感悟。比如,"看到孩子们在活动中的表现很感动,这样的活动真的很锻炼孩子""通过活动看到孩子们的成长,这是在学校无法学习到的知识""在活动中不只孩子们学习了,我们家长也同样学习了,真的是处处可学啊!"……活动结束后,家长和孩子们还专门制作小视频、美篇等分享留念。

四、作为研究者,积极投入"隔代互学"研究成果的提炼

通过参与隔代互学活动,祖辈们不仅感受到了老有所为、老有所学、老有所乐,还为孩子们的成长贡献了力量,增加了成就感。祖辈们每次所教授的内容都能让孩子们感兴趣。孩子们通过教祖辈们新时代的文明礼仪、网络应用、电子产品使用等,让祖辈们跟上了时代潮流,不与时代脱节。而作为学校家委会主任,能够带动更多家长去参与、促进隔代甚至多代互学,对社会文明建设、学习型社会建设、终身学习建设都会有很大的促进作用。

在2020年"你好,寒假!"隔代互学项目的总结阶段,笔者以一位学生父亲的身份总结撰写了以"如何发挥父亲在隔代互学中的作用?"为标题的案例,又以家委会主任的身份总结撰写了以"如何发挥家委会主任在隔代互学中的作用?"为标题的案例。希望通过总结,能够对更多的"父亲"和"家委会主任"们对如何走进隔代互学的研究和实践推进有所启发。

原理解读

家长委员会的宗旨是坚持家校沟通与合作,让家长充分参与学校治理,有效体现家长对学校教育教学工作的知情权、评议权、参与权和监督权;完善学校、家庭和社会三位一体的协同教育体系,营造良好的教育环境;深入推进素质教育,促进中小学生全面发展。基于上述理解,各个班级家委会主任自然就成了学校与家庭沟通的"桥梁"。

在对寒假生活的组织、研究、设计过程中,根据家长的参与度,我们把家长分为"种子家长""合作家长"和"影子家长"三种类型。具有引领、示范作用的"种子家长"最大的特点是

具有开放包容的教育思想，主动接受新事物，乐意组织活动，积极分享资源，并愿意帮助他人[1]。毋庸置疑，家委会主任就应该是这样的"种子家长"，家委会主任在"隔代互学"活动中要成为相关理念的宣传者、积极的参与者、主动的组织者以及成果的提炼者。

作为家长代表的"领头雁"，家委会主任仅仅提升自身觉悟、促进自身进步还远远不够，还需要带动更多的家长走向成长道路。在其他家长开展"隔代互学"活动时，家委会主任要随时给予他们支持和帮助，真正发挥家委会主任"领头雁"的作用。

作为终身学习者，家委会主任也需要在活动实践中学习；在与教师、家长、学生的合作中学习；在与专家学者沟通、研讨时学习……只有不断学习，用知识武装自己，才能使自身变得更加强大，才能让更多的家长信服，才能更好地发挥家委会主任的作用。

温馨提醒

家委会主任作为家长一员，既要经常与家长们沟通，也要与学校加强合作。因此，在工作开展中，至少要注意以下三点。

一、要具有"大局意识"，乐意资源共享

家委会主任要把学校当作一个"大家庭"，要做到教育资源共享。让所有孩子都有机会去学习、去锻炼，不应该以"自家孩子""自己班级"等为界限，而应以包容、理解、开放的心态促进所有孩子、家长等多元主体的共同发展。家委会主任也需要做到不攀比、不自私，提供让更多孩子健康成长的资源和平台。家委会主任还需要主动汇聚各类资源，加强育人资源的有机、系统整合。

二、要主动争取学校领导、教师的支持与激励

家委会成员和教师不同，家委们是义务性工作，工作的动力完全来自对教育的一腔热忱。当在工作中遇到挫折时，自然也很容易想到放弃。笔者在两年半的"家委生涯"中也曾遇到过困惑，也有过放弃的念想。但在顾惠芬校长的鼓励下坚持至今，后期也在与顾校长"亦师亦友"般的交往和沟通中更加坚定地做了下来。家委会主任要努力、主动地与学校领导和教师沟通，代表父辈、祖辈家长和孩子反映相关生活、学习需求和建议。笔者相信，家委们的努力也会得到来自学校的积极回应，从而建立起平等协商的合作育人关系。

---

[1] 李家成，郭锦萍．你好，寒假！——学生寒假生活与学期初生活重建[M]．北京：北京大学出版社，2018：205．

三、应主动与家长们沟通

在每次举办隔代互学活动后,家委会主任应该主动与参与活动的家长们进行沟通,听取家长们的真实感受,阐述隔代互学活动的价值,让参加过隔代互学的家长们通过自身参加活动的真切感受,去带动更多的人加入。

活动前尽力挖掘和探究可能存在的教育价值,活动中应重点突出教育价值的彰显,活动后需对教育价值予以反馈。只有不断和家长们进行沟通交流、总结反馈,才能将每次活动做得更好,才能让更多祖辈、父辈愿意参与活动,才能让孩子们有学习和锻炼的平台。

家委会主任既然是家长们选举出来的代表,自然要和家长们时刻保持联通、融为一体。家委会主任要密切关注家长们在家校合作、家庭教育和学习中遇到的疑惑、困难,及时与家长们沟通,为隔代互学的顺利开展提供多维支持。

拓展思路

在新学期开始后,家委会主任要基于本次寒假开展的"隔代互学"研究如何鼓励、支持更多家长主动加入;要研究和探索如何培养出更多具有领导能力的家委会成员;还要研究如何通过"种子教师"的力量带动更多教师发展起来,使更多教师成为"种子教师"。

家委会主任的角色是特别的,工作开展也有很多制度、文化上的困难与问题。因此,家委会主任也需要和学校领导、学生们一起,探索如何才能更好地建设与运作好家委会,如何在家校社协同育人的背景下促进教育的高质量发展。

如何组织不在一起生活的祖孙开展隔代互学?

潘 虹[*]

2020 年寒假,突如其来的新冠肺炎疫情阻断了部分家庭的回乡路,也阻隔了祖孙团聚,从而引发笔者对"隔代互学"的新思考与新探索:当祖孙不生活在一起时,如何有效组织开展隔代互学活动?

案例呈现

根据 2019 年寒暑假对学生进行的两次调查问卷,笔者所在的龙虎塘实验小学约 92% 的学生会在假期里和祖辈一起生活,并开展"隔代互学"活动。2020 年寒假,新冠肺炎疫情暴发后,隔代互学活动开展得如何呢?

2020 年 3 月 21 日,笔者随机选取了 100 份样本进行调查分析,结果显示,有 31% 的学生因为疫情,寒假期间没有和祖辈一起生活,因此没有开展"隔代互学"活动。另有 2% 的学生虽然没有和祖辈一起生活,但克服了空间上的距离,开展了"隔代互学"活动(见图 1)。

寒假是否和祖辈一起生活,有没有开展隔代互学?

[单选题]

选项 ⇕	小计 ⇕	比例
一起生活,开展隔代互学。	59	59%
一起生活,没有开展隔代互学。	8	8%
不在一起生活,没有开展隔代互学。	31	31%
不在一起生活,有开展隔代互学。	2	2%
本题有效填写人次	100	

图 1 2020 年寒假隔代互学情况调查

* 江苏省常州市新北区龙虎塘实验小学。

这自然就回应了上述的问题：祖孙不在一起生活，能开展"隔代互学"活动吗？从现实情况来看，答案是肯定的，也是可能的。那么，该如何组织这样的隔代互学呢？下面我们将重点分析两个案例，去探索和发现"隔代互学"的更多可能。

一、智能设备实现异地互动

解决不在一起生活而开展隔代互学的问题，需要借助一定的工具。从调查问卷分析中可以了解到，祖孙不在一起生活仍能够开展隔代互学活动的两个案例，都是借助智能手机的视频功能进行的。

如六年级小周同学的爷爷奶奶就主动要求小周教他们下载和注册微信。小周同学通过电话免提功能，耐心地指导爷爷奶奶，并在下载和注册之后成功地发起了视频聊天，弥补了祖孙春节不能团聚的遗憾。

有了智能设备的协助，祖辈会经常与孙辈联系，并在疫情期间关心孙辈的健康与安全；与此同时，孙辈会向祖辈普及防疫知识，教祖辈使用智能手机下载新闻、视频类的软件，以此促进祖辈了解社会动态，提高祖辈科学防护的能力。孙辈和祖辈就在这样的日常沟通和相互学习中，通过一张张照片、一段段视频、一次次通话，促使祖孙关系变得更加和谐。

网络大数据显示，智能手机在中国的普及率逐年增长，尤其在经济发达的城市和乡镇地区，很多老年人也逐渐跟随时代潮流，开始使用智能手机，这为异地"隔代互学"由可能条件到现实发生提供了技术支持。祖孙双方在电子屏幕面前，通过互联网技术的联动可以实现"零距离"的双向互动和学习。

二、生活需求引发隔代互学

2020 年 3 月 22 日—25 日，笔者分别对四年级的小唐同学和六年级的小周同学进行了详细的采访，这两位同学都没有与祖辈在一起生活但仍然促成了隔代互学活动的有序开展。两位同学开展"隔代互学"活动的缘由不同，具体内容也不同。

小周同学开展的"隔代互学"次数虽然不多，但每次开展都是基于实际的生活需求。比如，小周同学在疫情初期看到了学校微信公众号推出的"龙娃线上课堂"之《爷爷奶奶，我们一起把口罩戴起来！》一文，很担心自己的爷爷奶奶不会佩戴口罩以及他们的健康安全问题，便认真地学习相关知识并把文章转发给了远在老家的他们。

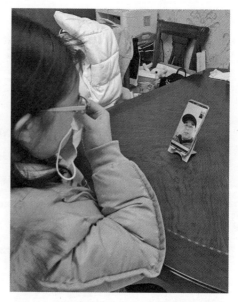

图 2　小周同学教爷爷奶奶正确佩戴口罩

在此基础上，小周同学通过视频的方式，给爷爷奶奶上了一堂防疫课，教会他们如何正确佩戴口罩(见图2)，如何开窗通风，如何消毒和洗手等。经过小周同学认真耐心的讲解，爷爷奶奶意识到了疫情防护的重要性，并开始在日常生活中积极做好自我防护，安全地开启了居家生活模式。

随着疫情发展，小周同学所在的小区实施了封闭化管理，买菜吃饭成了家里的头疼事儿。于是她又一次与爷爷奶奶视频，向生活经验丰富的奶奶讨教"吃"的学问。奶奶不但向她介绍了一些便于保存的食材，如番茄、鸡蛋、青椒等，还示范了如何做菜，并将简单易学的拿手菜"番茄炒鸡蛋"教给了她。

生活需求引发了小周同学和爷爷奶奶基于互联网的异地"隔代互学"。空间距离显然不能阻隔祖孙两代人之间的关心与信任，他们在日常生活中能够依托互联网做到彼此关怀对方，并运用自己的知识填补了对方生活经验的空缺，让彼此生活变得更加美好。

三、每日视频丰富祖孙生活

与小周同学不同，小唐同学的"隔代互学"活动比较有规律。由于这是第一次没有回老家过年，老家的外公外婆十分牵挂在外地过年的外孙，小唐同学一家对于老家的亲人也满怀思念之情。于是，小唐同学每天都会与外公外婆视频，以联络和增进感情，"隔代互学"也便在每日的视频交谈中得以萌生。

小唐外公具有高中文化水平，擅长书法和珠算。每日的视频，从一开始的家长里短、嘘寒问暖逐渐变成了网络课堂、祖孙互学。如图3所示，小唐同学和外公约好每天14:00—15:00通过视频进行隔代互学。外公教她软笔书法的技巧与打算盘的方法，她教外公使用手机支付、上网查看新闻等技能。祖孙每日的视频成了小唐同学寒假生活中不可缺少的一部分，也给枯燥的居家防疫生活带来了诸多温馨和快乐，丰富了祖孙两代人的生活。

图3　小唐同学与外公以视频的方式开展"隔代互学"

从两位同学的案例中，我们可以看到，充分利用现代化的电子通信设备，哪怕是一部小小的智能手机，也可以让分居两地的祖孙在日常生活需要时进行"隔代互学"。也即，只要祖孙安排好活动时间、内容，那么每天都可以如同生活在一起那样，进行密切的"隔代互学"。这样的学习活动，自然增进了祖孙之间的感情，提升了彼此的生活技能、知识本领，让彼此的生活变得更加充实而幸福。

原理解读

对于祖孙不在一起生活、没有开展隔代互学的家庭,笔者也进行了追踪调查,主要原因可以归结为两点。

第一,祖孙对"隔代互学"存在片面性的认识,并且主观上将其复杂化、困难化,觉得隔代互学只有在一起生活时才能发生,因此选择了放弃。

第二,"隔代互学"的条件不足,祖辈家中通信设备落后,有的甚至没有通信设备,不具备隔代互学的条件。

由此可见,祖孙不在一起生活,的确会给"隔代互学"带来诸多困难。但只要肯动脑筋,如同小周和小唐同学一样,困难就能得到有效解决,隔代互学活动也能如期开展。由此,笔者认为,创造条件和促进感情是开展隔代互学的两个重要方面。

首先,要创造隔代互学的条件。因为种种原因,祖孙不在一起生活的情况已成为日常。但空间距离和隔代互学之间其实并不冲突,只要敢于积极创造条件,即使祖孙身处两地也能顺利地开展"隔代互学"活动。而创造这样的条件其实并不困难,比如使用手机、电脑等通信设备,甚至传统的书信等,只要能够实现双向沟通,就能进行"隔代互学"。

其次,要促进隔代感情的升华。上述两个案例中,祖孙之所以能够顺利、有序地开展"隔代互学"活动,离不开孙祖两代人之间的血脉情深和互相关心。也即,祖辈对孙辈的"隔代亲",孙辈心系祖辈的身心健康。对于祖孙之间的情感需求,教师和父母应该有意识地将敬老爱老、关怀孙辈的美德纳入日常教育活动。这样,孙辈与祖辈即使不在一起生活,也会主动关心彼此,经常保持联系和交流。

可以说,密切的联系会缩短两辈人的心理距离,促进祖孙感情的升华,在日常生活中推动祖孙关系由空间割裂走向心理交融。其实,隔代互学并非遥不可及。祖孙在日常生活的沟通与交往中,彼此分享生活、传递经验,即为"隔代互学"的雏形。如若能够在此基础上,进一步有意识地"彼此学习",也就自然而然从"无意识交流"实现了跨越时空距离的"隔代互学"。

以上两点相辅相成,缺一不可,如果能够真实地将其予以践行,则可以从根本上解决由于空间距离给祖孙两代人开展"隔代互学"造成的障碍。相信当更多的学生能同时做到这两点时,问卷中那31%没有参与活动的同学也将创生出丰富多彩的"隔代互学"样态。

温馨提示

笔者认为,在推进"隔代互学"的过程中,要发挥教师的指导作用。尤其是当孙祖不在一起生活时，教师的指导可以促成更多家庭"隔代互学"的有序开展。

一方面，教师需在活动开展前对隔代互学进行全面考虑和整体设计。建议教师在班级发动开展"隔代互学"活动之前，先通过问卷调查全方位地考察现状，并预先推测、思考隔代互学中可能会出现的潜在问题，设想不同家庭创生隔代学习样态的若干可能性。

另一方面，教师需要在隔代互学活动的开展中及时介入和指导，促进活动的有序开展。在活动开展过程中，教师需要全程关注，一旦发生特殊和困难的情况，应及时指导和有针对性地提出建议。例如，在2020年寒假突发新冠肺炎疫情期间，教师就可以选择利用班级微信群等平台，第一时间引导祖孙进行线上互学或组建线上"隔代互学"玩伴团，帮助受较大影响的家庭及时做出防疫策略的调整，从而保障"隔代互学"活动的顺利开展。

拓展思路

首先，并不是一定要像笔者案例中那样使用智能手机、视频通话才能进行隔代互学。隔代互学的内容和方式是丰富的，来源于生活的方方面面，具有无限可能。例如，使用手机或者固定电话，就能开展语言类的隔代互学，祖辈教孙辈方言，孙辈教祖辈英语。当然，还有书信等通信工具，我国自古就有通过家书育人的传统，虽然现实中存在速度较慢的弊端，但同样可以在条件有限的情况下实现隔代互学。

其次，隔代互学并不是一定要在自己家庭中开展，当自己的祖辈不在身边，不方便开展隔代互学时，还可以与班级中其他同学的祖辈共同开展。例如，班上哪位同学的祖辈有特长手艺，可以请他拍摄一个视频发到班级群，大家跟着一起学。同样，有特长爱好的学生也可以录制视频教其他同学的祖辈学习。总而言之，隔代互学是动态发展的，是具有无限可能的。

再次，当前社会是信息化和数字化的时代，教师可以引领学生充分利用"互联网＋"的方式向社会上有才华的老年人请教和学习。比如，老年大学的官网上就有许多老年人的教学视频，可以组织学生点击学习，进而带动家庭中祖辈、父辈等多元主体的共同学习。

最后，隔代互学的场域可以突破家庭，延伸至社区、社会。比如借助家校社合作的力量，走向老年大学、养老院、博物馆等场地，打造社会化的隔代互学大学堂，创生隔代互学的新样态。

如何通过问卷调查、访谈等了解隔代互学项目的进展？

王一帆* 钱雨宁**

2020 年初受新冠肺炎疫情影响，全国多处返乡的道路被阻断，居家隔离成为本次寒假隔代互学能否正常实施的一个不确定因素。为了推进隔代互学项目的顺利运行，急需一个高效、直接的开展方式，去发现和分析该项目面临的现实问题，进而在家校协同育人的时代背景下，共同探寻解决此问题的有效策略。笔者基于实践发现，问卷调查及在线访谈是了解隔代互学项目开展进程的一种极佳方式。接下来，笔者将对此进行详细论述和阐明。

案例呈现

2020 年 2 月 25 日，为了了解学校提供的 2020 年"你好，寒假！"学习型家庭积分卡的完成情况，在与班级家委会成员的讨论过程中，笔者发现"隔代互学"项目的推进情况不是很理想，继而想针对全班同学正在探索和开展着的"隔代互学"项目现状进行问卷和访谈调查。

一、一次问卷，个性访谈

2 月 27 日，笔者基于研究目的设计了两个问题。第一，您的孩子参与了几次"隔代互学"活动？第二，您觉得影响本次"隔代互学"活动开展的主要原因是什么？通过对这两个问题的调查，笔者基本摸清了所在班级开展家庭隔代互学活动的大致情况，为隔代互学项目的进一步开展积累了经验。

* 江苏省常州市新北区龙虎塘实验小学。
** 江苏省常州市新北区龙虎塘实验小学。

笔者通过"问卷星"网络平台向全班学生发放问卷48份,回收有效问卷46份;向邻班发放问卷50份,回收有效问卷43份。此次调查总计获得89份有效问卷,在此基础上笔者运用Excel工具进行数据统计,了解隔代学习实践开展的具体情况。

分析结果显示,开展2次以上"隔代互学"活动的家庭仅占24.4%,而未曾开展"隔代互学"活动的家庭占到了26.7%。由此可见,"隔代互学"项目在家庭中的推进受到了若干因素的阻碍。其中,"祖孙间的非即时交流产生的沟通障碍"是隔代互学中最具有代表性的阻碍问题之一,在整个样本中占37.9%。也即,祖孙之间难以实现面对面的言传身教、共学互学,是学习进程发生延迟的重要原因。

为了能在上述问卷调查的基础上进一步深入了解疫情下学生开展"隔代互学"项目的实际困难,笔者于3月3日通过电话的方式对部分家庭进行了具有针对性的访谈。表1展示了一部分访谈信息。

表1　两位被访谈祖辈的基本信息

被访谈者(祖辈)	年龄	学历	城乡	孙辈	互学内容
孙爷爷	62	小学	乡村	小明	爷爷教孙子唱戏,孙子教爷爷学英语
黄爷爷	59	小学	乡村	南南	爷爷教孙女打算盘,孙女教爷爷做手工

小明和爷爷长期异地分住,在对爷爷进行英语教学时,由于远程交流、沟通不畅,爷爷将Happy birthday和Happy new year相混淆,在庚子新春闹了不少笑话。而在南南家,是祖孙短期分离,过年前南南向爷爷学习打算盘,后来由于疫情暴发,无法前往爷爷家继续学习了,导致珠算学习半途而废。此外,其他部分家庭也存在各式各样的问题,比如无法外出实践、无法手把手言传身教、不知道如何使用智慧家具或网络线上操作存在困难等。面对这些复杂多变的问题,笔者认为上述问卷和访谈还无法获得隔代互学的全面信息,因此,笔者尝试在上述调查研究的基础上,对隔代互学项目的开展情况进行第二次调查。

二、二次问卷,精准施策

在进行第一次问卷调查和个性访谈的同时,笔者也从引领者的角色出发对家庭隔代互学项目进行了指导。随后,通过与班级群的实时互动,笔者发现隔代互学项目在进展上有了一定的改观,多数同学能够在家长、教师的帮助下开展至少一次的隔代互学活动。为了检验或者明晰隔代互学活动的开展样态,笔者于3月15日开展了第二次问卷调查,调查内容主要包括隔代互学的援助策略以及后续建议,共回收有效问卷90份。

对问卷进行分析后笔者发现,选择"由校方出面制订相应的规范及操作流程守则"的家庭占到了32.22%,这一方案获得了祖辈、孙辈和父辈家长们较为广泛的认可。由此,笔者所在班级采取了"尝试获得学校支持"等多种策略助力隔代互学活动的开展。例如,我们借助家委会的力量,让家委会参与隔代互学项目的监督管理;我们制订了隔代互学的时间表,增强了实践活动开展的可操作性和规范性;我们推广了"线上玩伴团",实现亲友家庭的隔代互学、互助,达到了 1+1>2 的效果。

与此同时,选择"组织隔代互学线上成果展示活动"的家庭占 24.44%。由此,我们将"线上成果展示"与学校"智慧假期展示评比"活动相结合,开展了"隔代互学小达人"的评比,同学们纷纷将"隔代互学美篇"发布到班级群中展示、交流和学习。开学后,笔者在家长、学生的支持下,举办了隔代互学成果交流会、趣味运动会等"老少大联欢"活动,总结了隔代互学活动的经验和教训,对于日后隔代互学的优化改良和持续发展产生了重大意义。

三、学有所成,稳中求升

笔者所推进的"隔代互学"项目自实行以来,获得了家长们的广泛认可和持续支持。即使在疫情最严重的时刻,大部分家庭也都积极参与其中,并纷纷表示受益匪浅。

在第二次的调研中,笔者发现孩子们在以下几个方面的收获值得总结。第一,32.22%的家庭认为孩子在生活技能方面得到了提升,不少孩子在祖辈的教导下学会了烹饪、扫地等家务;第二,26.19%的家庭认为孩子在方言学习和俚语使用上充满兴趣,不仅提高了语言表达的灵活性,还丰富了课外学习生活;第三,14.29%的家庭认为孩子从祖辈那儿学到了书法、二胡等才艺,这潜移默化地促进了中华优秀传统文化的传承;第四,在亲子关系和自我提升等方面,隔代互学对于孩子发展的成效也极为显著。

此外,祖辈也在隔代互学中感触良多,他们不仅学会了手机、电脑的使用,英语的日常交流,而且在与孙辈的交流、互动、学习中促使家庭氛围更加和谐与温馨。李奶奶对此表达了真挚的感谢:"感谢学校先进的教育理念,让我有机会和孙儿相互学习,共同成长。"孙爷爷也欣慰地表示,自己学会了使用智能手机,感受到了时代发展变化之大,跟上了时代的步伐,为老年生活增添了乐趣。

原理解读

由于笔者所在学校外地学生较多,过年期间不少家庭祖孙是异地生活。因而,调查问卷和访谈既可以就项目开展时产生的问题进行及时跟进,也能直观、高效地了解项目的进展情况。通过调研,教师可以适时地调整方案,保证活动的高效运行。在问卷调查的基础上,我们结合对"学困家庭"的线上访谈,为后期研究提供了有针对性的帮助。

以上两次调查问卷,是笔者基于儿童立场,结合年段特点,有针对性地考虑学生在隔代互学中面临的各项问题后设计的,笔者还在问卷中提供了对于学生而言具有较强可行性的建议,为学生的多维发展提供了多种可能。

这项研究也为家校合作的发展提供了良好的指导：其一,对于教师,增强了教师自我学习的意识,提高了教师家校合作及指导家长学习的能力；其二,对于家长,提供了祖孙隔代互学的线上平台,并对互学过程中可能出现的障碍做出预判。这为未来教学活动的进一步开展指明了方向。教学活动是教师与学生双边交流的过程,师生的学习、改变和自我提高是相辅相成的。也由此,教师的教学研究有了抓手,学生的成长成才有了更加多样的渠道,家长的家庭教育也有了可借鉴和学习的蓝本或范例。

温馨提示

借助问卷调查及访谈等形式,虽然可以了解本次隔代互学项目的进展,但在实际操作过程中,我们遇到了诸如设计问卷时没有抓手、家校沟通不畅、问卷调查没有直接反映祖孙的真实想法等问题。在此,笔者提供以下建议,供大家参考。

在设计问卷前,校方需要面向全体教师提供指导性建议,让教师有"法"可依、有章可循。教师需要与班级家委会会长进行有效的沟通,使得问卷设计更加具有代表性、实际性、有效性和针对性。

在问卷分析过程中,建议班级与班级之间开展阶段性的经验共享活动,由班主任根据学生的年段特点进行分析,整理不同阶段的活动总结,在活动研讨中互学共长。

从调查问卷的填写来看,填写问卷的主要为隔代互学的第三方,也就是祖孙互学的见证者——父辈家长,因此调查问卷的结论仅能起到参考作用,后期仍需要对更多的祖孙进行在线访谈,进一步优化隔代互学的方案。

活动不能止于调研,我们需要将问卷调查的结论应用于日常实践,进而达到调查与实践结合、实践反哺调查的双向沟通机制。

拓展思路

通过两次问卷调查,笔者快速了解到了疫情防控下隔代互学项目的进展情况,并结合后续的针对性的电话访谈,为各类家庭提供了可行性较强的问题解决策略,推进了隔代互学项目的下一步研究。

开学后,我们可以通过调查问卷和访谈的方式,为班级活动后续的开展方向进行更加科学合理的设计。如寒假隔代互学项目的展评方式、学期中隔代互学项目在午间微课程或家长进课堂活动中有效实施与顺利开展的方法等。当然,我们也需要利用问卷调查和访谈,收集学生家长对隔代互学项目后续研究的意见或建议,使隔代互学项目的推进真正符合学生、父辈家长和祖辈的多元化需求。

第二篇　隔代互学项目的开展

如何开展疫情防控类的隔代互学？

涂淑莉*

面对疫情的到来，祖辈或者孙辈不知如何全面应对。因此，开展与疫情防控有关的隔代互学，调整好祖孙的生活、学习状态，既有助于老人与孩子的健康和安全，也能够有效应对因延迟开学而带来的家庭生活结构变化和内容变化，从而促进家庭、社会的和谐与稳定。

案例呈现

从新冠肺炎疫情对于不同年龄阶段的人的影响来看，老年人和儿童是易感人群，他们的自我防护质量，将会直接影响到我们国家抗击疫情的效果。笔者所在班级的学生和祖辈在教师的带领、组织下，建立了班级隔代互学微信群，主要目的在于学习防疫知识，强调宅家不出门，做好自我防护。学生和祖辈通过家庭内部互学、线上反馈交流以及学习成果汇报的方式，进行居家隔代互学，为抗疫助力。

一、祖孙通过观看疫情新闻，践行隔代互学

首先，在教师的组织下，学生和祖辈通过电视、报纸、网络等方式了解到了全国疫情发展的基本状况。以孙辈跟祖辈一起观看疫情新闻为例，孙辈把相关内容用通俗易懂的方式解释给祖辈听，引导祖辈关注全国新冠肺炎新增确诊病例和死亡病例，并以表格的形式做好记录（见图1），以此引起祖辈思想上的高度重视，科学地对待疫情。

其次，学生和祖辈在关注大数据的同时，也在生活中合作监督家人避免接触野生动物，不购买、食用野生动物，尊重自然界中的每一个生命，通过多种方式深入了解新冠病毒的来源、特点、传播途径。并用绘图的方式，呈现祖孙共学成果。

＊浙江省武义县泉溪镇中心小学。

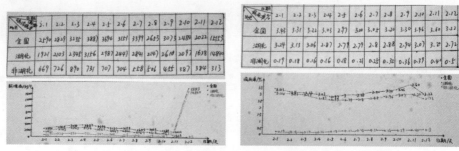

图1 学生根据新闻报道统计新冠肺炎确诊病例和死亡人数并绘图

最后,学生和祖辈一起关注教师在班级微信群发送的防疫知识等相关信息,持续将学校学习资源纳入隔代互学的内容。此外,祖辈和孙辈作为社区中的一员,听从社区、村委、志愿管理人员对于抗疫的建议和安排,做到不串门、不聚会,以居家方式应对疫情防控。

二、以隔代互学的方式加强自我防护

在全国"你好,寒假!"学习群中,广东的汤老师最先分享了学生正确佩戴口罩的视频,笔者觉得这是一个很好的隔代互学内容和素材,于是就把该视频分享到班级微信群。同学们通过观看此视频,不仅自己学会了正确佩戴口罩的方法,还教了家中祖辈,让他们也学会科学的自我防护。

比如,慧欣同学成功教会奶奶正确佩戴口罩,不仅在家里起到了示范带头作用,也给其他同学树立了隔代互学的榜样。在她的影响下,班级群每天都非常热闹,成功教会祖辈佩戴口罩的学生也越来越多(见图2),祖孙在日常生活中也养成了戴口罩的习惯。

图2 祖孙互学戴口罩

又如,安晓同学上网查询了"七步洗手法要领",并在家长的指导下进行实践操作,以视频的方式分享到班级群,教会班里的其他同学,并鼓励他们把七步洗手法教给自己的祖辈。在一大批"小老师"的带领下,家中的老人改变了原先洗手的方式,并积极向孙辈学习到了更多防护知识,养成了科学的生活习惯。

祖辈在向孙辈学习现代防疫知识的同时,也向孙辈传授了传统消毒知识,他们跟孙辈上网查询"消灭新冠病毒,家居消毒小方法",了解84消毒液、漂白粉、含氯消毒粉与水的配置比例,进行现场配置并居家消毒,与家人一起清理卫生死角,开窗通风,打造卫生的居家环境。

三、祖孙自觉防疫,不断影响他人

孙辈做好自身防疫的同时,也把习得的防疫知识教授给自家的祖辈。在孙辈的不断提醒和家人的监督下,祖辈的自我防护意识不断增强,他们每天按时收听广播,观看时事新闻,了解疫情及相关知识。在做好自身防护的同时,老人也经常提醒上班的子女加强自我保护,做好个人卫生,并督促孙辈积极参加"空中课堂"学习。

此外,还有些祖辈作为志愿者积极参与疫情防控,引导其他老年人做好佩戴口罩、勤洗手、讲卫生等工作,积极投入社区治理。例如,明灿的爷爷是村里的党员干部,在做好自我防护的同时,积极劝解村里的其他老人居家不出门,出门戴口罩,并免费给困难村民发送口罩,获得了村民们的一致好评。

四、隔代互学促成多主体共同受益

首先,隔代互学活动让老人有了从我做起、与家人合作学习的意识。疫情防控期间的隔代互学,使祖辈有了自我学习的意识,在发表自己的建议时也会认真倾听孙辈的良好建议,不再固执己见,而且祖辈观念的转变也使整个家庭的学习意识不断得到加强。

其次,隔代互学活动让祖辈在做好自我防护的同时,增强了对家庭、社会的责任感。笔者所在班级共有30位祖辈参加了此次隔代互学活动,其中有23位祖辈在参与互学后能够听从村干部以及志愿者们的劝导,做到居家不出门,出门主动佩戴口罩,不聚集,不串门,做好自我防护,还主动关心社会,及时了解疫情。

最后,隔代互学让孙辈意识到要在具体的行动中关爱祖辈。在隔代互学开展过程中,孙辈也渐渐明白了祖辈的很多思想已根深蒂固,一时难以改变,要在不断的沟通中慢慢引导。具体表现在:孙辈用自己的行动关爱祖辈,鼓励他们调整心态,理解并尊重他们的传统旧俗,耐心引导祖辈学习科学文化知识,改变不合时宜的落后观念,保持良好的身体状态和生活质量。

原理解读

不论是在城市还是乡村,防疫宣传人员通过广播和流动宣传车不停地向市民或村民传授防疫知识,强调居家不出门、出门必须佩戴口罩的思想观念和具体行为。但是,还有一些老人感受不到疫情防控的重要性,他们往往不听劝告,随意聚集、串门,出门也不佩戴口罩。

2020年1月26日,笔者通过班级微信群对老人佩戴口罩情况进行调查,据参与调查的20位家长反映,一些老人没有佩戴口罩的意识,有些老人对佩戴口罩很反感,还有些老人对如何佩戴口罩一知半解(见表1)。

表1　老人佩戴口罩情况调查

地点	老人是否佩戴口罩	佩戴(不佩戴)原因	劝解及结果
路口	否	家里没有口罩	认为自己身体好,不戴口罩没事
菜场门口	否	没有戴口罩的习惯	对佩戴口罩的要求不理解,甚至辱骂工作人员
街路	是	家人强烈要求	认为家人大惊小怪,思想上不重视
家中	否	家里没事,不用佩戴	认为在家没有必要戴口罩
超市	是	超市有规定	心里不认可,出去后马上摘除口罩

看到这样的现象,笔者结合自己家中老人的"顽固"情况,认为只有先引起他们思想认识上的足够重视,才能彻底地改变他们不愿意或不规范佩戴口罩的习惯。在此基础上,再进一步从日常生活行为中引导他们科学、正确地对待疫情,做好自我防护,为防疫助力。由此可见,"戴口罩、勤洗手、多通风、少聚集"是居家防疫的重要内容,也是开展疫情防控类隔代互学的重点,以此为内容引导祖孙相互学习显得尤为重要。

温馨提示

开展疫情防控类的隔代互学活动,需要注意以下三点。

一、通过榜样引领,转变祖辈防疫观念

老年人的学习有其自身特点,表现为一定的"固执"和"偏见"等。例如,有老年人认为自己没有必要进行疫情防护,自己不会那么"倒霉"。要改变老年人消极抗疫的现状,隔代

互学显得尤为必要。上述案例中，有孩子在班级群里分享了祖辈参与抗疫的先进事迹，就有效地引起了班级众多祖辈在思想上的共鸣。

二、发挥家庭的督促作用，促使祖辈的行为改变

在隔代互学活动开展的前期，班主任需要做好充分调查，深入了解部分祖辈不配合抗疫的具体原因，并引导家庭成员及时与祖辈进行有效沟通，发挥家人对祖辈积极主动抗疫的辐射作用。比如，家庭成员为祖辈的居家生活需求提供更多帮助，及时储备防疫用品，共同为抗疫助力等。

三、调动祖孙学习热情，让学习持续发生

终身学习不仅是一种学习思想、态度和行为，更是一种生活方式。笔者班中的祖孙们持续投入隔代互学项目的开发，初具终身学习的意识。对于祖孙来说，与疫情防控有关的内容是新的知识，很难说学了就会养成习惯，因此需要反复学习、持续学习。具体而言，与疫情防控相关的科普知识有很多，教师引导隔代双方学习戴口罩、洗手法、消毒法只是冰山一角，还需要进一步调动祖孙的学习热情，开拓隔代互学的新领域，让隔代互学持续发生。

拓展思路

我们作为教师，要引领学生努力学好科学文化知识，让他们知道科学对于人类社会的价值和意义。对于老年人而言，转变他们的思想观念显得非常重要，如此才能更加有助于他们学习防疫知识、规划晚年生活、科学合理饮食、积极参加锻炼。

从笔者的实践经验来看，帮助乡村老年人树立疫情防控意识是一项难点工作。建议村干部充分发挥"村文化礼堂"和"老年活动中心"的作用，适时对他们进行新思想的传递和文化兴趣的培养，引导更多的祖辈和孙辈加强学习，让其有事可做，不断增强他们服务他人的意识。

基于疫情防控知识的隔代互学，同样也适用于城市中的老年人和孩子。而且，这样的学习已经在浙江武义、浙江海宁、江苏常州等地发生。例如，江苏省常州市龙虎塘实验小学通过线上玩伴团、线上课堂的方式，让学生首先掌握疫情知识以及防护方法，再由学生录制成视频，通过学校官网、微信公众号向全校发布、推广。除此之外，该校还有很多学生在疫情防控期间教祖辈佩戴口罩、掌握正确洗手的方法，他们把一个个教学经历写成了日记式的文章，由学校统一收录在隔代互学的电子书中。显然，这是一种学习方式、学习内容的创新，值得更多地区参考和借鉴。

如何开展体育类的隔代互学？

康敏洁*

新冠肺炎疫情的肆虐，让我们认识到增强体质的重要性。基于这样的认知，假期中我们班开展了一系列的亲子运动。随着新冠肺炎疫情逐步得到控制和各行业复工潮的到来，祖辈成为孩子延长假期的主要陪伴者。祖孙之间如何开展运动类的隔代互学？笔者认为，前期的亲子运动和祖辈流传下来的传统游戏是非常好的隔代互学资源，在祖孙间开展运动类的隔代互学能在一定程度上达到锻炼身体、增强隔代情感的目的。

案例呈现

寒假中，笔者在班级建立了"隔代小学堂"，以孙辈教祖辈学、祖辈教孙辈学两条互学路线来开展隔代互学活动。另外，通过"班级圈学堂秀""空中家长会"等方式展示隔代互学成果，以促进寒假居家生活中隔代互学活动的顺利开展。在体育类的隔代互学项目中，笔者班级将"形意拳"和"丢沙包"作为了主要的学习内容。

一、"小老师"来了，"老学生"乐开怀

袁花镇是武侠大师金庸先生的故乡，作为金庸先生的母校，形意拳是袁花镇中心小学的一项特色体育项目（见图1）。参考疫情期间《袁小居家锻炼指南》的建议，笔者将部分适合老年群体参与的项目融合在了隔代小学堂活动中。

之所以把形意拳作为隔代互学的主要内容，一方面是因为孩子们有形意拳的教学基础和意愿，另一方面是考虑到疫情期间更需要增强体质的锻炼项目，形意拳动作幅度不大，一招一式节奏鲜明，较适合不能剧烈运动的老年群体。于是，"我教爷爷奶奶形意拳"作为隔

---

* 浙江省海宁市袁花镇中心小学。

图1　形意拳展示

代小学堂的运动健康课程应运而生。

（一）怎么教形意拳

作为学习形意拳还不到半年的一年级小朋友，动作还不是特别规范和熟练，他们如何做"小教练"带领爷爷奶奶学习形意拳呢？笔者将形意拳教练的教学视频发在班级群中，以线上视频的方式指导孩子学习，孩子们有形意拳基础，再加上线上视频指导，他们学得很认真，进步很快。经过一段时间的重温和练习，"小教练"已经能脱离"视频教练"独自上阵了，他们学会了劈拳、崩拳、钻拳、炮拳、横拳等许多招式。

宁宁爷爷是形意拳学习者中最认真的一位，宁宁每天晚上都会和爷爷开启形意拳时光。"爷爷，你的站桩姿势不对，脚跟并拢，脚尖朝外，你看我，大约90度。"说着，宁宁做起了示范，并帮爷爷调整好姿势，做好预备式。宁宁听老师说劈拳对肺部健康大有益处，钻拳能去僵拙为灵巧，炮拳能增强心脏功能，看到爷爷的手脚不太灵活，宁宁就反复地教爷爷打钻拳。打钻拳要从涌泉穴提气，再催动肾气上行，除了拳头是向上钻出来的之外，整个身体也要有"钻"的意思。一开始宁宁做不出钻势，爷爷就更难了。慢慢地，宁宁摸索出了门道，她感觉做这个动作就像鱼从人手中往外钻。她把自己的感受告诉爷爷，祖孙俩就以这样的标准来练习，有时爷爷的速度太快，宁宁就及时喊停，让爷爷跟着自己的节奏来打。参与形意拳学习的35个家庭每天都会在固定的时间练习，"小教练"教得兴致勃勃，"老学生"学得兴高采烈（见图2）。

祖辈们认为学习形意拳很有意思。比如，宁宁的爷爷这样说道："这个拳让我想起了电视里的武功，还蛮新鲜、有趣的，锻炼身体也蛮好的，人老了，手脚也就不大灵活了，第一次学有点木手木脚，多练习几次就熟练多了。"

图2　祖孙共学形意拳

（二）怎么"秀"形意拳

由于疫情防控要求，大家非必要不出门、不聚集，孩子也延迟开学了。这自然影响到了形意拳的展示方式和效果。基于在线教学的发展，我们借助互联网的优势开展了在线学习，最后决定主要采用在线分享学习成果的方式进行评价（见图3）。比如，让一些祖辈和孙辈在班级群中秀一秀练习形意拳的照片和视频，或家庭之间相互邀约来一场形意拳的"云比赛"，并采用"空中家长会"的方式在全班同学面前展示等。

 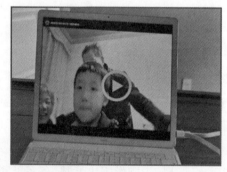

图3　祖孙在线分享形意拳

形意拳课堂展示活动推出后，心羽爷爷说："本来只是跟着孙女练习一下，现在有机会参加展示，我打拳的热情更高了。"文希爷爷在"空中家长会"直播时，进行了连线展示，他和文希合作开展了一场形意拳祖孙秀，奶奶在一旁跃跃欲试。文希还分享了学习形意拳后家庭成员的改变，文希说："自己的生活更规律了，每天都会记得教爷爷奶奶学习形意拳。"文希爸爸表示："自从形意拳进入我家，每天到了打拳时间，欢声笑语不断，祖孙其乐融融，看着老人和孩子积极锻炼的样子，觉得形意拳不仅是连接祖孙的纽带，更是健康心态的体现"。

通过云课堂和空中家长会展示，笔者感受到了形意拳给家庭带来的变化，无论对家庭成员的相处模式，还是对锻炼方式的理解，都具有积极意义。可见，多渠道分享和展示祖孙练习形意拳的成果，有助于不断提升祖孙的拳法技能，进一步激发祖孙共同学习、相互学习的热情。

二、"老先生"来了，"小学生"趣相投

"小教练"的本领不一般，"老先生"也不甘示弱，他们踢起了鸡毛毽，引来孙辈一阵喝彩；他们甩起了长绳，让孙辈在爱的圈圈中跳跃；他们做起了沙包，和孙辈玩起了丢沙包……

丢沙包是一项传统的游戏，人数不限，在游戏中能锻炼眼观六路、耳听八方、腾挪躲闪的能力，运动量相对较大。在此次的隔代互学活动中，许多祖孙选择了老少咸宜的沙包游戏。

(一) 怎么做沙包

没有沙包怎么办呢？这可难不倒经验丰富的祖辈。一块布、一把米，再准备好针和线，爷爷奶奶的沙包制作小课堂就开课了。

灵轩在奶奶指导下把线穿进针孔，奶奶说："要想做沙包，穿针引线是第一步，线的一头用手指捻几下，变细了之后更容易穿进针孔。"灵轩学着奶奶的样子裁剪出两块正方形的、大小合适的布头。奶奶帮灵轩起了个头，手把手地教灵轩缝边："沙包的边要缝得密一点，一针一针挨得近一点。"缝好三边之后，灵轩问奶奶："现在可以装大米了吗？"奶奶说："可以，不要装得太满。原来大家都往里面装沙子，沙包的名字就是这么来的。"灵轩亲手装入大米，再试着一针一线缝合，一个鼓鼓的沙包就完成了。在祖辈的指导下，孩子们手中的沙包一个个诞生了(见图 4)。

图 4　孙辈在祖辈的指导下学习制作沙包

（二）怎么玩沙包

沙包制作完成后，怎么玩呢？缺乏经验的孩子们大多只会向上抛或抛向对方，于是，我提出请大家向爷爷奶奶请教沙包的玩法，然后自己动脑筋想出新的玩法，随之在线上与同学们进行交流。通过讨论，我们总结出沙包一个人玩、两个人玩、三个人或更多人玩的多种玩法。除了传统的玩法，孩子们还做了创新，想出了很多新的玩法（见表1）。

表1 沙包玩法

人数	玩法1	玩法2	玩法3	玩法4
1个人 （2个人可进行比赛）	向上抛接	左右手抛接	投靶	顶沙包（头顶沙包走或跳，不能落地）
2个人	双方互相抛接	互扔（不能被扔中，被扔中则输，接住可加1分）	夹沙包（脚尖夹住沙包一角，跳起，将沙包甩至对方区域，不过线为输）	/
3个人或更多人	抢沙包（左右各站一人，互扔沙包，其余人在中间抢沙包，抢到者可做投手，被击中者下场）	沙包战斗（分成两组，由投手负责投击对方队员，直至一方全军覆没）	圈内圈外（一人在圈外，其余人在圈内，圈外的人把沙包丢向圈内的人，被扔中为输）	/

活动开展以来，近40个家庭开展了沙包制作和丢沙包游戏，不但带动了祖辈教孙辈使用针线这一生活技能，还推动了孙辈主动向祖辈学习的积极性，更带动了整个家庭参与活动的热情。其中，一位新居民孩子过年回了老家，在遥远的山东给大家分享了家庭玩丢沙包的视频，老人和孩子的欢声笑语回荡在视频中。

原理解读

2020年的新冠肺炎疫情防控使寒假延长了。伴随着"复工潮"的到来，很多父母开始重返工作岗位。笔者于2月24日向班中42个家庭发布了"疫情期间隔代互学调查"的研究问卷，截至当日24时，回收有效问卷31份。问卷显示，笔者所在班级的双职工家庭父母复工率为41.94%，而70.97%的双职工家庭选择由祖辈照管孩子，祖辈成了孩子"加长版寒假"的陪伴者。

从父母对祖辈照管孩子的需求来看（见图5），64.52％的父母认为祖辈管好孩子的吃喝和安全就可以了，70.97％的父母希望祖辈能够关注到孩子的学习，58.06％的父母希望祖辈注重孩子生活技能的提高，61.29％的父母希望祖辈能够陪伴孩子玩游戏和锻炼。可见，家庭环境、家庭结构等的不同，会使父母对祖辈陪伴孩子的需求产生多元化的差异。

您希望祖辈在照管孩子时，能关注哪些方面？ [多选题]		
选项 ⇕	小计 ⇕	比例 ⇕
学习情况	22	70.97%
生活技能	18	58.06%
游戏、锻炼	19	61.29%
管好吃喝、安全就行	20	64.52%
本题有效填写人次	31	

图5　孩子父母对祖辈照管孩子的多元需求

基于此次疫情中父母复工后祖辈成为孙辈的主要陪伴者的现象，以及父母对祖辈的陪伴需求和祖辈自身的优势，笔者认为祖孙在生活和交往中开展隔代互学活动，能促成隔代关系发生从抚养、教育到学习的根本性改变。与此同时，疫情的肆虐让我们认识到增强体质的重要性，作为病毒大战中的弱势群体，老年人和儿童更需要加强体育锻炼。在笔者、孩子与祖辈等多元主体的协商下，形意拳和丢沙包被认为是体育类隔代互学的良好资源，并且从活动开展的效果来看，这两种活动的开展在一定程度上起到了增强体质、促进祖孙关系良性发展的效果。

温馨提示

适合老年群体的体育类活动要具备一定的特征，比如要适时适量，不能过于剧烈，利于长期坚持等，以达到强身健体、身心和谐的目的。这导致隔代互学在内容选择上会存在一定的局限性。因此，在开展隔代互学活动之前，应当有充分的准备。

第一，建议借助"问卷星"或者"钉钉"等调查平台，深入了解疫情期间和后疫情时代父母对于孩子的教育需求以及祖孙关系的发展情况。

第二，建议选择比较适合老年群体和儿童群体的体育类隔代互学内容，既要充分考虑老年人和孙辈的身体需求和承受能力，也要考虑运动开展的可行性和有效性。

第三,笔者所在学校的形意拳为老年群体强身健体提供了很好的资源,也是有序开展隔代互学活动的一个契机。由于一年级学生学习形意拳的时间较短,动作也不太规范,想尝试开展或已经开展隔代互学活动的教师,应充分准备好线上与线下相结合的教学方式,保证每位同学都能学会,为孙辈教祖辈提供帮助。

第四,建议教师认真组织隔代互学活动的评价工作,尤其是以具体合适的方式引导祖辈和孙辈去分享、传播隔代互学的阶段性或总结性成果,以激发更多家庭祖孙开展隔代互学的积极性。当然,教师要特别重视父辈家长们的力量和作用,他们在特殊情境下可作为隔代互学中的重要纽带,及时传达和反馈来自教师、班级同学及其祖辈们的各类有助于开展隔代互学活动的信息。

第五,除了开展既定的、设计好的隔代互学活动之外,建议教师积极引导和发挥学生和祖辈的自主性、创造性,推动隔代互学内容、方式、评价等的可持续发展。

拓展思路

一、注意体育类隔代互学活动的长期性

以"我教爷爷奶奶形意拳"为例,该活动是在假期中开展的,但作为教育工作者,要考虑隔代互学活动的长期性和有效性。通过走入家庭、走进学校、走入社会,让隔代互学成果得以展示和推广。例如,把隔代互学活动的开展融入家庭全员的学习,邀请更多家庭成员参加,形成多代共学互学的家庭学习新格局。

此外,随着新冠疫情逐渐得到控制,笔者建议引导孩子和老人组建"老年形意拳团队",并以走进学校的方式展示形意拳,共同打造"祖孙共练形意拳"的招牌。在此基础上,将"形意拳"推广到村社,迈进社会,成为老年群体的一种新型的体育锻炼活动,如同当前的广场舞一样,成为更多人促进身心健康的有效手段。

二、注意隔代互学活动的延展性

在开展体育类的隔代互学活动时,班主任应该以引领者、协调者的身份,鼓励祖辈和孙辈进行体育类隔代互学,同时,及时发现新的隔代互学内容、方式和评价方法。例如,教师积极主动地了解和讨论"沙包"的各种玩法,推动祖辈和孙辈主动挖掘新的隔代互学材料,开发出关于"沙包"的更多玩法。在此基础上,教师通过自身对于学习的认识和理解,推动学生和祖辈树立人人皆学、处处能学、时时可学、事事有学的终身学习思想。

三、注意隔代互学活动的推广性

除了依托学校特色体育项目和传统游戏而开展的隔代互学活动之外，我们还可以根据祖辈和孙辈的年龄阶段，尝试探索出更多体育类的隔代互学项目，推广不同层次的隔代互学活动。比如，通过"城乡班级结对""校际联合"等多种创新形式，让体育类的隔代互学活动变得更加丰富。

如何开展种植类的隔代互学？

康敏洁[*]

乡下人家，家家有院，户户有田，这是劳动教育的地理优势。祖辈拥有丰富的种植经验，为隔代互学打开了新的空间。与此同时，孙辈开阔的思维和对新事物的接受能力为隔代互学活动的开展提供了新的视野和资源。为了让学生了解田地里的种植学问，在种植体验中得到锻炼以及拓宽祖辈的视野，笔者在寒假开展了面向班级学生及其祖辈的隔代互学活动。

案例呈现

2020年2月24日，笔者对班中31个家庭进行了疫情防控期间隔代互学开展情况的调查。结果显示，有58.06%的家长希望祖辈能够关注到孩子的生活技能，48.39%的祖辈表示在陪伴孩子的过程中会选择家务劳动作为锻炼孙辈劳动素养的方式。

根据祖孙互学的意愿，笔者在班级开设了隔代互学指导和交流平台——"隔代小学堂"。其中，爷爷奶奶的"菜园子"是种植类隔代互学的空间，祖辈丰富的种植经验成为隔代互学的重要内容。如此，隔代互学活动能够让祖辈从心底里认同"生活即教育"的思想，并以种植类的劳动教育方式推动隔代互学的有序开展。

从笔者所在班级开展隔代互学的情况来看，爷爷奶奶的菜园子以田间种植为主要内容。本文接下来主要从"认识新旧农具""分享蔬菜知识""体验种植活动"和"玩转蔬菜拼盘"四个维度出发，呈现种植类隔代互学的整个过程。

一、隔代互学新旧农具

农具是农民的好帮手。经过前期调查，笔者发现孩子生于农村，长于农村，但对农事知

---

* 浙江省海宁市袁花镇中心小学。

之甚少,对农具可谓是既陌生又好奇。据此,笔者设计了"孙辈在祖辈的帮助下认识农具"的活动,共有31个家庭参与了此次隔代互学活动。祖辈在教孙辈认识锄头、镰刀等农具时,不但介绍了农具的名称和用途,还做了操作示范。孙辈基于祖辈的讲解,填写"隔代互学反馈表",不仅学会了有关农具的方言及其普通话的说法,而且其中的29位小朋友还在祖辈的指导下体验了农事活动,达到了从思想认知跨越到实践体验的良好效果。

随着时代的发展,传统农具逐渐在农事活动中被淘汰,新型农具被广泛使用。笔者推荐孩子们观看央视网《我爱发明》中的"农田好帮手"栏目,并把农民发明家发明的新型农具介绍给祖辈。比如,无人收割机、草莓采摘器、苗钵装填侠等。孙辈借助网络的力量打开了祖辈的眼界,使祖辈了解到更多现代化的新型农具。

其中,苗苗家开展了一场"传统农具和新型农具之间有何区别"的辩论赛。苗苗认为,新型农具更厉害,可以节省劳动力;而爷爷认为传统农具使用起来更加方便,适合老一辈农民的习惯,新型农具更适合大规模机械化的生产做工。通过辩论赛,祖孙俩发现原来新旧农具各有优点,要根据实际情况使用,尽可能发挥出它们自身的最大优势。

二、祖孙相互分享并学习蔬菜知识

疫情期间,相对于城市菜场采购的不方便,农村家庭的蔬菜很充足。蔬菜是孩子们常见的食物,但一年级孩子对蔬菜的生长过程和食用方法缺乏认识。前期问卷调查发现,孩子们有跟随祖辈学习如何做菜的意愿。现在有了居家的"天时"、自给自足的"地利"、祖孙互学的"人和",田地里的蔬菜"摇身一变",成了"隔代小学堂"的"教科书"。

比如,宇轩奶奶带着宇轩在自家菜园中认识青菜、蒿菜、芹菜、香菜等蔬菜。对于香菜和芹菜这两种外形较相似的蔬菜,奶奶教他用闻一闻的方法来辨别。菜太多,来不及吃,怎么办? 宇轩又跟奶奶学了一招,撸起袖子来腌菜。他觉得奶奶用腌制的方法来贮存蔬菜,很有智慧。

又如,小龙在爷爷的帮助下,认识了马兰头,还亲手挑选了长势较好的马兰头,学会了以凉拌的方式做马兰头这道美食。除此之外,在这个假期里,小龙跟着爷爷学习了5道菜。其他31个家庭的小朋友,也在祖辈的精心指导下,学会了辨认蔬菜,了解了蔬菜的播种时间,并尝试做菜等。家长们觉得这个活动很有意义,既能增加孩子们的生活常识、提高他们的动手能力,还能让祖辈自身生活经验的价值得以体现。

孙辈在向祖辈了解蔬菜后,在父母的帮助下,上网查询了蔬菜的其他信息,把蔬菜的营养价值和多种食用方法分享给祖辈。譬如,宇轩在奶奶的介绍下认识了芹菜,并进一步通过百度搜索,知道了它属于伞形科植物,营养价值较高,而且具有清热解毒等功效。他还告诉奶奶芹菜最好竖着存放,因为垂直放的蔬菜保存的叶绿素含量比水平放的蔬菜多。笔者在后期的回访中进一步了解到,小龙爷爷教了小龙五道菜的做法,而小龙却教了他更多的知识。

三、祖孙相互学习不同的种植方式

在认识完农具和蔬菜后,作为"小农人"的孙辈跃跃欲试。三月恰逢农事耕作期。笔者在思考如何开展种植类的隔代互学活动时,学习了浙江省武义县泉溪小学陶健美老师的"农耕劳作中的隔代互学"材料,参考陶老师"走进田野"项目,在本班也开展了祖孙合作种植的隔代互学活动(见表1)。

表1　合作种植中的隔代互学

学生	项目	祖辈教我	我教祖辈
孔同学	居家实践	做豆腐、肉圆,整理衣柜	使用烤箱烤鸡翅,垃圾分类
	走进田野	种土豆	介绍学校新型农场无土栽培技术
徐同学	居家实践	做米糕、打井水、清洁卫生	用擦玻璃神器擦玻璃、用旋转拖把拖地、五水共治妙招分享
	走进田野	种植时令蔬菜、培育菜秧	用水培的方法种植葱和大蒜
易同学	居家实践	包饺子、做肉饼、洗碗	使用电饼铛烙肉饼、使用高压锅对碗筷消毒
	走进田野	给青菜施肥、除草	上网收集施肥方法,并向祖辈介绍
罗同学	居家实践	做包子、青团,洗衣服	用电饭煲做蛋糕、用洗衣机洗衣服
	走进田野	认识野菜、拔野菜	介绍学校新型农场无土栽培技术

一方面,孙辈在祖辈的指导下,挖坑、做营养胚、栽种、压土、施肥和浇水,稚嫩的小手与泥土有了"亲密接触",在种植活动中充分感受了大自然的美好。种植活动开展以来,陆续有孩子在群里分享自己在祖辈指导下种的蔬菜。比如,语欣种的南瓜秧,小恩种的绿豆芽,以及小爱种的玉米苗等。孩子们纷纷期待,在不久之后,这些蔬菜苗能够苗壮成长、开花结果。

另一方面,孙辈借助科学课和网络平台,学习现代化的种植知识,向祖辈介绍无土栽培技术。比如,宁宁妈妈在淘宝上购买了水培蔬菜装备,让宁宁和爷爷一起培育"芽苗菜"。在初获成功后,他们还准备种植"水培生菜"。宁宁爷爷说:"水培出芽率高、生长快,而且干净卫生,向孙辈学习新技术真不错。"

疫情让我们更加深刻地认识到,我们应该与大自然和谐相处。春风十里,不及一抹新绿。植树节在延长的假期中到来,孩子们主动提出要和祖辈一起为大自然增添一抹绿,一起种花、种药草、种果树,实现"小家"的绿色发展。也由此,种植活动在祖孙互学中变得意义非凡。

四、玩转蔬菜网络秀

蔬菜除了可以做美食,还可以做什么? 笔者在"云班会"中向大家提出这个问题之后,孩子们积极思考并踊跃说出自己的想法。文希说:"西兰花长得很漂亮,像花一样。"语晨说:"我觉得玉米的'须'像老爷爷的胡子,也像小姑娘的长头发,我可以用它做贴画。"优优说:"我和妈妈做过水果拼盘,我们也可以用蔬菜做拼盘。""云班会"讨论结束后,孩子们一致决定邀请爷爷奶奶一起做蔬菜拼盘。

首先,由孙辈设计好作品,确定食材,然后孙辈和祖辈一起采摘需要的蔬菜。接着,祖孙合作剪、切、摆盘、调整。最后,孙辈给作品取名字,如"孔雀开屏""富贵花开""小鸡散步"等。在合作制作拼盘的过程中,大多数孩子会教爷爷奶奶如何搭配材料,怎么取名字,如何用美图秀秀制作照片,最后还一起发布朋友圈,让爷爷奶奶在朋友圈里"秀美"。经笔者统计,有 31 位小朋友在网上秀出了自己和爷爷奶奶合作的"精美作品"。

假期即将结束,但隔代互学不会停止。笔者在线访谈了三位在活动中表现优秀的祖辈。他们表示,隔代互学活动很有意思,传统的农事活动以这样的形式得以传承,他们觉得很欣慰。同时,孙辈能把课堂、网络上学到的知识教给他们,让他们觉得学无止境,在接下来的时间里,会继续和孩子一起学习、一起探索、一起成长。

原理解读

疫情推迟了开学时间,寒假变长了,家庭成员之间的相处时光也增多了,这无疑是开展劳动教育的绝佳时机。习近平总书记提出,要在学生中弘扬劳动精神,"劳动"托起中国梦。在此精神的引领下,笔者所在班级开展了种植类的隔代互学实践活动,助力祖孙两代互学共长。

随着复工潮的到来,父辈家长照管孩子的精力有所不足。笔者 2020 年 2 月 12 日的调查显示,本班祖辈陪伴孩子的比例为 13.04%,而 2 月 24 日的调查则显示,41.94% 的家长已复工,70.97% 的家长表示复工后将由祖辈照管孩子。以此为背景,农村优越的地理条件和祖辈丰富的生活经验,是种植类隔代互学活动得以顺利开展的有力保证。一年级小学生的学习热情和创造性思维,也为隔代互学注入了新鲜活力。

种植活动开展以来,家庭成员间的关系有了新的定位,从照料日常起居到彼此学习,祖辈的家庭角色产生了变化,他们不只是陪伴者、教育者,同时也是学习者。孙辈在认定自己是教育者的身份后,积极吸收课本、网络上的种植类的科普知识,并将其分享给祖辈。与此同时,父辈家长在祖孙两代人的知识和本领传输中起到了纽带作用。因此,种植类的隔代互学不仅仅是祖孙两代人的互学共长,更给多代交流、学习型家庭的创建提供了不可多得的契机。

此次疫情让我们明白，人与自然是不可分割、相互依存的，认识自然，尊重自然，敬畏自然，实现人与自然的共生共存，是每一个人的责任。但是，在疫情之前的生活中，家长也许很少与孩子们谈论生命、自然、生态等话题。教师作为隔代互学的指导者，与祖辈、父辈和孙辈三方都有了直接或间接联系，应努力促进各方树立人与自然和谐共处的意识。与此同时，隔代互学有效地提升了教师和祖辈之间的联系，祖辈不再是家校合作中的局外人，而是其中的重要主体。

温馨提示

开展种植类的隔代互学，需要从孩子们常见的蔬菜出发，这样更容易激发起祖孙共学互学的热情。同时，应从多个维度推进隔代互学，如认识种植所需的农具、种植的蔬菜种类、传统与现代种植方式的差异、隔代互学结果的呈现等，以此推动隔代互学的整个过程变得更加丰富多样。

在活动前期，教师要充分考虑农村家庭的现状，比如家庭的组成、祖辈的年龄和认知情况、祖辈的农事活动能力等，抓住祖孙相互学习的意愿来设计隔代互学活动。同时，考虑到农事活动的安全性和低年级学生的可操作性，在设计隔代互学活动时，需要有所偏倚，突出年段特点，使隔代互学活动适合祖孙身心发展水平。

在开展种植类隔代互学活动的过程中，教师应引导祖孙考虑双方相互学习的需求。祖辈既有的经验是优势，但孙辈的教学相对来说需要教师和父辈的帮助。与此同时，教师要深入思考如何在父辈家长不在场的时候，促进隔代互学活动的顺利开展。

隔代互学活动不应局限于寒假，也不应仅仅停留在现阶段的"种植"层面，未来我们将把隔代互学从"一季"延伸至"四季"，从蔬菜扩大到其他农作物，打造具有长程性质的活动。

拓展思路

首先，探索种植类隔代互学的时节性。考虑到各个季节都有适合种植的蔬菜，隔代互学活动在一年四季都可以开展。因此，种植类的隔代互学可根据不同时节开展不同的活动，最终形成可循环、可迁移、可创新的隔代互学系列活动。

其次，考虑与学校的劳动教育相结合。建议学校为学生开辟一方小菜园，聘请祖辈担任"导师"，走进校园给孩子以指导，在此基础上开发出"隔代互学种植课程"。让学生采用爷爷奶奶教的种植本领，挑选蔬菜—种植养护—观察记录蔬菜的成长，与爷爷奶奶共享种植过程的艰辛与开花结果的丰收喜悦。

最后，搭建科学知识的学习平台。教师和家长应联合起来，给予学生科学指导，让"小农人"在学习传统农事知识的同时，也能把科学知识传递给祖辈，让隔代互学保持平衡并双向持续发展。

如何开展美食类的隔代互学？

涂淑莉*　　陶健美**

"民以食为天"，我国美食文化源远流长、博大精深。无论在城市还是乡村，很多老人都擅长制作美食。为了让孩子们学习如何制作美食，更好地培养起他们的生活自理能力，笔者利用寒假时间，引导并组织学生开展了关于美食类的隔代互学活动。

案例呈现

停课不停学，生活即教育。2020 年的寒假，笔者所在班级通过家庭内部的隔代互学、线上分享成果等方式，积极组织开展了"美食类隔代互学"活动。在祖辈们的指导下，孩子们学会了制作各种美食；爷爷奶奶、外公外婆也从孩子那里学到了各类新厨具的使用。

一、家乡美食我调查

2020 年 1 月 22 日，笔者通过班级微信群发布了"家乡美食我调查"的活动方案，引导学生调查祖辈们擅长制作的家乡美食，并以表格的形式做好记录。结果显示，在 32 位学生祖辈中，60％的祖辈热衷于制作跟节日习俗有关的传统美食，30％的祖辈喜欢制作家常菜，10％的祖辈对新式美食感兴趣。部分调查情况如表 1 所示。

表 1　二(1)班祖辈最擅长的美食(部分)

祖辈	擅长美食名称	祖辈	擅长美食名称
朱同学奶奶	肉饼、艾粿	王同学奶奶	包子、粽子

---

* 浙江省武义县泉溪镇中心小学。
** 浙江省武义县泉溪镇中心小学。

（续表）

祖辈	擅长美食名称	祖辈	擅长美食名称
吴同学奶奶	芋饺	尤同学外婆	艾糕、米糕
徐同学奶奶	生煎包	章同学奶奶	麻糍
奕同学外婆	蛋挞、红烧排骨	李同学奶奶	饺子、千层糕

二、家乡美食我来学

通过前期调查，孙辈对于祖辈最擅长的美食有了大致了解，家庭内部的隔代互学顺利进入"家乡美食我来学"环节。本环节主要由祖辈教孙辈做自己擅长的传统美食，从而实现传承家乡美食文化的目的。

第一步，准备食材阶段。孙辈先根据自己的喜好、美食制作的难易程度选择要学习制作的美食，然后向祖辈请教要准备的食材种类、准备的方法。祖辈耐心讲解、引导，孙辈做好记录。如朱同学的奶奶向他详细地介绍了传统美食"艾粿"的食材，艾粿的主料有糯米粉、艾草、黑芝麻、豆沙、肉、菜，辅料有食盐、白糖、清水等。朱奶奶特别交代，做艾粿最重要的是馅儿，要精心准备馅料，馅儿有甜咸之分，制作工序也有所不同。就这样，孙辈们在祖辈的指导下，完成了食材的准备。

第二步，制作美食阶段。美食不同，制作过程也就不一样。祖辈边操作、边向孙辈讲解美食的制作过程，孙辈边倾听、边动手，家庭内部的美食学习和谐地进行着。祖辈在教学中还会向孙辈介绍餐具的不同用法，如不同的锅有不同的用处，既让孙辈知道了美食的制作步骤，也让他们学到了美食制作以外的生活技能。在整个美食制作的学习过程中，有些孙辈还进行了详细的记录（见表2）。

表2　二（1）班祖辈教孙辈制作美食的记录（部分）

祖辈	美食名称	美食制作过程
奕同学外婆	红烧排骨	（1）将排骨洗好，胡萝卜去皮切成菱形，切好辣椒、洋葱、生姜、大蒜备用； （2）起锅加水，放入排骨，待水开后捞出排骨，用凉水冲洗干净； （3）再次起锅放油，先放入生姜、大蒜，再放入排骨，加酱油、黄酒、洋葱、胡萝卜，翻炒，加入少许盐、蚝油，少量水，煮10分钟； （4）待要出锅时放入少许淀粉； （5）一道美味的红烧排骨就完成了
朱同学奶奶	香煎豆腐	（1）将豆腐洗干净，切成约1厘米的厚片； （2）把青蒜苗洗干净，去根，切成斜片，辣椒切成片； （3）锅中倒入适量油，油温5成热后，放入豆腐块，每块豆腐之间留出间隙，避免粘连； （4）用中火煎至两面金黄，捞出备用；

（续表）

祖辈	美食名称	美食制作过程
		（5）锅中留少许底油，烧热后放入肉末和辣椒，加入料酒，翻炒； （6）放入豆腐，加生抽、白糖和少量清水，翻炒，最后加入盐，翻炒，片刻出锅
叶同学奶奶	肉麦饼	（1）和面，和面时加点盐，"醒发"半个小时； （2）猪肉剁碎，切碎葱和梅干菜，鸡精一起搅拌均匀待用； （3）"醒发"好的面团分成若干份，擀成圆片，包入肉馅，收口成包子状，尽量少褶，把包子按平，擀成薄饼； （4）把擀好的饼放入预热好的电饼炉，开始烙饼； （5）4分钟后翻面，再烙4分钟至两面金黄即可

第三步，"晒"美食阶段。爸爸妈妈们用拍照、录像、美篇等方式帮助孩子记录隔代学习的过程和成果，并发到班级学习群，一场网上的"美食大比拼"悄然开始了（见图1）。当参加隔代互学活动的家庭在班级群"晒"出美食后，成功地吸引了那些前期未参与进来的家庭，他们也都纷纷行动了起来。

图1　孙辈跟祖辈学做美食

三、"特色"小吃我来做

"特色"美食是指孙辈根据生活实际，在祖辈制作的传统美食的基础上进行"改良"，或者用相同的食材做出新的"西式小吃"。比如土豆，祖辈常用的做法是拿来炒或者炖，孙辈爱吃的是炸薯条和做土豆泥。雨婷同学先通过手机上网搜索炸土豆、制作土豆泥的方法和步骤，再教祖辈做薯条和土豆泥。钟鑫同学则教奶奶做蛋挞、雪媚娘等，让奶奶也洋气了一番。

除此之外，祖辈和孙辈还一起对传统美食进行了"创作"。例如，朱同学与奶奶一起完成了"地瓜片新吃法"，将地瓜去皮切成薄片，放入60℃左右的油中，炸至金黄，捞出控油；另起锅上火加水，使用大火将冰糖熬制稠状时，放入炸好的地瓜片，快速翻炒，使之均匀挂汁。当朱同学将制作过程加上解说录制成视频发至班级群时，引起了轰动。"哇，地瓜片还可以这么吃，真是长见识了……"李同学如是说。

四、"新型"厨房电器我来教

孙辈在教会祖辈做新式美食的同时,还教会了祖辈怎样使用电饼铛、微波炉、烤箱、破壁机等新型厨房电器,让祖辈们也能跟上时代的步伐,尝试新事物,给生活带来便利。

例如,叶同学在向奶奶学习制作肉饼时,发现奶奶用土灶烤饼容易伤到手,而且如果掌握不好火候,肉饼就容易糊。于是,她将自己家中的电饼铛拿来,向奶奶介绍了电饼铛的使用方法、效果等。在后期的电话访谈中,叶奶奶一直夸赞今年的寒假活动真好,不仅让她几十年的手艺得到了传承,还让她学会了如何使用电饼铛,以后做饼就方便多了。

五、养生知识一起学

随着生活水平的提高,人们对饮食健康的关注程度也越来越高。在父辈家长的提醒下,祖辈和孙辈对膳食的营养搭配进行了研究。祖辈们在孙辈的带领下,通过网络平台,共同了解了食材营养价值,学习了食材如何配置对身体才有益处,并在实际生活中加以运用。

比如,朱同学的奶奶是个高血压患者,平时喜欢吃油腻的肉类和多盐的蔬菜,家人劝解了多次,她都无动于衷。在祖孙共同学习养生知识后,朱奶奶慢慢改变了自己多年的饮食误区。

六、隔代互学显效果

首先,隔代互学使传统美食制作得到传承。由于网络的发达,很多美食即使自己不会做,大家也都可以采购到,这导致很多祖辈手中传统美食的技艺濒临失传。美食类隔代互学活动的开展,恰好可以在一定程度上弥补这一现象。孙辈在祖辈的教导下,对传统美食的制作有了进一步的了解。

其次,隔代互学使祖辈学会了新式美食的制作。祖辈在孙辈的影响下,对制作新式美食有了进一步的认识。通过美食类的隔代互学活动,祖辈对自己的传统做菜方法做了改进,而且在与孙辈共学网络养生知识的过程中,了解到了合理搭配膳食的重要性。

最后,隔代互学提高了孙辈的生活自理能力。笔者对隔代互学的效果进行调查后发现,80%参与活动的学生获得了成长,不仅品尝了自己亲手制作的美食,享受到了生活的乐趣,也认识到了制作一道美食不仅仅需要丰富的食材,还要有足够的耐心、细心,甚至需要丰富的想象力,最重要的是,真切地体会到了"粒粒皆辛苦"的道理。其中,欣雨同学这样写道:"奶奶教我做馒头,奶奶边说边做,鼓励我去尝试每个步骤,我这才发现做馒头原来这么复杂,我们以后要珍惜粮食、不挑食……"

原理解读

现在的孩子都是家里的宝贝,平时不做家务,生活自理能力较差。笔者利用班级微信群对学生烧饭、做菜的情况进行调查后发现,参与调查的 48 名学生中,只有 12 名学生有过烧饭、做菜的经历,其余 36 名学生从来没有这样的经历。问其原因,大多表示是因为家人担心安全问题而拒绝了他们想要从事家务劳动的请求。

随着人们生活条件的改善,很多传统小吃越来越受到重视,但是会做的人越来越少,这种传统的美食技艺需要得到传承、发扬。身怀传统美食技艺的大多是老人,发挥祖辈的主观能动性,由祖辈教授孙辈学习传统美食技艺是较为合适的。

掌握必要的生活技能是教育的一部分,甚至可以说是整个人生中非常重要的一部分。而开展美食类的隔代互学就是为了让学生回到生活实践中去,让他们热爱生活、懂得生活,通过生活小事的锻炼,自食其力,用行动来服务自我、服务家人。

温馨提示

开展美食类的隔代互学活动,需要注意以下三点。

首先,从学生参与隔代互学的效果来看,部分学生所做的美食没有明显的家乡特色。继续深入挖掘具有家乡特色的传统美食,是我们今后开展美食类隔代互学活动的重要目标。

其次,组织学生参与隔代互学活动,需要格外强调安全。比如刀具、火、电的安全使用,在保证安全的前提下有序开展隔代互学,保障隔代互学活动的顺利进行。

最后,隔代互学的内容、方式等需要根据祖辈和孙辈的身心特征进行。活动开展时,要根据祖辈和孙辈的学习兴趣、学习需求、学习能力等,有的放矢、由易到难、循序渐进地安排。

拓展思路

由于处于疫情防控期,此次美食类隔代互学成果展示局限在线上。在活动后期,如果家长、教师乃至学校有关部门可以提供适当的场地或者平台,把隔代互学活动搬到公共现场,让学生有充分的展示机会,就更能激励学生的学习兴趣,让他们更加热爱劳动,喜欢制作美食了。

在居家生活中，家长应该多放手让学生体验美食类的隔代互学活动，引领学生从学会烧一种菜到制作几种菜，全方位培养他们的生活能力，鼓励他们学以致用，提高创造美好家庭生活的意识和能力。

拓展隔代互学的评价方式。在祖孙共同学习、相互学习一段时间的美食制作之后，教师可以在班级中组织"暖心小厨神、创意小厨神、成长小厨神"的评比，以此来激励更多的孩子和祖辈参与美食互学和制作。

如何开展语言类的隔代互学？

涂淑莉[*]

普通话已成为人们日常交流中不可缺少的语言，很多孩子从小就开始学说普通话，也能进行一些简单的英语交流，却不怎么会说家乡话。记不住家乡话，也就记不住乡愁。另一方面，祖辈们能说一口流利的家乡话，却不擅长说普通话，更别提英语了。因此，开展语言类的隔代互学显得尤为必要。

案例呈现

在寒假，笔者通过组建"班级隔代互学微信群"，一方面引导学生教祖辈说普通话和简单的英语单词，另一方面让祖辈教孙辈说家乡话，通过家庭内部互学、线上反馈交流、成果汇报等方式，开展家庭隔代互学。

一、问卷调查探实情

为了进一步了解祖辈对于"普通话"的掌握程度，以及孙辈的"方言"水平，笔者对本校二年级学生进行了问卷调查。

在被调查的 269 名学生中，"方言沟通无障碍"的仅占 31.6％；"只会简单沟通"的占 30.48％；"方言和普通话夹杂沟通"的占 23.79％。总体来看，方言已经慢慢地被普通话所取代，越来越多的学生对方言的使用存在障碍。

此次问卷还包括对祖辈在普通话使用上的评估，其中有 19.33％的祖辈认为"自己的普通话说得很好"，68.77％的祖辈觉得"普通话说得一般"，还有 11.9％的祖辈认为"自己说不好或者一点都不会说普通话"。

---

[*] 浙江省武义县泉溪镇中心小学。

二、"名师"在线

要学习地道的"武义方言",需要一位老师来指导。笔者得知班里杜同学的外婆是武义县砖瓦公社方言喜剧的演员后,立即跟杜妈妈取得联系,并详细说明了缘由。在杜妈妈的引荐下,我们聘任杜同学的外婆金老师作为我们的方言学习导师。

首先,金老师以短小的童谣为教材,用武义话进行朗读、录制授课视频;然后,于每天19:00—19:20,通过班级方言课堂推送至班级微信群,并组织有兴趣的家长和学生根据视频居家学习;最后,由学生在微信群上传自己的学习视频,金老师则在线进行一对一的辅导、答疑、解惑。

有了金老师录制的视频和她的"现场指导",班级中的家庭都开始陆续开展语言类的隔代互学。在学习过程中,祖辈检查自己的发音是否标准,孙辈跟着模仿练习。在金老师的引领和长辈的监督下,孙辈每两天就能掌握一首用家乡话传诵的童谣。一段时间下来,学生和家人意识到学习家乡话的重要性,并对此产生了浓厚的兴趣。

图1　金老师在线教学

三、祖孙互学

"名师在线课堂"激发了祖孙互学的热情,调动了他们的学习积极性。家庭隔代互学的内容主要是孙辈教祖辈使用普通话读汉字,祖辈教孙辈用家乡话念汉字。学习内容从字、词、句、段、篇入手,遵循由易到难、梯度进行的原则。

第一,词语互学。祖孙之间自主商定学习内容,首先选择从与日常生活紧密相关的简单词语入手。待学习结束后,每个家庭填写"学习记录表",以此积累隔代互学的成果。表1的学习记录是笔者从班级隔代互学群中收集到的,这样的学习每天都在发生着、持续着。

表1　二(1)班隔代互学词语

教学时长	学生	你教祖辈用普通话读了哪些词语	祖辈教你用家乡话说了哪些词语
15分钟	王同学	春天、寻找、姑娘、野花、眼睛、柳枝、桃花、杏花、鲜花、邮递员、先生、原来、大叔、邮局、东西、太太、做客	姑娘、野花、眼睛、柳枝、桃花、杏花、鲜花、邮递员、先生、原来、大叔、邮局、东西、太太、做客、惊奇、快活、去年、美好、礼物
10分钟	安同学	叔叔、足迹、昨天、迷路、温暖、爱心、也许、桌子、平时、难道、味道、就是、加工	叔叔、足迹、昨天、迷路、温暖、爱心、也许、桌子、平时、难道、味道、就是、加工、种子、农具
5分钟	朱同学	鲜花、邮递员、先生、原来、大叔、邮局、太太、做客、惊奇、快活、美好、礼物	鲜花、邮递员、先生、原来、大叔、邮局、太太、做客、惊奇、快活、美好、礼物
15分钟	皓辰同学	春天、姑娘、邮递员、原来、大叔、万里无云、迷路、爱心、平常、农具、工具、柳树、黄河、春节、龙舟、团圆	春天、姑娘、邮递员、原来、大叔、万里无云、迷路、爱心、平常、农具、工具、柳树、黄河、春节、龙舟、团圆、动物、样子、张开

第二,句子互学。句子内容主要涉及日常生活中的常用语以及本土俗语。每天坚持学习几句,等到初有成效时,家长为其搭建实践平台,让孩子在现实环境中用家乡话与他人进行沟通,形成一定的语言环境。

一段时间后,奕婃同学妈妈发到群里的一段话深深地触动了大家:"今天我家女儿竟然用武义话到菜场成功买到了蔬菜。长这么大,她第一次用家乡话跟菜农交流。以前让她说,她总是怯怯懦懦,还是老师的方法管用。"(见图2)

图2　学生用家乡话买菜

看着群里每天上传的学习成果和一个个孩子的改变,笔者更加坚定了引导祖辈和孙辈开展隔代互学的信心。

第三，段落与篇章互学。前期的词语、句子互学让祖孙双方具备了较好的隔代互学基础。进入段落、篇章的互学后，大家显得更加游刃有余了。笔者在班级群里看到祖孙互学的视频不断被上传和分享，一老一小对坐着大声朗读的场景十分和谐。这样的学习和分享，以一个家庭带动几个家庭，几个家庭带动几十个家庭，延绵不断地传递着、辐射着、影响着更多的祖辈和孙辈。比如，朱同学的爷爷在经过一段时间的教学后，对孙女说："从来没有想过爷爷也可以当你的老师，看着你家乡话说得越来越好，我真替你高兴。"朱同学则笑着说："爷爷，你的普通话也说得很'溜'了，我们一起加油哦！"

四、成果展示

学习家乡话旨在引导孩子领略家乡语言的魅力，加入传承家乡传统文化的行列，而祖辈们学习普通话能开阔视野，与更加广阔的社会接轨。在如此意义的学习和互动中，促进了双方在语言方面的能力提升。为了使隔代互学活动得到持续发展，笔者尝试通过各种途径做好隔代互学成果的展示，提升祖辈和孙辈通过共学、互学得到的成就感。例如，鼓励父辈家长帮助祖孙记录学习过程，并通过美篇等方式分享和传播祖孙的学习收获，此外，考虑发动祖孙参加家乡话电视节目比赛，利用开学第一课邀请祖孙到班级展示，以及建议祖孙前往武义县砖瓦公社方言喜剧处客串等。

五、学习收获

（一）隔代互学活动让学生感受到了语言的魅力

同一种事物可以用不同的语言表达，学生在学习家乡话的同时，也相应理解了普通话所表达的含义。孙辈学会了家乡话，可以更好地与祖辈进行交流；祖辈学会了普通话，也可以更好地与年轻人互动。如奕娆同学所说："自从跟奶奶学说家乡话以来，我可以很好地跟村里的其他老人交流了，特别是他们有困难时我也能够帮助他们了，不会因为语言的障碍而尴尬了。"

（二）隔代互学活动让老年人获得了再次学习的机会

根据前期调查，笔者班级学生的祖辈，文化程度基本在小学或初中，在与孙辈的沟通中存在很多隔阂和障碍，在生活中也缺乏自信。但是，通过教孙辈学习家乡话，这些祖辈发现了自身与孙辈沟通的另一种方式，以及自身的长处，也有了再次学习的机会。并且，老人特别是有些做生意的老年人也可以更好地利用普通话与年轻人交流了。

（三）隔代互学活动促使家庭成员关系更加融洽

开展语言类的隔代互学后，家庭成员既可以用普通话交流，也可以用家乡话聊天和学习,一家人处在浓浓的学习氛围中,解决了因语言不通而产生的矛盾。例如,朱同学的爸爸表示,他每次跟家人交流都比较麻烦,孩子的祖辈听不懂普通话,女儿又不会家乡话,自从开展了语言类的隔代互学以后,这样的麻烦再也没有了,大家想用什么话交流都可以。难怪朱爸爸会感叹,隔代互学拉近了他与家人间的距离,真好! 听了爸爸的话,朱同学也说:"现在我给爷爷奶奶讲故事,他们也能听得懂了,这都是隔代互学的功劳!"

原理解读

笔者所在学校位于工业区,外来人口居多,孩子们跟随父母来到这里,由于离家远,加上父母平时工作繁忙,大部分孩子一年只能回老家一次,有的甚至几年才回家乡一趟。作为长期在外生活的孩子们,首先需要学会的便是普通话,普通话是其与他人交流的方式。时间久了,家乡话反倒不太会说了。

祖辈在日常生活中也需要学习普通话,增强人与人之间的交流。隔代学习在一定程度上成了满足祖辈普通话学习需求的重要途径之一。此外,武义作为一个较为开放的城市,居住在这里的外国友人也越来越多了。因此,会说简单的英语,或许能够增加老年人与外国友人的接触和交流。总而言之,借助语言类的隔代互学活动,可以促使学生更好地与祖辈交流,传承祖先留下来的家乡语言文化;同时,也使老年人有了学习普通话、英语的渠道,进而达到学以致用的目的,缩小与社会发展的差距。

在这样一个日益全球化、多样化的世界里,使用多种语言正在成为生活常态。在以母语为基础的多种语言教育的支持下,掌握多种语言给隔代双方带来了诸多好处,也促进了整个社会的文明和进步。

温馨提示

开展语言类的隔代互学活动,需要注意以下四点。

第一,语言是人类宝贵的文化遗产。全世界大约有7 000种语言,然而,其中2 680种正面临着消失的危险,有些已经消失。因此,引导学生重视方言学习,鼓励祖辈进行普通话学习,既能促进语言的保存、传播,也能丰富隔代主体的生活,促进双方价值的实现。

第二,乡村教师由于长期生活在农村,一些年纪大的教师没有经过专门的普通话训练,普通话发音不标准,水平也会偏低。建议学校鼓励乡村教师加强普通话学习,鼓励教师以参加普通话等级考试为契机提升普通话的表达水平。

第三,教师要为隔代互学搭建多种展示平台,并注意调动年轻父母的力量,大力支持隔代互学活动。

第四，鼓励家长为孩子提供更多说家乡话的机会。前期问卷针对"孩子会在哪些场景中使用家乡方言"这个问题进行了调查，从数据分析中得出，76％的孩子往往在走亲访友时才会说家乡话。所以，为了给孩子提供学习家乡话的机会，也建议家长在支持隔代互学的同时，多带孩子走亲访友，让孩子在日常生活中了解语言的意义和表达。

拓展思路

语言学习是一个长期的过程，很难在较短时间内一蹴而就。因此，我们要建立长效的隔代互学机制，帮助祖孙双方共学互学。

对学历较低的乡村老年人进行扫盲，如有必要可加强普通话的传播和学习。当然，也可以充分发挥社区学校、农村老年活动中心的职能和作用，让更多的农村老年人参与学习、热衷学习。

学校、社区要把传承家乡话当作一件重要的事情来做，协助孩子学好家乡话、用好家乡话，并通过开展一系列的语言学习活动来促进家乡话的学习和使用。

方言、英语类的隔代互学，同样也适用于城市的老人和孩子。对于他们来说，学习的渠道、平台、方式、方法更加多样，学习语言显得更具优势。

笔者所在班级的学生现就读于二年级，学校尚未进行正规的英语教育教学，但是一些重视英语学习的家长已经提前将孩子送去城里的培训班学习。建议具备一定条件的家庭，在隔代互学的基础上，增强父辈家长在隔代学习中的作用，开展英语类的多代互学。从当前的学习效果来看，祖辈和孙辈对方言、普通话和英语等语言知识的学习充满了热情，生活丰富了，彼此的感情也更深厚了。

如何开展阅读类的隔代互学？

费玲妹[*]

亲子共读让书香浸润了家庭，让育人的空间从学校延伸到校外，从而更好地发挥了家庭的育人功能[①]。而和孩子一起生活的祖辈，是书香家庭建设的重要主体之一。祖辈对孙辈的教育不仅表现在吃住起居、生活作风和传统礼仪的教导上，老一辈对知识的向往、对读书人的敬重，也可以给孙辈以潜移默化的影响。

2020年寒假，笔者结合小学生的身心发展特点和家庭隔代互学情况，在推进全班家庭阅读计划的同时，也进行了"隔代读书会"的实践探索。

案例呈现

2020年1月3日，笔者组织全班学生讨论和制订了2020年寒假计划，发现班里绝大多数小朋友的计划里都有"阅读"，所以笔者把开展"家庭阅读"活动作为2020年寒假生活和学习的重点项目。在新年愿望分享中，笔者发现有十几个孩子要回老家看望祖辈，其中一个孩子的新年愿望是"教奶奶学会看电视和讲故事"。笔者觉得这是一个极好的隔代互学尝试，就决定带领全班学生加入隔代阅读的实践研究。

一、"隔代读书会"的起步

寒假开启前，笔者在班里招募参与"隔代互学"的家庭。在父辈家长与祖孙协商后，初步确定了10对参与人。他们在父辈家长的见证下签订了"隔代互学协议"（见图1）。从协议内容来看，祖辈主要是向孙辈传授生活技能，而孙辈多为向祖辈讲故事、宣传防疫知识等。

---

[*] 浙江省海宁市桃园小学。
[①] 顾建芳,孙希.让家庭弥漫书香让阅读点亮智慧——智慧实小"书香家庭"建设[J].华夏教师,2017(5)：32-33.

图1 在父辈家长见证下祖孙签订互学协议

在后期的隔代互学案例分享中，欣妍同学和爷爷的互学获得了全班点赞。欣妍同学教爷爷用普通话讲故事，爷爷教她写毛笔字（见图2）。这个案例拓展了全班隔代互学的思路从"生活技能"向"阅读""书法"推进。

图2 隔代互学场景

2020年2月5日，隔代互学进入阶段性的研讨环节，家长们反映，祖辈教会孩子多种本领，例如做点心、洗袜子、拖地板等，确实让孩子们乐此不疲。不过，孩子们最感兴趣的还是听祖辈讲"老故事"，祖辈也非常喜欢听孙辈"读故事"。于是，又有几个家庭跃跃欲试，准备开展基于"故事"的"隔代读书会"。经过两周的准备和练习，我们正式开启了第二阶段的

"隔代读书会"计划。

二、"隔代读书会"的升级

2月下旬,因为疫情防控的需要,寒假延长了,孩子们必须在家学习。大部分父母陆续复工,使得看管孩子的"任务"落在了祖辈身上。

2月21日,笔者通过问卷调查得知,班级中有13个孩子的父母复工(见表1),其中12个孩子由祖辈负责照看。

表1　2020年2月下旬班级家长复工情况调查

选项	小计	比例	
父母都复工上班	13		32.5%
父母一人复工上班	17		42.5%
父母都未复工上班	10		25%

此时,祖孙俩有了新的"挑战"。于是,在笔者的引导、鼓励和指导下,尝试在家有效地开展隔代互学活动。

(一) 我们明确了"祖辈是学习者"的思想

2月22日晚,本班召开了第一次"复工家长会"。有学生妈妈分享了自我管理表,将"让孩子每天给奶奶讲故事"作为培养学生自主管理的有效途径。很显然,给奶奶讲故事使孩子掌握着奶奶学习的"主动权"。祖辈不再只是孩子在家学习的"监工",而是和孩子一起成为"学习者"。也因此,孙辈和祖辈的关系自然而然演变为学习者和彼此的指导者,即共学互学关系。具体来说,祖辈成为孙辈阅读的聆听者和指导者,而孙辈也能够对祖辈的阅读方式和阅读内容予以建议。基于上述思想的不断明晰,笔者感受到隔代教育思想的转变是推进隔代互学的重要环节之一。

(二) 我们通过"空中研讨"确定祖辈人选

一周后,我们开展了第二次"复工家长会"。在此次"空中研讨"会上,有12个家庭的祖辈报名参与了"隔代读书会"。从血缘关系、祖孙情感等角度来看,奶奶参与"隔代读书会"具有天然优势。比如,奶奶很关心孙辈的成长,祖孙关系比较亲密,很适合陪伴孩子在家学习等,这就自然为"隔代读书会"的启动和开展奠定了情感基础。

随后,笔者详细了解了每位祖辈的年龄、文化程度、教育观念以及整体阅读水平(见表2)。除此之外,我们还特别关注了祖辈的阅读基础,并根据祖辈的文化水平,初步确定了"隔代读书会"以讲故事和读古诗为主,以此激励祖孙共学互学的积极性。

表 2　祖辈参与"隔代读书会"的基本情况

分层	孩子祖辈	年龄	文化程度	整体阅读水平
种子奶奶	1. 曦曦奶奶	66	高中	会读爱听，会讲故事，还会交流读书感受
	2. 嫄嫄奶奶	59	高中	
	3. 辰辰奶奶	60	高中	
	4. 多多奶奶	65	初中	
好学奶奶	5. 辰皓奶奶	56	小学	爱听故事，不太会读，但听完后会和孙辈交流感受
	6. 希希奶奶	58	小学	
	7. 诺诺奶奶	64	小学	
	8. 坤坤奶奶	67	小学	
	9. 馨妍奶奶	64	小学	
潜力奶奶	10. 钦钦奶奶	64	文盲	不识字，不会读讲故事，但爱听故事。即使听不懂，也会听和问
	11. 润泽奶奶	68	文盲	
	12. 小希奶奶	64	文盲	

(三) 我们通过召开家庭会议确定学习目标

为了有针对性地开展"隔代读书会"，笔者鼓励家长组织"隔代读书会"的家庭会议，商定阅读内容、形式和要求。于是，在父辈家长的支持和组织下，每个家庭根据孩子和奶奶的阅读能力，确定了不同的隔代互读目标(见表3)。

表 3　"隔代读书会"的内容

祖辈	祖辈教孙辈阅读	孙辈教祖辈阅读
曦曦奶奶	读故事和交流	能主动给奶奶讲古诗，和奶奶一起读故事
嫄嫄奶奶	读故事和交流	每天和奶奶一起读故事、讲故事
辰辰奶奶	读故事和交流	主动给奶奶讲古诗，和奶奶一起读故事
多多奶奶	读故事和交流	每天能主动和奶奶一起读故事、讲故事
辰皓奶奶	讲故事、背古诗	能主动讲故事和背课文给奶奶听
希希奶奶	读故事	每天教奶奶读故事、识字
诺诺奶奶	读故事	主动教奶奶认字和讲故事，和奶奶一起读故事
坤坤奶奶	读故事	主动教奶奶读故事书，讲名人故事给奶奶听
馨妍奶奶	读《古诗75首》	教奶奶识字，读准字音，一起读故事和背古诗
钦钦奶奶	讲新闻和老故事	教奶奶识字，读故事给奶奶听，背古诗
润泽奶奶	讲老故事和传说	给奶奶讲故事，每天教奶奶识几个字
小希奶奶	讲老故事和传说	教奶奶识字，读故事给奶奶听

结合12位祖辈的文化基础,以及"隔代读书会"目标,我们可以看到奶奶们的文化程度不同,阅读能力也不同,祖孙共同制定的隔代互读目标也有差异。例如,曦曦和奶奶一起读故事和讲古诗;润泽给奶奶讲故事,教奶奶识字,因为他的奶奶不识字,因此,润泽第一个学习目标就是让奶奶听懂故事,而奶奶也会给他讲讲"老故事"。从这些具有差异特征的祖孙学习来看,这启示我们"隔代互学"需要基于实情划分不同的目标,并根据祖孙双方的阅读能力逐步推进。

(四) 我们借助"奶奶的下午时光"项目,积聚群体力量

为了鼓励更多的祖辈参与"隔代读书会",笔者建立了"奶奶读书群",并开设了空中"奶奶学堂"指导祖孙如何读书和交流[①]。同时,我们还将"会读爱听,会讲故事"的四位奶奶定为"种子祖辈",作为其他奶奶学习的榜样。

紧接着,在3月初,我们在上述研究的基础上创设了"奶奶的下午时光"项目,将下午定为"隔代读书会"时间,孙辈每天读故事和讲古诗给奶奶听,希望改变奶奶只看电视、做家务的午后生活。奶奶也努力认字、读故事,并在群里分享各个家庭孙辈互读共学的视频和照片。

近半个月以来,奶奶们已经开展了多次"隔代读书会"活动,有互读故事、讲古诗,也有学防疫知识和互助答题等活动,这有效地提升了祖孙俩"相互教、彼此学"的积极性,同样也激发了隔代双方的阅读热情。

三、"隔代读书会"的成效

"隔代读书会"让家长们欣喜不已,打开了家庭阅读探索的新空间。

(一)"隔代读书会"点燃了孙辈的阅读热情

原先,孩子的学习任务就是网课作业和阅读。现在,孩子的阅读有了祖辈的聆听和学习,孩子们对阅读产生了较高的认同感和价值感,并将阅读视为向祖辈传递信息的"重要手段"。在隔代阅读中,祖孙俩商量读什么书,讲什么故事,孙辈从阅读中的学习者转变为指导者,满足了阅读起步阶段学生"好为人师"的心理。同时,孙辈在教祖辈读书的过程中,明显意识到作为"小老师"必须拥有丰富的学识,这极大地激励着孙辈参与隔代阅读的热情。

(二)"隔代读书会"激发了祖辈的阅读兴趣

小学阅读材料相对简单,很适合有社会经验、需要"重拾"阅读习惯的祖辈们,再加上孙辈的陪伴与鼓励,祖辈阅读和分享的积极性也更高了。

[①] 陶菊. 如何让"奶奶团"在农民工子女返乡教育中绽放光彩? [J]. 中小学班主任,2018(2):42-44.

3月中旬，陆续有祖辈给笔者留言。比如，"感谢老师！我几十年没有读书了，没想到能和孙女一起读书。孙女总说，做奶奶的老师很有意思！""每天下午的阅读时光，我像个小学生一样，听孙子给我讲故事，不懂的地方还可以问他。自己竟然做了奶奶后又想读书了，好像回到了年轻时代！""每天，我看着孙女讲故事的样子，特别安心，特别幸福！"

此外，在防疫时期，孙辈还会给祖辈读新闻和讲疫情，教祖辈防疫常识，落实戴口罩和少出门的要求。就这样，每天祖孙俩一起学习，一起读书，让平凡的生活变得丰富而有趣味。

原理解读

网络的发展日新月异，人们常常淹没在海量的网络信息里，造成了个人阅读简单化、碎片化。为了在喧嚣的电子时代留住一席书香，我们不仅要推进家庭阅读和全民阅读，同时也应启动"隔代读书会"，让书香浸润孩子的成长之路，陪伴老人的晚年生活。为此，3月5日，笔者对班级40名学生的居家学习情况进行了调查，发现有43.9%的孩子每天与祖辈一起生活，有3个孩子的学习和生活完全由祖辈管理。其实，很多父母和孩子有"祖辈不懂学习""观念落伍"的想法，主要原因是祖辈文化程度相对较低，教育方式单一，而很少有家庭会去鼓励和指导祖辈阅读。

在笔者组织的"隔代读书会"上，祖孙都喜欢给对方讲故事或读故事。一方面，故事有生动的情节和叙述性的语言，比较适合不同年龄和学历的阅读者；另一方面，故事中往往蕴含着丰富的知识和人生道理，适合作为隔代互学的资源和手段。因此，我们要利用多方资源推进"隔代读书会"的运行，让祖辈也能成为学习者，过上"老有所学，老有所乐"的生活。

温馨提示

"隔代读书会"是家庭阅读的一部分，需要所有家庭成员的共同参与和支持，特别是父辈家长的协助和引导。同时，父辈家长也可以借助学校、社区和公共图书馆的资源，利用多方合力，推广"隔代读书会"的阅读理念与方式。

在前期，家长要协助祖孙确定"隔代读书会"的内容和形式。比如，选择适合祖孙双方阅读的书籍，并及时给予鼓励和指导。由此，在"隔代读书会"的实践基础上，借助网络和班级群平台等多渠道宣传隔代互学经验和先进事例，让"互读互惠"观念成为家庭教育中的基本理念和实际行动。进而，教师基于"隔代读书会"的开展情况，对祖孙互学进行专业性的指导，凸显教育的意味。例如，教师向祖孙推荐图书、有声读物，分享阅读经验，形成互学共长的"隔代互读新样态"。

拓展思路

　　隔代教育具有不同的实践类型和发展走向,融入学习型社会建设需要高品质隔代教育的参与[①]。

　　基于此,学校可以开设"隔代不隔爱"的讲座和沙龙,推荐丰富的书籍和电子阅读平台;也可以开设"长者课堂",邀请书香家庭的祖辈介绍经验;还可鼓励和挖掘爷爷的阅读特色,推进多元化的"隔代读书会"。对于中学阶段的孙辈来说,尤其可以发挥中学生的阅读优势,推荐祖辈阅读报纸,或参与网络阅读,提升"隔代读书会"的多样性和阅读品质。

　　在家庭阅读氛围下,开展三代阅读与写作的探索。例如,笔者所在班级推进家庭共读《童年笔记》一书,三代共读和互读童年故事,由祖辈向孙辈讲童年故事,孙辈记录和整理成文,促使"隔代读书"向"隔代写作"推进。

　　同时,我们还可以利用社会力量推进"隔代互读"计划。比如,利用街道社区、乡村图书馆等社会教育力量,开展"隔代互读"推广活动,开设"祖辈学堂"和"祖孙读书会"等,让更多乡村祖孙走进社区和图书馆,参与阅读活动,提升老年学习和生活的质量,促进积极老龄化社会的逐步实现。

---

① 李家成.隔代教育的实践类型与发展走向——兼论学习型社会建设中的隔代学习[J].教育视界,2019(7):31-32.

如何开展地方建筑文化类的隔代互学?

汤莹颖[*]

地方建筑作为当地历史文化载体蕴含着独特的地方文化,而传承地方建筑文化有利于培养和增强学生的家国情怀和民族自豪感。土生土长的祖辈们承继了代代相传的建筑文化,对家乡都非常熟悉。但是,随着年轻一代离乡工作、学习,年幼的学生一辈对于家乡的建筑文化认知是片面的,对家乡的归属感也逐渐淡化。因此,地方建筑文化面临着"传递断层"的风险。那么,利用寒假时间,针对地方建筑文化开展隔代互学,就显得意义重大。

案例呈现

在 2020 年寒假来临之际,笔者首先通过"问卷星"调查本班祖辈与孙辈的互学意愿,了解互学的现实基础,与家长们讨论开展互学的可行性;接着,制订班级隔代互学活动方案;最后,引导学生利用文字、照片和图画等方式记录隔代互学的成果,同时把学习成果分享在班级群里,参与班级内隔代互学成果的评比。

一、祖孙互学,记录成果

祖孙达成隔代互学意向后,祖辈通过实地考察或者图片欣赏等方式,引导孩子们了解和学习家乡建筑文化。在祖辈详细的介绍中,孩子们不仅欣赏了家乡标志性建筑,还感受到了其中所蕴含的文化精神内涵。孩子们通过用手机拍照、在活动单上画图、用文字表达等方式,记录自己从祖辈那里学到的内容。如图1所示,小杰同学从祖辈那里了解到了关于家乡少寨红军桥的故事。当年红军部队在此驻扎时发现以前的桥已经破旧,难以通行,于是修整了木桥,解决了村民出行的问题。为了纪念红军,木桥取名为"少寨红军桥"。

---

* 浙江省武义县泉溪镇中心小学。

图 1　小杰同学的隔代互学成果

同时,孩子们也给祖辈们展示在武义博物馆、熟溪桥、滨江广场、璟园、革命烈士纪念碑、泉溪老街、丞相府旧址、千丈岩玻璃桥等地方拍下的照片,向他们介绍这些武义的特色建筑以及相关的人文故事。例如,小昊同学根据自己的记忆画出"泉溪地图",从自己的家出发,沿着街道路线,向祖辈们一一介绍修缮后的老街建筑,欣赏老街墙壁上当地历史名人的诗句,感受泉溪的"曲湖文化"。

二、线上沟通,分享成果

在隔代互学过程中,爸爸妈妈作为互学主体的辅助人员,通过拍照、录像、制作美篇等方式,把学习成果发布到班级微信群里,供大家交流与学习。这些丰富的隔代互学成果的分享,有助于促进家庭与家庭之间、祖辈与孙辈之间的进一步学习,也拓宽了互学的范围。表1为部分学习内容。

表 1　地方建筑文化类的隔代互学

学生姓名	家乡标志性建筑
小杰	少寨红军桥
小斌	七星广场、千米步行阶梯、古老木房
小昊	贵州茅台酒厂建筑
小馨	明清古建筑
小辰	山路十八弯
小萱	高铁建设、程氏宗祠、珠算文化
小远	寻乌调查旧址、方志敏烈士纪念馆、新老寺庙
小鸣	清漾村(毛泽东祖居地)
小斌	全木制房子、吊脚楼

（续表）

学生姓名	家乡标志性建筑
小轩	木楼
小兴	泥土老房
小豪、小义	石板房
小雄	侗寨鼓楼、风雨桥
小吴	高铁隧道建设
小涵	寺庙敲钟、石孔桥、山洞
小晏	铜仁凤凰机场、世昌广场
小圆	刘三姐蚕丝绸养殖基地
小诺	淮海战役陈官庄纪念馆

在隔代互学活动中，祖辈与孙辈收获颇丰。他们不仅深刻地领略到了不同地域建筑文化的魅力，还在回顾隔代互学的过程中，用文字记录了自己的学习体会。表2摘录了部分祖辈与孙辈的互学心得。

表2　隔代互学的部分体会

孙辈	学习心得	祖辈	学习心得
小邵	我和爷爷奶奶去了寻乌，听他们讲了毛主席在寻乌带领红军革命的故事。有了老一辈革命者的付出，才有了现在的美好生活。我会认真上课，向毛主席学习	小煜爷爷	看了小煜在武义革命烈士纪念碑前敬礼的照片，想起革命时期牺牲了很多人。那时候真是不容易，新中国建立之后才有现在这么好的生活，非常感谢他们
小曾	听外公外婆说，清漾村是毛主席的祖居地，也是江南毛氏的发祥地。村子里还有毛氏祖祠，祠堂里还有戏台，每年大年初一都会在戏台上举行"村晚"	小杨奶奶	我见过木桥、水泥桥、石桥，第一次看见全部都是用玻璃建的桥。这桥不知道用的什么玻璃，会不会被踩碎，以后有机会一定要去看看。
小龙	我们这边的房子和武义是不一样的，全部是木头建的老房子，听爷爷奶奶说木房子是我们苗族的特色建筑	小吕爷爷	一直以为泉溪就是工业区，看了小昊拍的照片才知道原来泉溪很美，还出过这么多名人。
小吴	我们村子边要建高铁，爷爷带我们去看了高铁隧道。现在隧道还没有全部建好，不过我好奇工人们是怎么打好洞，让山洞不塌的呢？	小周外婆	小静给我们看了她在熟溪桥的照片，这座木桥这么多年一直保存下来，可以使用。桥全部都涂成红色，挂着红灯笼，晚上亮灯了，看起来非常漂亮

三、互学交流，评价成果

原定于开学初在学校教室举行隔代互学成果交流会，但受到 2020 年新冠肺炎疫情的影响，开学延期了，所以"实地交流会"改成了"线上交流会"。我们做了以下工作：首先，在父母的协助下，孩子们在班级微信群里上传了自己参加隔代互学成果的视频、图片和美篇；其次，教师与全体家长对孩子们上传的隔代互学成果进行评价；再次，采用公开投票的方式，评选出一、二、三等奖，在班级群里予以公示；最后，于开学后的隔代互学总结会上举行颁奖仪式，邀请可以到场的祖辈们给获奖者颁发奖状、奖品，以资鼓励。

四、问卷调查，检验成果

（一）活动增强了隔代主体之间的沟通，增进了祖孙情感

2020 年 3 月初，笔者对提交隔代互学成果的孩子和祖辈们进行了一次有关活动感受的调查，共收到 34 份问卷。通过问卷分析，发现有 97.56％的祖辈觉得开展隔代互学活动后，与孙辈之间关系明显变好，比如两代人的沟通话题、交流时间增多，双方感情逐步升温。另外，孩子们也发现，爷爷奶奶虽然年纪大、没怎么上过学，但他们其实懂得很多，拥有非常丰富的生活经验。

（二）隔代互学促进了地方建筑文化的传承

祖辈和孙辈通过互学，对家乡建筑有了更多了解，深刻感受到了家乡建筑所蕴含的文化内涵。虽然孙辈已经离开家乡外出求学，但是关于家乡的印象会深深地镌刻在他们的脑海里，难以忘怀。对于孩子们生活的武义，祖辈们以前仅知道有这个地方，经过隔代互学，他们对武义有了更加深入的接触与了解，从武义建筑中感受到这座城市的人文历史魅力。

原理解读

培养和增强学生的家国情怀，是落实立德树人之根本任务的有效途径之一[①]。在举国上下共同抗疫期间，家长和教师更应该培养学生的爱国、爱乡、爱家之情怀。认同地方文化可以让孩子们产生归属感和凝聚力，更是培养家国情怀的重要载体。

---

① 袁振国，沈伟.立德树人的落实机制：现状、挑战与对策[J].苏州大学学报（教育科学版），2021，9（1）：1-8.

当地标志性建筑作为地方文化的一种载体，极具代表性，它见证并记录下了整个历史发展的过程。因此，借助家乡和流动地的建筑文化开展隔代互学，能够培养祖辈与孙辈对地方文化的认同感、自豪感以及归属感，帮助他们树立保护、传承地方文化的理念，促使祖孙亲密交往、和谐相处。

笔者所在学校地处城乡交界，毗连各大工业区，当地经济发展迅速，许多外来人员选择在武义泉溪就业和生活。班级中的孩子们离开了祖辈，跟随父母在武义生活和学习，相比于家乡来说，这里才是他们更熟悉、更适应的地方。同时，孙辈与祖辈相距遥远，缺少空间联系，缺乏时间相处，难以培育共同话题，导致情感逐渐淡化。因此，急需时间与空间来维系隔代间的关系。

祖辈们对家乡建筑文化有一定了解，也有继续学习其他知识的需要。但是，随着年轻一代外出工作、学习，家乡的历史与文化该如何传承下去呢？对于上述问题，笔者尝试从地方标志性的建筑入手，以地方建筑文化的隔代互学为载体，拉近祖辈与孙辈在时间和空间上的距离。在隔代互学中，孙辈跟随祖辈学习了家乡的建筑文化，感受了家乡建筑的独特魅力；祖辈通过孙辈了解了武义这座城市的建筑风貌，感受了不同地域的文化内涵。在整个隔代互学实践中，祖辈与孙辈呈现出共同学习、相互学习、持续成长的状态，双方的自豪感与幸福感也在学习的过程中不断增强。

温馨提示

开展地方建筑文化类的隔代互学活动，需要注意以下四点。

首先，通过线上学习，丰富隔代互学的内涵。祖辈与孙辈的认知水平有所差别，建议采用现代技术进行网络学习，补充与所选取建筑相关的文化知识，提高对建筑的文化认知和理解。

其次，合理选择隔代互学内容，展现其独特性。在祖辈和孙辈选择隔代互学内容时，建议选取有特色的地方建筑，比如当地的标志性建筑。因为这样的建筑更具有地方代表性，蕴含的地方文化也更加独特与丰富。

再次，多思多学，扩宽隔代互学的呈现形式。隔代互学成果的展示不应局限于"你好，寒假！"活动单上的几种方式，教师应激励隔代互学主体多思考、多学习，尝试用不同的载体来丰富隔代互学成果的呈现形式。

最后，由父辈家长协助，帮助汇编隔代互学的成果。隔代双方可能会在学习成果的呈现上存在表述不清晰、语言组织较弱等问题，建议教师调动父辈家长的力量，协助祖辈与孙辈完善隔代互学成果的汇编工作。

拓展思路

在隔代互学中,笔者收到一些家长的反馈,比如一些祖辈的文化程度较低、闲暇时间较少,比如孩子对武义的建筑文化了解不多,等等。这些都在一定程度上阻碍了隔代互学活动的顺利开展。为此,笔者提出以下三个方面的建议,以期能够为隔代互学活动的有效组织和运行提供思考。

首先,发挥学校的教育功能,提高祖辈与孙辈对于建筑文化的认知水平,深度开发隔代互学资源。例如,孩子们对武义建筑的了解比较简单,不知道其中蕴含的文化内涵,学校或可尝试以校本课程的方式加以弥补,在班级里开展武义建筑文化的探访活动。而祖辈对家乡建筑文化的了解不应局限于本地,还可以逐渐拓展到周边县、市、省等的标志性建筑,并利用参观博物馆、参加文化节等形式增加对建筑及其文化知识的了解。

其次,鼓励家庭与家庭之间的交流与合作,根据地域"就近原则"进行分组,利用线上技术实现组内合作互学,扩充隔代互学的内容以及范围,提高隔代互学的效果与质量。

最后,对于部分不回老家过年、无法与祖辈当面沟通交流的孩子,可以合理利用现代信息技术,促进祖孙之间的有效沟通,推进隔代互学的顺利展开。

如何开展艺术类的隔代互学？

陈　芳*

传统民族艺术是中华文化不可分割的一部分。但是，随着社会、经济、文化的发展，传统民族艺术似乎离孩子们越来越远。通过调查，笔者惊喜地发现班级学生中一些祖辈家长精通民族艺术。因此，笔者尝试以民族艺术为切入点，利用 2020 年的寒假开展艺术类的隔代互学活动。

案例呈现

2020 年寒假，笔者组建了隔代互学微信群，并通过"线上隔代互学启动会"，建立了"隔代互学共同体"，开展了"隔代互学竞赛"等，以此来设计艺术类的隔代互学活动。

一、挖掘"种子家庭"，激发隔代互学的兴趣

2019 年 12 月 24 日，笔者设计并发放了家长问卷，旨在了解家庭隔代互学的基本情况，并据此挖掘"种子家庭"。通过问卷发现，蔡同学的外公年轻时跳达体舞获过奖，是一个有着丰富民族艺术表演经验的老人。

彝语中的"达体"，意为"踩地"，达体舞是彝族人民在劳动中自创的舞蹈，以动作优美而著称。达体舞种类繁多，不同地区有着不同的特点和名称，如"锅庄舞""蹢脚舞""对脚舞"等。

笔者通过蔡同学妈妈邀请蔡同学外公在隔代互学交流会上介绍了达体舞（见图 1），以此作为笔者所在班级隔代互学活动的启动仪式。此次线上隔代互学启动会激发了孙辈学习民族艺术的兴趣，为正式开展艺术类的隔代互学奠定了基础。

---

* 浙江省武义县泉溪镇中心小学。

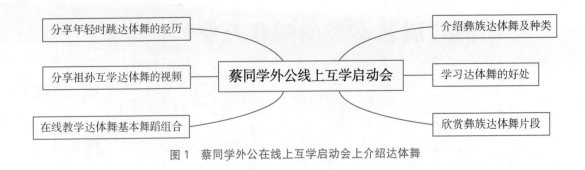

图1　蔡同学外公在线上互学启动会上介绍达体舞

二、组建"隔代互学共同体",为活动开展护航

"艺术隔代互学共同体"旨在建立隔代主体之间的沟通平台,及时有效地解决隔代互学中可能产生的问题。笔者所在班级共 48 名学生,其中,汉族学生 21 人,另外 27 名同学来自 8 个不同的少数民族。笔者将全班同学分成了两个大的组别。

第一组别为"少数民族家庭组",原则上将相同民族的家庭组合,例如侗族家庭为一个小组,彝族家庭为一个小组等。由于穿青族和土家族分别只有一位学生,这两个民族的家庭合为一个小组。

第二组别为"汉族家庭组",先由汉族学生自愿选择感兴趣的艺术类别,然后以同类别的艺术为单位分组。例如,隔代互学乐器为一个小组,隔代互学舞蹈为一个小组。

以"隔代互学共同体"为依托,整个班级的"隔代互学群"笼罩在取长补短、互帮互助的良好风气中,祖辈与孙辈之间的互学氛围浓烈,积极性很高。

三、全员参与,开展家庭内部的隔代互学

孩子们受到前期民族艺术的熏陶,在班主任的提议下召开了家庭会议。在家庭会议上,祖孙二人商定互学时间、互学内容以及互学方式,并拟定"家庭隔代互学方案"。而后,各家各户根据方案开展相应的隔代互学活动,并在每周三和周五晚上将隔代互学的视频分享到互学微信群里。自此,周三、周五晚上的班级群成了我们班隔代互学艺术展示的大舞台。图2、图3为互学内容展示。

当隔代互学遇到困难时,孩子们就把困难用文字描述出来,发到互学群里,寻求其他伙伴的帮助。群内交流给不同家庭的祖孙提供了相互学习的平台,提高了跨家庭的隔代互学能力。

例如,诗语同学在练习竹竿舞时,遇到了"不会打节奏"的问题,有同学向她提供了自

图 2　隔代互学之云南大理舞蹈　　图 3　隔代互学之防疫拍手歌

己的方法,包括借助大鼓练习节奏,用手指模拟竹竿的开合等。诗语同学受到启发,想出了新的方法,同样借助大鼓,一边念"开—合—开开—合"的节奏,一边用脚的动作呈现竹竿舞的开合。这样的练习不仅帮助她掌握了竹竿舞的节奏,还为她后续学习跳竹竿舞奠定了基础。像这样互帮互助的情况还有很多,详见表1和表2。

表1　二(6)班同一民族的家庭隔代互学互助情况

学生	家庭隔代互学项目	互学时遇到的困难	解决方案
思涵、宇航、彩希	侗族多耶舞	手脚不协调	单独先学脚上动作,再配合手上动作练习
艳琴、树杰、小鑫	彝族弹口弦	找不准口弦在唇间的放置位置	先掌握放置位置的要领,再学习弹动簧片
深丽、皓宇、恩琪	黔东南舞蹈	整体较难	一个节拍一个节拍地学
艺琴、子豪	壮族山歌	孩子不会说壮族语言	先学这首山歌里的壮族语言,再配上音调唱出来

表2　二(6)班同一艺术的家庭隔代互学互助情况

学生	家庭隔代互学项目	互学时遇到的困难	解决方案
程媛、子燃、鑫萌	防疫手势舞	手势动作和音乐不合拍	多听音乐,熟悉音乐后再配上动作练习
嘉耀、小哲、润成	说唱《不许说我胖》	老人不会说普通话	先念歌词,再加节奏说唱
广洋、小依、航宇	街舞	有些动作要求较高	先把基本功练扎实,如头、肩和腰等的练习
俊杰、小宁、小隆	陶笛	手指不能严密地按住音孔	用第一节手指的指肚按孔

四、组织隔代互学评比,展示学习成果

整个班级以两周为一个周期,开展"优秀隔代互学组合"评比。我们在家委的组织下,讨论出了隔代互学的评比规则。首先,每户家庭录制隔代互学视频,视频需清晰且不能有杂音,以学号为顺序参加评比。为了促进班级全员参与,只要参加录制比赛的家庭就可以获得"互学积极参与奖",奖励10个积分。其次,由两位家委成员及班主任担任评委,对每次提交的视频资料进行打分。再次,每两周的周日19:00,评委按积分高低选出三组家庭作为"优秀隔代互学家庭",并颁发荣誉证书(见图4)。互学评比可以充分调动祖孙参与隔代互学的主观能动性,也是促进隔代互学活动持续开展的重要方式。

图4 隔代互学荣誉证书

五、总结活动效果,祖孙共学互长

(一) 隔代互学促使祖孙形成了更加亲密的关系

在隔代互学活动中,祖辈和孙辈相处时间大大增加。祖辈们习惯了每天根据计划表按时和孙辈一起学习,真真切切地担起了教育的责任,给孙辈们带来了积极、正面的影响。与此同时,孙辈们也不再沉迷于电视和电子游戏,而是经常陪伴在祖辈的身边,讨论如何共学互学,祖孙之间的亲密情感得到了进一步升华。

(二)隔代互学促使祖辈产生了健康生活的意识

唱歌、跳舞既可以锻炼身体,又可以提高大脑活跃度,不仅降低了祖辈们患病的风险,还大大提高了他们对于健康生活理念的认识。潘同学爷爷说:"以前我从田里回来,放下锄头就打牌。现在我哪有那些闲工夫,还是教小孙子学唱山歌更有意思。"向同学外婆说:"从前,我除了做一些家务,就只能看电视。现在不同了,等我家小向做完作业,我便跟着她学习爵士舞。自从每天有了1小时的锻炼时间,我的失眠症缓解了不少,晚上也睡得更香了。"

(三)隔代互学重塑了祖辈在孙辈心中的形象

祖辈们大多经历过很多历史事件,他们的人生经历独特而丰富。隔代互学活动之前,孙辈们大多只知道自己的祖辈会干农活、会做家务,却从来没有发现他们还会各种才艺。通过这次隔代互学活动,祖辈们点燃了青春岁月的记忆之火,用才艺重塑了自己在孙辈心中的形象。例如,袁同学在隔代互学心得体会上写道:"以前我看爷爷只会干农活,觉得他就是个没文化的老农民,但是没想到他年轻时还是个远近闻名的唢呐手。爷爷吹唢呐时整个人神采飞扬,吹出来的曲子让我听了就想跳舞。爷爷真是太厉害了!我也要把爷爷的拿手绝活儿学到手,等开学了吹给老师和同学们听。"

原理解读

泉溪镇中心小学是一所民工子弟就读较多的学校。大部分孩子来自不同的地方、不同的民族,而不同的民族承载着各自丰富多彩的民族艺术。当今社会,很多民族艺术面临失传的窘境。要使民族艺术传承下去,我们必须重视对民族艺术继承人的培养。

2019年12月中旬,为了了解祖辈传承民族艺术的情况,笔者对本班48名学生开展了问卷调查。结果如图5所示,祖辈会唱家乡山歌的占73.02%,会跳家乡舞蹈的占7.94%,会演奏家乡乐器的占4.76%,会家乡其他艺术的占23.81%。总体来看,大部分祖辈都会一些才艺,这为艺术类隔代互学的开展提供了可能。

本班学生的祖辈大多生活在大山里,基本没有接触过外界的诸多艺术,更不知道现代流行艺术有哪些。通过隔代互学,祖辈们了解了许多现代艺术,实现了传统民族艺术与现代艺术的文化碰撞。研究表明,人体衰老首先从大脑开始。让祖辈尝试学习新的艺术技能,既可以改善老人的记忆,也能减缓大脑衰退的速度。

基于上述背景,笔者通过组织祖孙开展艺术类的隔代互学,让孙辈继承祖辈传承的民族艺术等才艺,同时让祖辈学习孙辈的现代表演艺术,达到强身健体的目的,丰富他们的晚年生活,为"实施积极应对人口老龄化国家战略"贡献微薄之力。

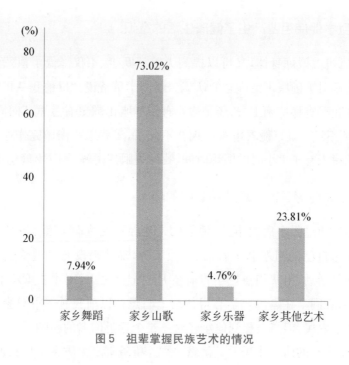

图5　祖辈掌握民族艺术的情况

温馨提示

在隔代互学活动开展过程中要注意以下几点。

一、选择合适的隔代互学内容,确保安全

祖辈在学习现代舞蹈动作时,会遇到一些难度过大的动作。例如,拉韧带。大部分祖辈随着年纪的增长韧带僵硬,不容易拉伸。因此,在给祖辈做韧带拉伸时,孙辈要特别注意他们的安全,不能对祖辈的姿势、动作等要求过高,一定要在祖辈可承受的范围内进行隔代学习。

二、基于科学的教学体系,提高效率

本班大部分孙辈因各种原因,无法常年和祖辈生活在一起,他们只能在假期向祖辈学习民族艺术。因此,隔代互学的时间相对固定并且有限。与此同时,孙辈的语言表达能力不强,一些教学语言或者方法不能较为成熟地运用,可能会影响隔代互学的效果。为确保和提升隔代互学的成效,建议教师适时介入,引导和鼓励祖辈和孙辈借助网络上专业的艺

术教学资源，或者社区、艺术机构等的正规艺术教学方式，提高隔代互学的效率。

三、父辈家长以支持者的角色参与隔代互学，培育学习型家庭

虽然隔代互学的主角是祖辈和孙辈，但父辈家长在特殊和关键时刻能对隔代互学的顺利开展起到促进作用。而且，在一些特殊的艺术类隔代互学中，没有父辈家长的参与是难以开展的。比如，竹竿舞至少需要四人合力打竹竿、跳舞。因此，祖孙可邀请父辈家长加入，创生出一家人其乐融融的多代互学景象。

拓展思路

首先，在全球化的时代背景下，我国一些传统民族艺术受到了西方文化的冲击，逐渐淡出人们的视野。在这样的背景下，年轻一辈往往觉得民族艺术不够时髦，不够具有时代感。

笔者认为，不妨将民族艺术和现代艺术予以融合，在当前隔代互学的基础上创造出传统与现代相结合的新艺术。要实现两者的结合，建议班主任借助音乐教师的力量，通过整合、创新，让隔代互学变得更加多元、更具创新性。

其次，班级文化建设对学生具有潜移默化的影响力和感染力。因此，可尝试以传统民族艺术为基础开展班级文化建设，使孩子们沉浸在"真、善、美"的艺术当中，领悟中国传统民族艺术的魅力。

再次，建议祖辈和孙辈把隔代互学过程中遇到的困难和解决方案整理成册，也可将隔代互学的过程或学习成果拍成视频，作为展评活动的重要载体和资源。在此基础上，结合学校文化艺术节、六一儿童节等，进行交流展示。

最后，隔代互学活动聚焦于祖辈和孙辈之间的共学互学，从实践发展来看，隔代互学可以将其延展为多代互学，进而助力学习型家庭的产生和发展。

如何开展家务劳动类的隔代互学？

陶健美[*]

家庭教育是每个人最先接触到的教育，而家务劳动又是家庭教育中的基本载体之一，对于培养学生的生活自理能力，促进学生的个体化和社会化发展均具有重要意义。无论是在城市还是在乡村，家务类的劳动教育资源可谓是唾手可得。因此，充分利用寒假时间，在家务劳动的契机下开展家庭教育，尤其是家务类的隔代互学活动，意义重大。

案例呈现

在 2020 年寒假来临之前，笔者设计并发放了学生问卷与家长问卷，旨在了解学生与家长对开展"家务劳动类隔代互学"活动的想法和建议。调查结果显示，72％的家庭愿意参与此项活动，28％的家庭因学生不与祖辈一起过寒假而选择不参加。在自愿基础上，笔者组建了"2020 年寒假隔代互学活动微信群"，由家长和学生申报组成活动联络组，下发"祖孙在家务劳动中隔代互学"项目调查表，了解祖孙互学的内容（见表1）。

表 1　家务劳动类隔代互学项目

学生	活动方式	长辈教我	我教长辈
铭航		叠衣服、整理衣柜、倒垃圾	垃圾分类
紫嫣		打井水、清洁卫生、照顾弟弟	用擦玻璃"神器"擦玻璃、用旋转拖把拖地、"五水"（污水、洪水、涝水、供水、节水）共治妙招分享
西州	居家实践	洗碗筷、清理冰箱	使用高压锅对碗筷消毒、冰箱去味方法
筱琦		洗衣服、养护家里的植物	用洗衣机洗衣服、宣讲节约用水的方法
旻昊		扫尘、洗菜、择菜、切菜	宣讲节约用水的方法
小莹		收拾房间、铺床叠被、缝纽扣	介绍家务生活小妙招

* 浙江省武义县泉溪镇中心小学。

确定了互学内容后，祖孙在父辈家长的见证下签订了"隔代互学协议书"。至此，家务类隔代互学活动正式拉开序幕。

一、学而知"新"，祖孙互学做家务

首先，孩子们根据前期协议书中制订的学习内容向祖辈请教，祖辈们耐心示范、引导。对于一些操作起来较为复杂的家务活动，祖辈们还采用了分解操作的方法进行教学。例如，筱琦同学的外婆在教她洗衣服时，把操作分解成了五个步骤：一浸，二抹，三搓，四漂洗，五晾晒。这样她就能很容易地掌握洗衣服的要领，而且印象深刻。筱琦同学还把学习过程拍摄成了视频，在活动群中予以分享，并号召其他同学也用同样或类似的方法实践、分享和传播。

当然，在学习做家务的同时，孩子们也当起了"小老师"，将自己在学校里学习的垃圾分类、"五水"共治的方法，一些新型劳动工具的使用（见图1），以及上网搜索到的家务生活小妙招"传授"给了祖辈们，让他们也加入保护环境的行列。例如，筱琦同学在向奶奶学习洗衣服后，发现冬天的衣服太厚，奶奶洗起来特别吃力，而且洗好后，常常要晾晒很久才能干。于是，她就向奶奶推荐了洗衣机，并教会了奶奶怎样使用。

图1　家务类隔代互学的场景

二、岗位体验，制作"家务劳动卡"

在爸爸妈妈的协助下，孩子们和祖辈共同设计了《家务劳动卡》（见表2），对为期两周的岗位体验活动进行设计。《家务劳动卡》由祖孙定期填写，这是督促孩子们参加劳动、检查劳动、增强劳动能力的有效手段，也有利于孩子们在祖辈的指导下养成做家务的意识和习惯。活动完成后，祖孙还撰写了岗位体验活动的心得和体会（见表3）。

表2　家务劳动卡

孩子们,记得祖辈为你做的香喷喷的饭菜吗?记得祖辈风雨无阻地接送你上下学吗?……祖辈在默默地为你付出,因为你是他们最爱的宝贝。现在你有时间来做他们的小帮手了,让我们也为他们做一些力所能及的事情吧!因为他们是你最爱的爷爷奶奶、外公外婆。

项目名称	家庭岗位认领	申报人		监督人	
认领的岗位					
上岗计划					
上岗评价					
岗位认领自我小结					
祖辈整体评价	温馨提示:孩子在岗位上,表现如何?有哪些优缺点?				

温馨提示:每周日请及时在活动微信群晒岗位上岗情况以及评价表。

表3　祖孙岗位体验活动摘录

学生	认领岗位	祖辈体会	学生感悟
易同学	洗碗	孙子把碗刷得很干净,不足之处是经常忘记把洗碗槽边上和地上的水擦干	洗碗很不容易,刚开始做,不熟练,还打碎了两个盘子。后来洗多了,发现其实也很容易
何同学	刷鞋子	孩子力气太小,虽然掌握了方法,但是还不能把鞋子刷得很干净,不过态度很认真	看似简单的事做起来却不一定简单,但是只要你坚持就会成功
潘同学	扫地和拖地	孙子教我学会了使用旋转拖把,真方便,我再也不用趴到床底下擦地了	这个寒假虽然不能外出,时间也特别长,但是因为学会了做家务,也就变得不那么无聊了,特别充实。天天拖地,我居然长出了肌肉
罗同学	洗衣服和晒衣服	这个寒假,外孙女学会了很多家务,但是做得最好的就是洗衣服、晒衣服。她还教我学会了使用洗衣机	外婆教的口诀真管用,一操作就会了。洗衣服挺累的,以后要注意卫生,不能把衣服弄得脏兮兮的

三、成果分享,激发多主体互学

在祖孙互学做家务、岗位体验活动过程中,父辈家长通过拍照、摄像和制作美篇等方式,及时把祖孙互学的过程、学习中的所得所思以及互学中的好方法等发到活动群里。这样的分享、交流,又促成了家庭与家庭之间、学生与学生之间、爷爷奶奶和外公外婆之间多主体的共学互学。例如,当罗同学的爸爸将罗外婆传授洗衣"五步口诀"及实施过程拍成视频上传时,引起了活动群内家长极大的反响,他们纷纷为罗外婆的有趣、有效教学点赞。而后,很多爷爷奶奶、外公外婆在教孙辈们做家务时,都借鉴和学起了罗外婆的方法。

四、申报"家务能手",展示学习成果

经过一段时间的隔代互学,教师与活动联络组商议,开启了线上申报"家务能手"的活动。此项称号的申报不同于以往线下评优评先,参与"隔代互学"活动的家庭只要满足"家务能手"申报条件(见图2),就可以提交支撑材料申请。而后,由活动联络组对申请者的材料予以审核,审核通过者便可获得此项荣誉。笔者利用学期初的寒假生活与学习总结会,邀请祖孙同聚一堂,组织了隆重的颁奖仪式,以此深化家务类隔代互学的价值和意义。

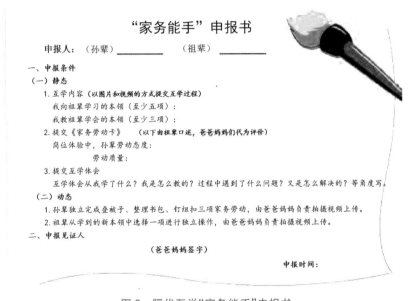

图2　隔代互学"家务能手"申报书

五、活动成效,祖孙互学长本领

首先,2020年寒假是一个非常特殊的假期,千家万户居家防疫,"家务劳动类的隔代互学"以其独特方式增进了一家三代人的感情。孩子们通过拍照、录视频和制作美篇,记录自己与祖辈们的交流方式和学习成果,并及时发布到活动群里。这样的分享促成了家庭与家庭、祖辈与祖辈、学生与学生之间的多样化学习。

其次,问卷调查发现,27个参与隔代互学活动的家庭,其孩子在生活自理能力、劳动兴趣上都有了明显的提升。孩子在跟随祖辈学习生活本领的过程中,不仅学会了生活技能,还深深地体会到了祖辈养育自己的艰辛,明显懂事了很多。随后,参与隔代互学活动的家庭达到32个,且有25个向活动联络组提交了"家务能手"申报书及相关资料。

最后,在家务劳动类的隔代互学中,祖辈从孙辈那里学到了家用电器、新型劳动工具的使用,既跟上了时代步伐,也给老年生活带来了便利,增添了无限乐趣。

原理解读

近几年,劳动教育在学校中被弱化,在家庭中被软化,在社会中被淡化,学生劳动机会减少、劳动意识缺乏,一些学生出现了轻视劳动、不会劳动、不珍惜劳动成果的现象。针对这些问题,对学生进行劳动教育,重树勤劳之风迫在眉睫。

笔者所在学校地处经济开发区,家长多在厂里上班,许多学生平时由祖辈照顾,祖辈们由此成为实施劳动教育的最佳人选。笔者认为,利用寒假在家务劳动中开展隔代互学,为学生提供了学习劳动、实践劳动、体悟劳动的好机会。当然,此类活动也为祖辈们打开了新的视野。祖辈从孙辈那里学习到了家用电器、新型劳动工具的使用,跟上了时代步伐,给老年生活带来了诸多便利。他们的日常生活不再只是追着孩子问"你吃饱了吗""想吃什么""冷不冷",而是变成了"我们一起来学""哦,原来是这样,我会了"……

另外,整个活动从前期准备、中期实践到后期总结,都由学生和家长组织策划,祖孙俩手把手地教,面对面地学,父母在一旁加油、鼓劲、帮助和指导,充分体现了多元主体参与的隔代互学过程。这样的过程,加深了一家三代人的感情,也让学生体会到不怕脏、不怕累的精神,感悟劳动创造财富的艰辛,体会在劳动中运用知识不断创新的乐趣。

温馨提示

开展家务劳动类的隔代互学,需要注意以下四点。

(1)教师引导家长认识到劳动教育的重要性。

教师利用面对面的家长会或线上交流的方式,组织家长讨论劳动教育的重要性,让家长意识到劳动教育对培养孩子的综合实践能力具有非常大的作用。这就为后期隔代互学活动的开展奠定了基础。

(2)建议祖孙选择合适的学习内容,让孩子对家务劳动产生兴趣。

祖辈在选择隔代互学内容时,要考虑到孩子的年龄特点、身心发展规律,学习内容不能太复杂,应该以自我服务为主。此外,劳动时间不能太长,否则会使孩子过度疲劳,甚至产生厌恶劳动的不良情绪,影响劳动育人的效果。

(3)建议适时跟进评价,激励孩子产生做家务的内驱力。

评价不仅具有导向、改进等功能,同时也具有激励作用。在祖孙互学家务劳动的最初阶段,跟进评价是非常重要的。爸爸妈妈和老师要及时总结隔代互学的内容、方法等,经常利用激励性的语言鼓励孩子做家务，让孩子感受到劳动的光荣，实现劳动的育人价值。

（4）家长以身作则，以协助者的身份参与隔代互学活动。

祖辈在价值观、生活方式、知识结构、教育方式等方面与年轻一代或多或少有一点代沟。因此，孩子父母在以身作则、做好家务、为孩子树立榜样的同时，还需要以协助者的身份参与隔代互学活动。当遇到祖孙沟通不畅、缺少活动场地、缺少活动设备、活动停滞不前等问题时，孩子父母们应积极主动发挥枢纽作用，为隔代互学活动的顺利开展保驾护航。实践表明，孩子父母参与不仅能使隔代互学更加高效，还能拉近三代人之间的距离，有助于营造和睦的家庭氛围，建设充满学习氛围的家庭环境。

拓展思路

开展家务劳动类的隔代互学不可能一蹴而就，需要遵循循序渐进的教育规律，坚持长期、长程地开展下去。随着科技产品的日益更新，学生和长辈都需要不断学习，形成新的互学本领，探索新的互学样态。

首先，在隔代互学活动中，教师要不断鼓励孩子父母为祖孙创设宽松而适切的学习氛围，搭建可持续化的学习平台，引导祖孙不断提高共学互学的高度。

其次，教师可以组织一些现场展示活动，让祖孙把所学成果带到现场，这样就更能促进其他孩子和祖辈之间的互学，也能带动未参与隔代互学的家庭转变传统思想，行动起来。

再次，开展家庭劳动类的隔代互学并不等于学生就因此养成了终身劳动的思想、习惯乃至于行为自觉。因此，在后期的隔代互学中，可以持续引导祖孙制定家务劳动目标，并对照实施。或者，还可以建立家庭劳动档案袋，鼓励祖孙一起把相关的隔代互学方案、互学照片、心得体会、作品、荣誉证书等保存在档案袋中。如此，既记录了隔代互学的整个过程，也能呈现祖孙在家务劳动上的意识激发和技能提升。

最后，要创设多种形式的评价机制。例如，将"家务劳动隔代互学"与"少先队红领巾争章"紧密结合，创设"互学章""服务章"等荣誉。在此基础上，继续利用这些争章项目，从实际出发，建立相关评价标准，根据祖孙家务互学情况予以奖励。如此，不仅培养能学生的劳动精神，还能增强他们的荣誉感和社会责任感。

如何开展年俗类的隔代互学？

张惠芳*　　李星月**

中国人历来有过春节的习俗，不同地区、不同民族形成了具有差异的年俗文化。在现代多元文化的影响下，一些年俗逐渐淡出人们的视野，尤其是当下的青年一代，对于年俗的了解更是少之又少。

云南是我国多民族聚居的一个省份，其省会昆明作为旅游胜地，素有"云南民族村"之说。在这里，当春节等传统节日来临之际，各民族都会举办一些特色的民族节庆活动。而昆明的小学生们，也会随父母、祖辈去观赏这些活动。笔者所在年级共 80 名学生，除了汉族学生之外，还有 7 个少数民族学生。笔者拟在寒假里，通过隔代互学的方式，鼓励学生与祖辈学习和探究不同民族的年俗文化。

案例呈现

2019 年的国庆假期，笔者所在年级开展了以隔代互学的方式庆祝重阳节的主题活动。父辈家长们普遍反映，该活动增进了孩子与父母、祖辈之间的情感，也让自己有机会暂时放下手中较为繁忙的工作，陪伴年迈的父母迈向积极老龄化的人生方向。基于对该活动的体验，笔者结合所在年级正在开展的"如何培养学生综合素养能力"的议题，带领孩子及其祖辈们于 2020 年寒假开展了"隔代互学探年俗"的活动。

一、少数民族年俗融入隔代互学分享会

2019 年 12 月 27 日下午，笔者所在年级的 80 名学生在学校录播厅开展了少数民族年

* 云南省昆明市西山萃智御府学校。
** 云南省昆明市西山萃智御府学校。

俗活动分享会(见图1)。此次活动主要由少数民族学生代表根据自身经历及收集到的资料作现场分享,并邀请了相关家庭成员到现场。

图1　少数民族年俗融入隔代互学分享会

如有学生介绍说:"白族过年会摆设长街宴,在过年这一天,人们准备很多美食摆在室外空旷的地方,大家一起聚餐。"也有学生说:"黎族人民在大年三十早上会准备丰盛的佳肴;傍晚时分,则摆祭品、拜祖先;结束后,吃年饭、喝年酒,全家人不得外游;初一早上,主人给牛、猪、鸡送年糕,给果树挂粽子叶,挑水时要在井边或河边放一个铜钱或一块年糕,表示向河神或地神买'神水'。"还有学生分享道:"维吾尔族称春节为'诺鲁孜节',这一天人们要把冒烟的松枝在头上绕一圈,并沐浴换下冬装。"此外,另有学生谈论道:"佤族在过年这天要'接新水'、杀鸡、占卜,祈求来年吉祥如意。"

在分享会中,台下同学在活动记录单上以关键词的方式做了记录(见图2)。此次分享会结束后,孩子们更加期待寒假期间能够和祖辈一起探讨、学习家乡的过年习俗,有的学生甚至计划在寒假里与家人一起去美丽的大理、丽江和香格里拉,体验少数民族过年的场景和氛围等。

图2　孩子们的活动记录单(部分)

二、孙辈通过采访祖辈的方式了解年俗文化

虽然之前开展了不同区域少数民族的特色年俗呈现活动,但是突如其来的新冠肺炎疫情,打乱了部分孩子的假期出行体验计划。那么,我们的隔代互学活动将如何继续开展呢?带着这样的思考,基于对隔代互学的理解,笔者发起了一场以"请采访你的祖辈是怎样过年的"为主题的活动。孩子们通过在家里采访祖辈,初步了解到了昆明本地的部分年俗,少数民族地区的孩子们也从祖辈那里了解到了更多关于自己民族的年俗(见表1)。

表1 云南部分地区(民族)过年习俗

汉族(昆明本地)	"打醋炭"、铺松毛、养水仙花、吃长白菜、吃年夜饭前磕头祭祖、吃饵块、"翻梢"、大年初二迎财神、大年初七赶庙会、大年初十赏灯会、元宵节"偷青"
彝族(楚雄)	除夕守夜、荡秋千、打陀螺、跳歌、办赛装节
白族(大理)	放高升、耍龙灯、舞狮子、办龙灯节
哈尼族(红河)	荡秋千、摔跤、唱山歌、做糍粑、办长街宴、逛庙会
苗族、壮族(文山)	守岁、摆手舞、办花山节、办太平节
傣族(德宏)	打靶、酿酒水、象脚鼓比赛、办纵歌节、泼水
布朗族、基诺族(西双版纳)	托球、敲大木鼓、耍箭枪、踩高跷、掷标枪
藏族(迪庆)	祈福烧香、赛马

三、隔代互学促进祖辈和孙辈的互惠共生

开展家庭内部采访后,孩子们对祖辈们口中描述的年俗感到非常好奇,无论是年夜菜的烹制,吉祥物的制作,还是家乡"老玩具"的玩法,抑或是对祖先的祭拜……孩子们带着好奇与期待,开始了"求学"过程。当然,这个过程是相互的,孩子们也向祖辈展示了自己所擅长的一些"新"技能,主要包括如何在疫情期间正确扫健康码进入公共场所,如何在超市用微信及支付宝付钱,如何使用微信共享位置……

比如,杨同学向奶奶学会了"煎鸡蛋肉末饼",并教会奶奶在疫情期间使用微信扫二维码出入公共场所;卢同学向外婆学会了包饺子,同时也教会外婆如何使用微信发红包和支付一些生活费用(见图3)。

又如,纯清同学和泽宇同学不仅学会了做糯米粑粑和栽种植物,还懂得了做事的难处。他们还分别教会了爷爷奶奶如何使用手机发红包、如何共享位置等,爷爷奶奶高兴得合不拢嘴,见人就"显摆","这是我孙子教我的!"

图3　隔代互学中的美食制作与手机使用

　　除此之外，懿坤同学跟着爷爷奶奶学会了吹奏"嘣咚"，这是"老昆明"的民间乐器之一，据说这种乐器是因为会发出"嘣咚嘣咚"的声音而得名的(见图4)。之雅的姥姥是青岛的"老人儿"，北方过年素来有剪窗花的习俗，所以借这次隔代互学的机会，姥姥展现了自己的"高超技艺"，教她剪起了窗花(见图5)。

图4　隔代互学中的乐器"嘣咚"　　　　图5　隔代互学中的"剪窗花"

　　在除夕这一天，云南曲靖有用猪头、猪脚、斋饭、茶酒等供奉祖先的习俗，祈福来年平安健康、万事大吉。大年三十供奉完祖先后，大年初一还有举行"出行"的习俗。"出行"是用敬神的物品，在一块空旷的地方分别向东南西北四个方向作揖，也即俯身叩拜，表示"过了年要出行了"，期望无论从哪个方向外出做事都会出行大吉！"出行"过后，这些猪头、猪脚才能煮熟食用。六(2)班的子毅同学带着满满的好奇与期待跟着奶奶学起了如何俯身叩拜，并和奶奶一起祈祷家人能够身体健康，自己学业有成。

在上述多样化的隔代互学过程中,孩子们不仅体会到了年俗的乐趣以及文化传承的意义,还感受到了祖辈们儿时生活的艰辛。祖辈们也从孩子身上学会了一些新时代的生活方式,从而与时俱进,拉近了和家人、时代之间的距离。而这,充分体现了隔代互学活动对祖辈和孙辈互惠共生的促进。

原理解读

中华优秀传统文化由中华民族五千多年文明历史所孕育。习近平总书记在党的十九大报告中指出,深入挖掘中华优秀传统文化蕴含的思想观念、人文精神、道德规范,结合时代要求继承创新,让中华文化展现出永久魅力和时代风采。在不断变化的社会中,我们中国人的优秀传统文化需要传承。虽然生活节奏变得越来越快,但我们心中仍然有一个"中国年"。一些少数民族也将"年"视为一年中最为重要的节日。

云南西、西南与缅甸接壤,南与越南、老挝毗邻,东与广西、贵州相连,北同四川为邻,西北紧倚西藏。除汉族外,人口在5 000万以上的世居少数民族有25个,其中15个为云南独有,少数民族人口占全省总人口的1/3。云南不但少数民族人口众多,而且少数民族种类在全国最多。因此,我们开展年俗类的隔代互学活动,有着十分丰富且独特的教育资源。

另外,我们认为:通过开展这一系列的隔代互学活动,可以让孩子们了解自己所在区域民族的过年特色以及诸多年俗的寓意,更重要的是,在这个大家都喊着"越来越没有年味儿"的时代背景下,通过我们的隔代互学活动,能够唤醒更多人回归本真、传承文化。

此系列的隔代互学活动,首先,提高了学生的综合素养。比如,前期的活动策划培养了高年级段班干部的领导能力;活动中寻找、探究传统文化的多种途径,提升了学生信息检索、知识归类以及与家庭成员沟通的能力;其次,发挥了祖辈的教育价值。例如,祖辈在利用自己的亲身经历进行宣讲时,常会利用具有年代感的物品来与学生一起还原当时的过年场景,使宣讲更具感染力。为了拓宽孙辈的视野,更加深入地了解中国发展的道路,祖辈还会分享一些当时的历史、社会背景。另一方面,祖辈则从孙辈身上学到了利用现代信息技术去查询资料,回溯朝夕。最后,后续开展的班级、年级评价全面拓宽了学生的交往视野,提升了隔代双方的交往、评价、反思等能力。

温馨提示

开展年俗类的隔代互学活动,需要注意以下三点。

第一,科技改变着我们的日常生活,但在追求现代的过程中,很多人逐渐忘却了传统文化中的"年味儿"。作为一种文化,一些年俗甚至已成为"非物质文化遗产",我们有责任与义务将之传承、发扬和创新。

第二，梳理隔代互学的"物化"成果，也增添了教师与学生共同回忆年味的乐趣。在区域年俗方面，教师可以鼓励学生采用更多的表现形式。比如，利用自家中的旧物努力还原和制作民族服饰，准备民族过年物品等，举办跨班级或跨年级的"我们再过一次年"等活动，让其他想要了解独特地域年俗的学生、家长和教师一起身临其境地感受和体会。

第三，后续可将形成的隔代互学成果以多维度的方式推广到全校，带动更多年级参与隔代互学活动的开展和评价，也可以发动不同年段学生及其祖辈开展年俗类的隔代互学活动，对比发现年段特点在隔代互学成果及其表达上的异同。

拓展思路

首先，以"大手拉小手"的形式将思路和活动辐射至其他年级，带动多个年级一起开展隔代互学活动。

其次，将假期隔代互学活动与学期初的学生活动、家校合作等相关研究相结合，把"你好，寒假！"活动扩展为长程化、系列化的综合主题活动，并与"你好，暑假！"形成较为紧密的勾连。

最后，学校可根据此次隔代互学过程中孩子们的体会，如祖辈儿时的艰辛生活等为切入点开展"祖孙互学社团"，尝试将隔代互学系列活动从美食、技能等方面延伸到环境保护、可持续发展等主题。祖辈可以分享当年经历的过往艰辛生活，启发孩子珍惜现在的幸福生活；孩子们可以将新时代的垃圾分类、禁放烟花等老年人不容易接受或改变的主题活动与祖辈一起分享学习。

如何开展传统文化技艺类的隔代互学？

邬双燕*

传统文化技艺是中国文化中不可缺少的重要组成部分。随着社会发展和时代进步，许多传统文化技艺面临着被取代或失传的危机。云南作为多民族地区，有很多独特的传统文化技艺。伴随着城市的快速发展，许多定居在昆明的外来人口又带来了不少其他地方独有的传统文化技艺。为了进一步继承和发展传统文化技艺，笔者利用2020年寒假时间，和孩子、祖辈老人、父辈家长等相关人员共同开展了传统文化技艺的隔代互学活动。

案例呈现

一、挖掘典型家庭，启动隔代互学活动

笔者班内有一个小男生特别聪明活泼，由于父母工作繁忙，他长期由外婆代为照顾。在与外婆一起生活的过程中，小男生觉得外婆没有什么文化，又处处约束着他，祖孙两人的沟通经常出现问题。但是，他非常爱吃外婆做得非常地道的一道"老昆明菜"。

班级里还有一个女生，性格比较内向，不太爱和别人沟通，祖辈对她比较溺爱。笔者基于平时的家访了解到，她是白族人，她的祖辈有"特殊"的手艺，即制作大理独有的"三道茶"和"乳扇"。

基于以上两个典型的家庭案例，笔者准备以此为出发点，在班级中开展传统文化技艺类的隔代互学活动，让祖辈教孙辈擅长的技艺，孙辈教祖辈掌握的技能。

2019年12月29日，笔者组织开展了班队活动，让孩子们分组讨论两个主要问题。第一，在隔代互学活动中，自己可以教祖辈什么技能？第二，最想向自己的祖辈学习什么技艺？孩子们在本次班队会上提出了非常丰富的隔代互学内容（见表1）。

---

* 云南省昆明市西山萃智御府学校。

表1　班队活动关于隔代互学内容的讨论结果

互学对象	互 学 内 容
祖辈可以教你什么？	厨艺：烧饵块、炸糍粑、做小锅米线、做糟鱼、包饺子 乐器：彝族三弦、二胡、唢呐 手工：剪纸、扎染、面人 艺术：唱山歌、左脚舞、学做云南花灯、画画、茶艺
你可以教祖辈什么？	英语、电脑打字、用微信聊天、上网查资料、普通话

2020年2月10日，笔者召开了家长会，对本班同学祖辈们拥有的传统文化技艺情况进行了现场调查，结果显示，44位祖辈有能力教授传统文化技艺，其中20名为昆明本地人、18名为云南各地市(州)人，还有6名非云南省的祖辈，他们虽然不与孙辈共同居住，但能向孙辈教授当地的传统文化技艺。

根据以上调查及家长们的反馈，笔者认为祖辈与孙辈可以通过拍摄图片、视频等来记录隔代互学的过程，然后做成美篇展示隔代互学的成果。此次家长会明确了祖辈们参与隔代互学的意向，为顺利开展传统文化技艺类的隔代互学奠定了现实基础。

二、祖孙相互学习，展示隔代互学过程

(一) 祖辈教我"三道茶"

笔者所带班级中的白族孩子对"三道茶"是比较了解的，但是对于每道茶所表示的寓意不甚了解。为了让孩子们了解更多关于"三道茶"的信息和知识，笔者建议孩子们在活动前期，利用互联网与长辈一起合作查阅相关材料。由此，孩子们了解到了三道茶是云南白族招待贵宾时的一种饮茶方式，属于"茶文化"。

第一道茶名叫"苦茶"，由主人在白族人堂屋里一年四季不灭的火塘上，用小陶罐烧烤大理特产沱茶到黄而不焦、香气弥漫时再冲入滚烫开水制成。寓清苦之意，代表的是人生的苦境。

第二道茶名叫"甜茶"，用大理特产乳扇、核桃仁和红糖为配料，冲入用大理名茶"感通茶"煎制的清淡茶水制作而成。此道茶甜而不腻，所用茶杯大若小碗，客人可以痛快地喝个够，寓意苦去甘来，代表的是人生的甘境。

第三道茶名叫"回味茶"，用蜂蜜加少许花椒、姜、桂皮为配料，冲"苍山雪绿茶"煎制而成。此道茶甜蜜中带有麻辣味，喝后回味无穷。代表的是宾主之间的亲密无比和主人对客人的祝福。

祖辈在活动中边示范边向孩子们介绍："在当地，白族村寨比较擅长泡制第二道茶——'甜茶'，每当家里有喜事，都用此茶招待客人。材料一般是核桃、红糖、新鲜的姜、米花(用

米做的爆米花)、茶叶,有条件的可以加入适当的'乳扇'。"在学习过程中,孩子们认真观察制作过程,并做了详细记录。听过祖辈们详细的讲解后,班级里许多孩子都尝试进行了制作。笔者从他们上传的美篇、图片、视频中发现,大家对泡茶的基本步骤都已经掌握,但对每种材料的使用量还不能很好地把控,离开长辈辅助做出来的茶要么太甜,要么太辣。

在隔代互学过程中,祖辈变身技艺纯熟的老师,耐心讲解技艺的制作过程,手把手地教孙辈学习自己拿手的本领。但遗憾的是,由于技艺的难度偏大,且孙辈年龄偏小,部分孩子无法熟练地操作祖辈教授的技艺。与此同时,孩子们原本计划把自己学会的技艺教给自己组的成员,然后彼此互相学习,再把自己从其他同学身上学到的传统技艺教给自己的祖辈。但是,实践操作下来存在一定的困难,于是,他们计划在后续活动中再次加强自己所学技艺的熟练度,然后到小组内推广隔代互学的经验。

(二)我教祖辈学电脑

在祖辈教授孙辈利用棕树叶子编手工"蚂蚱"这个活动中,由于需要利用电脑查阅部分资料,孩子们主动承担起了这个"教学任务"——教自己的祖辈使用电脑。

祖辈在学习如何使用电脑上感觉十分困难。比如,怎么用鼠标选中自己想要的内容?怎么用键盘打字?另外,很多祖辈在普通话表达、文字书写方面有所欠缺,这些是孙辈们始料未及的。但是,即使教学过程困难重重,孩子们依然想到了各种解决办法。例如,在爸爸妈妈的协助下,先向祖辈讲解鼠标的使用步骤,以及左键和右键的功能等;再向祖辈普及普通话,以及查阅资料中对应的表达;最后将所有汉字注音列出,方便祖辈根据拼音在键盘上输入内容。通过这样一步一步的指导,祖辈们出乎意料地查阅到了丰富的资料。

三、填写学习评价表,总结互学收获

在父辈家长的协助下,祖辈与孙辈开展了丰富多彩的隔代互学活动,并且用美篇记录了隔代互学过程、互学成果以及各自收获。同时,笔者也做好了在班级群推出美篇的准备工作,并利用线上互动课的机会展示了祖辈和孙辈的互学成果。祖辈也在此次活动中通过各种方法表达学习感受,有的写在微信群里,有的通过当面交谈的形式表达孙辈教会自己新鲜事物之后的感受,觉得生活在这个年代充满了幸福感。也由此,班级群里形成了良好的互学氛围,从而带动了更多家庭积极参与隔代互学活动。

(一)隔代互学活动让孩子们感受到了传统文化技艺的魅力

孩子们向祖辈学习了传统文化技艺,深刻感受到了这些技艺的魅力,激发了他们保护和传承传统技艺的热情,增加了他们对家乡的了解,激发了他们的热爱之情。同时,孙辈也深深体会到长辈所在年代的生存不易,从而更加珍惜现在的幸福生活。

笔者节选了部分学生在隔代传统技艺互学交流后的心得感受。

学生1："我最喜欢传统技艺中的'做糟鱼'，它让我回味了老昆明的味道，了解到了当时生活在滇池湖畔的渔家，在没有冰箱的情况下保存自己收获食物的方法。"

学生2："通过学习'扎染'，让我感受到简单的材料和制作方法，居然能呈现出如此美丽的花纹，真厉害！我要把这项技艺继续学好。"

学生3："真没想到一片简单的叶子在手里这么一弄，就变成了栩栩如生的小动物，我一定要学会！待班级同学过生日时，我就可以送给他一份特殊的礼物。"

（二）隔代互学活动有效促进了家庭成员关系的融洽度

笔者于2020年3月24日邀请全班48名学生及其家人参与了隔代互学评价表的填写。调查结果整理成图1可以发现，孩子们的参与度都是"5"（5颗星），充分说明此次活动很受欢迎；在学习状态、学习态度和学习效果方面，大多数孩子都比较重视隔代互学，并且在积极参与中激发了自己的潜能；祖辈对孩子们的参与度、学习状态以及学习态度给出了较高的评价，因此可以认为祖辈比较认可孙辈在隔代互学中的成长与进步，但也认为孙辈的学习效果还有待进一步提高。

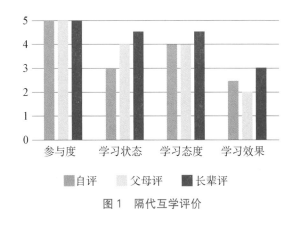

图1　隔代互学评价

另外，笔者还选取了班中10位父辈家长进行了线上访谈。10位父辈家长表示，通过此次隔代互学活动，孩子们开始学会主动与祖辈沟通自己的想法，并且能够虚心地向祖辈请教更多关于传统文化技艺方面的知识。尤其在隔代互学过程中，孩子和祖辈都能做到理解对方，不会因为遇到困难或失败而责怪对方，几乎都是一方一遍一遍教，一方一遍一遍学，直到学会为止！

（三）隔代互学活动培养了孩子独立生活的意识和动手能力

班级中大多数孩子都是独生子女，自小在父辈或祖辈的呵护下成长。大部分孩子都以自我为中心，很少考虑他人的感受，也从未体验过离开长辈之后自己是否能够很好地完成除学习以外的事情。从此次隔代互学中我们发现,孙辈从祖辈那里学到了一些实用的技艺,锻炼了生活技能,有的甚至已能够独立完成所学技艺的一系列操作。

原理解读

传统技艺曾作为一种谋生的手段,以自身的方式在不断变迁的社会中延续。随着科技的发展,很多传统技艺被现代工艺取代。在云南的一些少数民族聚集地区,因大部分青年外出打工,古老的技艺面临着失传的危险。

文化部原部长孙家正曾说过,"非物质文化遗产的一个重要特点是具有活态性,它以人为载体,世代相传。传承人是非物质文化遗产的重要承载者和传递者,他们掌握并承载着非物质文化遗产的知识和精湛技艺,既是非物质文化遗产活的宝库,又是非物质文化遗产代代相传的代表性人物。因此,加强对传承人的保护是非物质文化遗产保护的关键环节"[①]。虽然不是所有的传统技艺都能达到申报非物质文化遗产的高度,但它们也是值得传承的重要文化。我们这次隔代互学传统技艺的出发点正是以此为立场,培养学生热爱传统技艺,鼓励学生继续发扬祖辈传下来的手艺。

在平时的课堂学习和课下活动中,笔者班级的孩子都表现出了对手工、剪纸、折纸等传统技艺的浓厚兴趣。同时,笔者班级的学生大部分是本地土生土长的孩子,少部分是省外随父母来云南定居的孩子。他们的祖辈身上都有着浓厚的地域特点,并且也掌握了一些当地的传统技艺。笔者认为,正好借此良机把传统技艺本领的隔代互学活动开展下去,提升祖辈在孩子们心中的地位,同时促进民族传统文化技艺的传承、发展与创新。

温馨提示

开展传统文化技艺类的隔代互学活动,需要注意以下三点。

一、梳理汇总传统技艺,选择合适的隔代互学内容

在选择隔代互学内容时,建议选取具有地方特色的技艺,从而让孩子们在学习时感受到地域特点和民族特色。教师要充分利用好班队活动,带领孩子们对云南甚至云南以外的传统技艺进行梳理。由于传统技艺学起来较为耗时,可以将之定为长程系列式的班级特色活动。

---

① 海铃.保护传承人至为关键[J].中国人才,2007(13):13-14.

二、组内合作，丰富隔代互学内容

在互学过程中，教师可以根据祖孙互学技艺的特点进行分组结队。将学习同一类型技能的祖孙划分到一个小组里，便于大家相互讨论和分享，从而实现隔代互学中家庭的跨越，促进更多主体的共学互学。

三、评价到位，增进祖孙之间的情感

由于一些祖辈的文化程度相对偏低，而小学二年级学生的表达能力也较弱，教师可以利用一切可以利用的资源，实时与班级隔代互学小组进行沟通和交流。同时，注重发动"班级群"的力量，对各小组的成果展示进行评价和奖励。另外，由于许多祖辈是昆明本地人，经常说的是"马普"（地方用语），在评价过程中，我们可以鼓励孩子们使用学会的昆明方言对祖辈进行评价。比如"爷爷的编织技术真板扎（厉害）！"祖辈在评价中也可以用孩子经常听到的语言进行评价，例如"宝贝的学习能力超级赞！"如此有"特色"的隔代互评语言，可以很好地让祖辈和孙辈进入彼此熟悉的生活场景，无形中拉近了祖孙之间的距离。

拓展思路

首先，根据技艺类型，提前为隔代互学的分组做好准备。教师在开展活动之前，可以通过问卷方式了解祖辈们所擅长的技艺（见表2），并根据问卷结果进行归类，找出具有地域特色和民族特色的技艺。之后，按类型将班级里的孩子分为几个小组。

表 2　传统技艺调查

老家在哪里							
老家有哪些传统的技艺							
祖辈们会教哪些传统技艺	乐器	手工艺品	书法、文字、绘画	编织类	老昆明特有技艺	传统地域特色小吃	少数民族特有技艺

其次，注重成果展示。展现形式不局限于照片或美篇，可以是小文章、制作小方法、作品收集等；也可以借助学校大型活动，将孩子们的成果向全校展示；还可以将编织、扎染的一些技艺成果作为"校园文化展示角"的特色部分，甚至可以将展区拓展到社区，将社区更

多老人带入我们的隔代互学活动。

最后，可以将其中一些被列为云南非物质文化遗产的传统技艺拓展至学校，利用家校共育开设特色校本课程。例如，对于傣族的剪纸和蜡染、白族的扎染，可以借助学校美术教师的力量将其开设为民族美术校本课程；又如，对于我们特有的彝族左脚舞和苗族竹竿舞，也可以借助学校的大课间活动，由体育教师和音乐教师合力将其开展为民族体育舞蹈。在校本课程开展的过程中，我们可以邀请擅长这些技艺的祖辈或者父辈参与进来，开启多代互学的传统技艺学习模式。

如何开展"互联网＋"平台的隔代互学？

涂淑莉*　吴　洋**

互联网已经成为人们生活中的重要部分,孩子们作为网络时代的原住民对于互联网非常熟悉,老人们则需要学习如何利用互联网,以此跨越"数字鸿沟"。作为乡村班主任,笔者认为可以借助"互联网＋"学习平台开展隔代互学活动,这将有利于缓解祖孙之间的代际冲突,为老年人提供更多的学习渠道,帮助老年人逐步树立终身学习的理念。

案例呈现

在寒假中,笔者通过组建"班级隔代互学微信群",引导学生教会家中老年人在手机或者电脑上打开"浙江老年开放大学"学习平台,通过线上反馈交流、成果汇报的方式开展"家庭隔代互学"。

一、"小老师"的教学任务和职责

在寒假里,笔者利用班级微信群对学生进行线上指导,引导他们在手机或电脑上打开"浙江老年开放大学"学习平台,熟记操作步骤。"小老师"们掌握了登录学习平台的要领后,便可以教自己的祖辈学习了。第一步就是让祖辈学会登录学习平台。这个任务对于从来没有上网经验的乡村老人来说,实属不易。部分学生首先要教祖辈认识"浙江老年开放大学"这几个汉字以及对应的拼音,接着引导祖辈在手机或者电脑上找到浏览器页面,输入"浙江老年开放大学",按下回车键,进行注册,并登陆平台。

＊ 浙江省武义县泉溪镇中心小学。
＊＊ 浙江省武义县泉溪镇中心小学。

二、祖孙共同选择隔代互学内容

经过一段时间的隔代互学实践,"小老师"们已经成功地教会了祖辈使用电脑或者手机登录"浙江老年开放大学"学习平台。进入学习平台后,祖孙双方根据自己的兴趣爱好和生活实际选择心仪的学习项目,有些学生和长辈选择了多个项目。课程选择情况如表1所示。

表1　二(1)班隔代互学的内容

技能学习	书法绘画	生活休闲	公民素养	文化体育	养生保健	隔代教育	文化历史

三、祖孙共学互学过程

很多学生在和祖辈认真观看视频时,根据视频内容进行了实践操作,还认真填写了学习记录表。祖孙双方在学习过程中坚持了知行合一的原则。

比如,班级里的一对双胞胎姐妹跟奶奶一起根据视频内容学做手工,实践操作提高了祖辈和孙辈的动手能力,为宅家生活增添了许多乐趣。此外,祖辈和孩子们还掌握了很多的美食做法,以及如何网购、如何安全合理用药等方面的知识。在学习过程中,祖孙双方收获满满,有些做了详细的学习记录,还有的把学习体会写成了一篇又一篇日记。

2月4日　和爷爷一起学习的随想

今天我跟爷爷打开了"浙江老年开放大学"学习平台,观看了《老年安全合理用药》这个视频,感受很深。爷爷告诉我,他通过观看《老年安全合理用药》知道了以下几点:①抗酸药和胃酸分泌药物不能与多潘立酮一起使用;②年龄大了之后,对药物的处理能力和耐受性会下降;③自身患多种疾病、使用多种药物等,容易出现用药安全相关问题,尤其是药物不良反应;④药品一定要放在密闭干燥处,且不能放在儿童接触到的地方;⑤用药期间一定不能喝酒。对呀!以前我经常发现爷爷吃完药还会喝酒。我想,爷爷看了这个视频后,下次应该会注意起来了。我的感受是:爷爷奶奶生病用药期间一定要注意观察,如果出现皮肤过敏现象,必须立即停药;如出现严重不良反应,那就一定要立即就医。这样的学习真好!以后我们还要继续学习!

四、隔代互学效果

首先,隔代互学丰富了老年人的生活。在开展隔代互学之前,闲暇时打麻将、遛狗、晒太阳等是大多数老年人的生活方式。在孙辈帮助下,老年人学会了使用"浙江老年开放大学"平台,他们的生活方式也发生了些许改变,比如有了跳广场舞、唱歌、画画、看视频等新的娱乐方式,这些丰富多彩的活动成了他们现在生活的重要构成部分(见图1)。

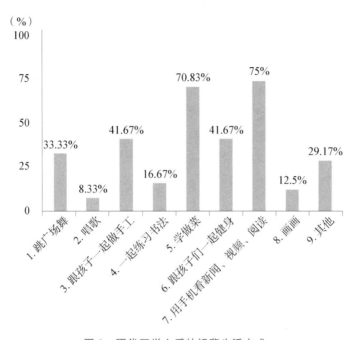

图1 隔代互学之后的祖辈生活方式

其次,隔代互学增进了祖孙之间的感情。笔者做了一个调查,所有的祖辈都认为参与"互联网＋"平台的隔代互学活动后,自己跟晚辈的相处更加和谐融洽了。笔者还利用线上互动交流的方式采访了参与隔代互学的学生,他们一致认为自从跟祖辈一起在平台学习后,跟祖辈有了更多共同的交流话题,同时也发现祖辈其实拥有许多知识,改变了之前对祖辈"老了、不中用了"的消极看法。

再次,隔代互学让祖辈们学会了使用新型科技产品。基于"互联网＋"平台的隔代互学活动,老年人不仅学会了使用手机、电脑,还把所学知识运用到实际生活中,对于生活质量的提升起到了重要作用。也即,老人们通过上网学习、查看微信等,了解到了更多之前尚未接触到的"新世界",促进了老年生活方式的转型①。

最后,隔代互学让孙辈能够积极主动关心祖辈。开展基于"互联网＋"的隔代互学活动后,笔者认为学生的思想观念发生了许多改变。"我以后要多关心爷爷奶奶""我要多提醒、多照顾爷爷奶奶的生活和饮食,让他们提高免疫力和抵抗力""我也要多关心家庭之外的其他老人"……这些发自孩子内心的话语,使敬老爱老的孝道文化得到了延续。

---

① 涂淑莉,吴洋.基于互联网学习平台的隔代互学研究[J].江苏教育,2020(31):45-48+52.

原理解读

泉溪镇中心小学位于工业区,孩子父母多忙于上班,照顾孩子的学习、生活起居成了老年人生活中的主要内容。大多数的农村老年人文化程度不高,教育孩子缺乏科学合理的方式和方法,难以跟上当下社会快速发展的步伐。并且,祖辈与教师的沟通也有一些不便,在互联网、电子科技产品的应用上,大多数老年人表示措手不及、难以应对。对此,教师需要加强有关隔代教育、隔代互学等主题的研究。

人口老龄化是21世纪人类社会面临的重大问题之一,也是我国的基本国情。老年人开展终身学习对于促进社会稳定、发展有着极其重要的意义。本次隔代互学借助了"浙江老年开放大学"的平台,为老年人的网络学习提供了技术支持。

基于上述背景,乡村班主任可以借助"互联网+"学习平台开展隔代互学活动。这将有利于拉近祖辈和孙辈之间的关系,极大地扩宽老年人的学习渠道,有助于老人养成终身学习的理念,使他们跟上社会发展的步伐。伴随着互联网资源的逐渐丰富,不同学校、家庭的隔代互学已经由遥不可及变得可能。

温馨提示

开展隔代互学活动,需要做好以下五个方面的准备。

第一,建议教师利用问卷星等方式调查老年人的年龄和文化程度,全面了解老年人对"学习"的认识和需求,并基于调查结果分析隔代互学开展的可行性。

第二,教师要深入学生家庭,有针对性地采访老年人,深化老年人对"学习"的理解,并激发他们终身学习的内在动力,鼓励他们与孙辈一起开展共学、互学活动,并做好翔实的学习记录。

第三,教师要深入了解学生关于隔代互学的意愿和需求,使学生了解隔代互学的意义和价值,根据祖辈和孙辈的具体情况,明确隔代互学的可能内容,并形成一定的学习要求、学习方案和学习协议等。

第四,教师要主动联系所在区域的老年大学、社区老年活动中心等,如有条件可以开展小学与老年大学之间的隔代互学,丰富隔代互学的内容、方式和评价。

第五,教师要加强对祖辈和孙辈的鼓励、指导,尽可能发动父辈家长的支持力量,为老人和孩子之间的隔代互学提供相关支持。

拓展思路

"浙江老年开放大学"平台对于老年人熟练上网有一定的要求，是"互联网＋"学习的一种方式，今后可以引领老年人继续投入"互联网＋"平台的多样化学习，使更多老年人跟上时代发展的脚步。

此外，对于生活在农村的老年人，可以借助农村居委会等平台为老年人提供互联网学习的相关培训，也可以充分发挥社区学校、农村老年活动中心的职能作用，让更多的农村老年人有更多的学习机会，满足他们对于学习的期待。

在我们开展这次隔代互学之后，有老人建议继续丰富"浙江老年开放大学"平台上的学习内容，比如增加有关种田、施肥、种植蔬菜的视频资料，切合农村老年人的学习需求和实际需要。也有老年人建议将"浙江老年开放大学"平台上的资源开发为更加便捷的 APP。为了满足老年人的学习需求，在客观条件短期内得不到满足的情况下，教师可以进一步发挥孙辈的主观能动性，采用志愿者服务、城乡结对等方式，为更多的农村老年人带去学习资源，促进学习与生活、实践的紧密结合。

老年人利用信息技术参与学习是今后学习的一种趋势。在当前信息化、数字化快速发展的时代，终身学习不仅是知识、技术的学习，更是一种生活方式。希望通过隔代互学，在多方协同助力的过程中，让更多的老年人实现老有所学、学有所用。

如何在"二孩""三孩"家庭开展隔代互学?

邓春花*　　周焕容**

在全面二孩政策实施五年多之后,在人口结构、老龄化现状的多方考虑下,2021年我国正式出台三孩政策。越来越多的家庭已生"二孩",或计划生"二孩""三孩"。在"二孩"家庭中,如何兼顾两娃之间的关系,如何处理好隔代主体关系等问题已引起学者们的关注。基于此,笔者拟在班级"二孩""三孩"家庭中尝试开展隔代互学活动,为上述问题的解决提供一种可能的方案。

案例呈现

自"二孩""三孩"政策实施以来,很多家庭响应了国家政策。但由于工作、生活等多方面的压力,有些家庭将照看孩子的任务交给了祖辈。为了了解班级二孩及以上家庭中孩子的照顾情况,以及祖辈的年龄信息,笔者采用问卷的方式进行了调查,结果如表1、图1所示。三(9)班有一半以上的家庭都需要祖辈照看孩子,74%的祖辈在70岁以下。

表1　旗峰小学三(9)班二胎家庭及
祖辈参与养育情况

班级人数	49人
有2个及以上孩子的家庭	46户
平时和祖辈一起居住的孙辈	29人
由祖辈帮忙照看二胎的家庭	26户

选项 ⬍	小计 ⬍	比例	
50岁以下	0		0
50~60岁	7		14%
60~70岁	30		60%
70岁以上	13		26%

图1　旗峰小学三(9)班祖辈年龄情况

---

* 广东省佛山市南海区里水镇旗峰小学。
** 广东省佛山市南海区里水镇旗峰小学。

一、调查发现：溺爱、包办成为隔代照顾中的突出问题

我们面向父辈家长发放调查问卷后发现，父辈家长认为祖辈溺爱和包办是目前隔代照顾中最严重的问题（见图2）。另在对部分祖辈的访谈中我们发现，多数祖辈认为孩子帮忙做家务会妨碍自己，还不如自己做更快。部分家庭出现"二宝任性""二宝经常'霸占'妈妈""大宝不谦让二宝"等现象，这让家长们心力交瘁。

图2 隔代照顾中的突出问题

基于上述调查，我们决定发起一项主题为"隔代互学，尊老爱幼"的活动，期待通过这个活动，让祖辈和孙辈能够互相学习，从而营造祖孙共同成长，全家喜乐融融的和谐氛围。

二、动员会："种子家庭"激发隔代互学的活力

2021年7月初，正值广州疫情暴发的后防控时期。我们采用线上动员的方式，推动"隔代互学，尊老爱幼"活动的开展。动员会结束后，我们立即做了一个调查问卷，旨在了解祖辈和孙辈对活动主题、内容和意义等的理解、建议或看法。调查显示，有8个家庭能够理解上述活动的精神，其他家庭因对"钉钉小程序"不太熟练，需要后续再指导。

动员会过后的几天，隔代互学群里静悄悄的，没有任何反应。笔者猜测，这个主题对一些家庭来说可能比较难以理解，导致他们不知道怎么开始；还有一部分家庭因外出旅游、老人回老家等原因，暂时没有条件开展。

过了一周之后，笔者决定对参与隔代互学活动的家庭进行遴选，选出学生平时参与活动比较积极、家长文化水平高，又支持学生活动的家庭作为"种子家庭"，让"种子家庭"带动其他家庭，达到推进隔代互学跨越家庭、辐射更多老人和孩子参与的目的。经过筛选后，笔者确定了三个"种子家庭"，在进行面对面的指导后，隔代互学群由此开始变得活跃起来，很快就有部分祖辈和孙辈在群里发布了隔代互学的内容等（见表2）。

表2 三(9)班部分家庭祖孙互学项目

学生	兄弟姐妹年龄	祖辈教孙辈的内容	孙辈教祖辈的内容	祖孙共同学习的内容
君蘅	妹妹/6岁	铲狗屎、擦桌椅、做美食、照顾小狗、养生	使用科技产品、跳绳、打羽毛球、拼拼图、下棋、讲故事、看书	做美食、养生
绮程	妹妹/4岁	做饭、煮面条、炒菜、洗衣服、洗碗、扫地	折纸、跳绳、打羽毛球、踢足球、画画、骑自行车	打扑克牌、做饭、种植物、养动物、扎头发
思棋	弟弟/2岁半	洗菜、洗鞋、洗书包、收玩具、洗玩具、收拾餐具	冲奶粉、讲故事、唱儿歌	冲奶粉
海晴	妹妹/3岁	种豆子、游泳、打篮球、帮妹妹洗澡	玩斗地主、正确使用手机、安全使用热水器	科学刷牙方法、做美篇
海枫	弟弟/4岁	包饺子、做豉油鸡、缝衣服	分生熟鸡蛋、做盐水浮鸡蛋的实验、游泳调头、拍球	游泳
震宇	妹妹/3岁	喂鸡、捡鸡蛋、摘龙眼、种菜、除草	打篮球、跳绳、下国际象棋、套圈圈	练字、踩单车
子泓	姐姐/13岁	叠被子、下象棋	摸数字游戏、运动	跳绳

三、实践过程: 聚焦保护牙齿的隔代互学

在隔代互学活动的开展过程中,祖辈和孙辈随时将学习内容、学习方法等发布到隔代互学群中,教师则在群内给予及时指导,并激励每个家庭积极参与进来。

通过调查发现,"如何保护牙齿"几乎成为每个家庭隔代照顾中的重点和难点。于是,我们以学校的名义与社区牙医诊所取得联系,邀请专业的牙科医生为祖孙讲解保护牙齿的相关知识。因为疫情防控,牙医诊所只能接待部分家庭。限于人数,我们组织了部分家庭中的孩子(大宝、二宝)、父母和祖辈成员等一起来到社区牙医诊所,医生针对儿童的年龄特点,特别讲解了保护牙齿中的健康饮食,科学刷牙的方法、时间,以及如何挑选儿童专用牙膏等知识(见图3)。

随后,有几个祖辈表示,以前根本没有注意到要买儿童专门的牙膏,平时也不是很注意引导孩子保护牙齿,通过学习明白了保护牙齿的重要性。另外,大宝在聆听过程中认真做笔记,时不时地回答医生提出的问题。二宝的表现更是令人赞叹,全程认真倾听,并且有模有样地在纸上模仿哥哥、姐姐做笔记、涂鸦,对于医生叮嘱的注意事项也频频点头。祖辈和孙辈们从牙科诊所回到家后,将当天的学习收获及时分享到隔代互学群中,带动了更多家庭的祖辈和孙辈一起保护牙齿(见图4)。

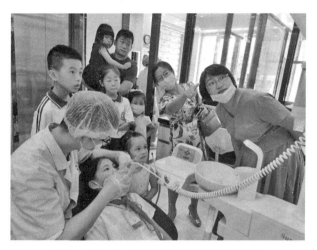

图3　医生为大家讲解牙齿保护相关知识

图4　祖孙一起学刷牙

四、活动效果：隔代互学助力祖辈和孙辈的共生共长

"隔代互学，尊老爱幼"主题活动的特殊性在于，关注祖孙两辈人的成长和发展需求。

（一）培养了二孩家庭中大宝的责任担当意识

隔代互学使大宝在向祖辈学习的过程中，切实地参与到了照顾弟弟妹妹的行动中，在不知不觉中培养了大宝对于弟弟妹妹的责任感和担当精神，促进了两宝间感情的持续升温。比如，君蘅同学在美篇中写道："我要做一个照顾妹妹的好哥哥，除了呵护她和带她玩之外，还要教会她更多的技能。"

（二）提升了祖辈照顾二宝的质量

以往祖辈照顾二宝时，只注重二宝的起居饮食，极少涉及游戏、运动等项目，也很少探讨这样的照顾是否合理与科学。如今，对于二宝来说，祖辈已经不再只是负责孙辈吃喝拉撒睡的"保姆"了，还承担起了"玩伴"和"同学"的丰富角色。在空余时间，祖孙可以一起学习、游戏、锻炼身体，这显然提升了祖辈对于孙辈的照顾质量，对于培养祖孙两辈人的兴趣爱好、陶冶情操等起到了促进作用。

（三）改变了祖辈的教育观念，营造出家庭成员之间心怀感恩、谦虚好学、互相欣赏的和谐氛围

在隔代互学过程中，孙辈体会到了祖辈的辛苦付出，并且他们心怀感恩的态度让祖辈甚是欣慰。祖辈在与孙辈的共学互学过程中激发了自己"活到老学到老"的终身学习意识，并在与孙辈的相互了解与彼此欣赏中，共同创造了更加和谐的学习生活。家长则作为隔代互学的支持者、参与者和协调者，促进了亲子感情及和谐家庭氛围的建立，推动了学习型家庭的创建和发展（见图5）。

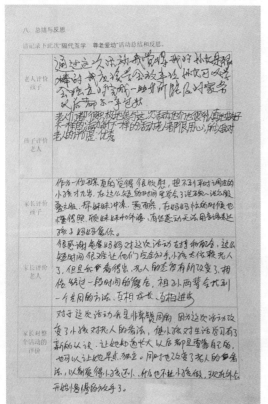
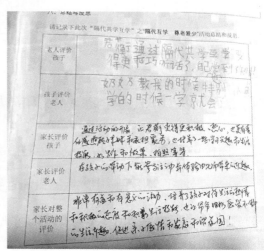

图5　家庭成员对隔代互学的相互评价

原理解读

近几年,源于上海终身教育研究院李家成教授领衔的"你好,寒假!"研究项目之一的"隔代互学"研究开始走进中小学教育的视野。"隔代互学"致力于促成祖辈与孙辈之间形成相互学习、共同发展的关系,强调祖辈教孙辈、且孙辈教祖辈。随着隔代互学的价值被挖掘,全国各地越来越多的学校、教师自发加入了研究和探索。至 2021 年 7 月,全国许多地方已经探索出了不同内容、类型的"隔代互学",比如疫情防控类、体育类、种植类、美食类、语言类、家务劳动类等,并且都形成了较为积极的效果。

与此同时,我们学校三(11)班在 2019 年 11 月也进行了"隔代互学共成长"的实践活动,其中有两个孩子在班级总结会时做了展示,包括向祖辈学习如何给弟弟冲奶粉,如何帮妹妹换尿片,这令在场的听课教师既惊喜又感动,引发我们去继续思考隔代互学的价值和意义。

可以说,开展隔代互学的实践研究不但提升了大宝、二宝各方面的能力,同时也促进了家庭的和谐发展,更是直接关注到了老年人本身,突出了其作为主体的学习权利与发展可能。转变对老年人的工具性定位,使其回归更具有人文气息、尊重生命价值的教育立场,是隔代互学的重要内涵之一[①]。

在学习型社会建设和终身教育的背景下,"隔代互学"应运而生。祖孙通过策划、实施和评价隔代互学,深度挖掘、开发双方的学习潜力,激发双方的学习动力,在活动中共同学习,这显然是用全新的方式诠释、践行终身教育和终身学习,为学习型社会建设提供了微观基础。

温馨提示

"隔代互学"活动是一个全新的学习概念和模式,学生、父辈家长和祖辈或许还不是特别理解或者能够完全接受这一教育和学习方式。教师需要全面了解孩子和老人对"学习"的认识和需求,并进行积极反馈,及时调整和推进隔代互学活动。

一、拓展思维,转变观念

线上动员会时,我们简单介绍了隔代互学的理念,讲解了全国各地进行的各类隔代互

---

① 李家成.隔代教育的实践类型与发展走向——兼论学习型社会建设中的隔代学习[J]. 教育视界,2019(7):31-32.

学项目,播放了我们学校之前开展隔代互学的过程、成果等,旨在更新学生及其家长等对于学习的理解。但动员会后,因各种原因,隔代互学并未深入走进每一个家庭。为了提高隔代互学活动开展的积极性,我们想到了树立"种子家庭",让"种子家庭"发挥重要引领作用的方法。

同时,我们再次给尚未开展隔代互学的家庭分享了学习型社会背景下全国各地正在开展着的隔代互学活动。由此,隔代互学活动开始由"种子家庭"延展到更多家庭。如祖辈向孙辈学习智能手机的使用、网上购物等,孙辈向祖辈学习历史文化知识、传统技艺、美食制作等,一项又一项的"隔代互学,尊老爱幼"活动在各个家庭得以有序开展。

二、聚焦主题,及时指导

在参与隔代互学活动的家庭中,每个家庭情况都不一样,学生、家长的文化水平和理解能力也有差异。有些家庭虽然开展了"隔代互学"活动,但只是停留在祖辈和大宝之间的互学,并没有照顾到与二宝的学习。这时,教师就需要及时提醒和点拨。如海枫同学和外婆一开始互相学习的项目是做菜和游泳,但海枫同学的弟弟没有参加,经过教师引导,海枫邀请弟弟参与隔代互学,形成三个人一起练习篮球,共同开展隔代互学的新样态。

三、捕捉共性,推进活动

在隔代互学活动中,教师要根据实际情况,及时捕捉有效信息,不断聚焦主题,推进活动的有序运行。比如,我们留意到小晴同学的家长提出祖孙学习科学刷牙,但是过了十多天,他们家还没有完成这个共学项目。我们向家长了解后才知道,不知道去哪里学习是活动被耽搁的重要原因。

小晴同学的这个案例引起了我们的关注,我们尝试做了一份关于如何保护牙齿的调查问卷。问卷结果显示,38%的家长认为自己掌握了正确的刷牙方法,有1位家长认为孩子掌握了正确的刷牙方法,而其他家长对于如何正确刷牙没有太在意。于是,我们组织了"多方联动,多代共学"的线下活动,得到了大部分家庭的响应,成功地开展了家校社合作下多代共学爱牙护牙的活动。

拓展思路

在"隔代互学,尊老爱幼"活动研究的基础上,还可以从以下三个方面继续深化和拓展。

首先,从关注隔代互学中祖辈和孙辈的发展和成长,转变为关注整个家庭成员的关系,培育学习型、教育型的家庭类型和环境。

其次，隔代互学由家庭内走向家庭外，祖辈之间可以跨越家庭互相探讨科学育儿经验，学生之间可以跨越家庭互相学习如何更好地照顾弟弟妹妹等，促成个体与个体、个体与群体、群体与群体之间的交往。

最后，将家庭隔代互学拓展到社区隔代互学。也即，教师可以基于育人原则，带领班级学生前往幼儿园，开展跨学校、跨年级的学生交往，鼓励班内学生的祖辈到老年大学学习知识和技能，促进隔代互学的可持续发展，为隔代互学活动的横向开展、纵向延伸注入活力。

第三篇　隔代互学项目的评价

如何鼓励小学低年级学生分享隔代互学的收获?

周　莉[*]　曹　颖[**]

笔者所在学校自"隔代互学"项目成立以来,每个年级都在持续不断地开展着丰富多彩的活动。低年级孩子的各项能力处于基础阶段,大部分孩子不太会分享隔代互学的成果。如何在隔代互学活动中鼓励低年级学生分享隔代互学的收获,并在分享中包纳更多的学生和家长? 这是一个值得我们做出探索的课题。鼓励低年级学生分享隔代互学的收获,有利于孩子们在交流学习成果的过程中,激发思维的碰撞,丰富情感的体验,从而巩固知识技能,提升学习互动感,促进展示交流能力和合作学习能力的培养。

案例呈现

2020 年寒假,笔者通过设立"隔代互学闯关卡",引导学生与祖辈签订隔代互学协议,设计打卡记录表,督促祖孙完成互学任务;通过线上交流、榜样教育等方式,激励孩子们相互学习;通过奖项申报、征文投稿等方式,鼓励学生积极分享学习收获。

一、设立"隔代互学闯关卡",激发低年级学生的分享兴趣

兴趣是最好的老师。低年级孩子的年龄特点决定了他们无法像高年级孩子一样以较强的自制力去持续完成某一项学习任务,但正因为他们年龄小,很容易对新颖的事物产生好奇心。于是笔者抓住低年级孩子的心理特征,设计了富有童趣的闯关卡。

闯关卡的正面(见图 1)是对孩子们寒假"隔代互学"生活寄予的期望,这段文字采用贴近儿童身心发展规律的语言,不管是"爷爷奶奶们的神奇魔法",还是"收获的宝藏",都对孩

---

* 江苏省常州市新北区龙虎塘实验小学。
** 江苏省常州市新北区龙虎塘实验小学。

子们的幼小心灵产生了很强的诱惑力,旨在激发孩子们自主学习的内驱力和探索学习任务的兴趣。

图1 闯关卡正面

闯关卡的反面(见图2)一共设计了五道关卡,每个关卡根据隔代互学的教育目标,由易到难地提出了隔代互学的要求或建议。

图2 闯关卡反面

第一关是祖孙认领协议书并签订协议,协议书以合同的形式把对于祖孙双方的要求简单地罗列出来,签订协议不仅让双方对活动要求有了明晰的认识,也是双方履行职责的一种承诺。图 3 为一份协议示例。

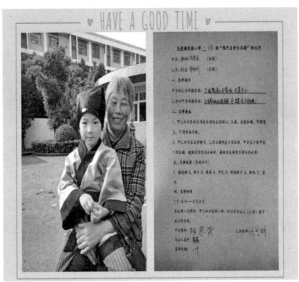

图 3　学生与奶奶签订协议示例

第二关是祖孙互学并坚持打卡记录。祖孙每天简单记录互学内容，无形中培养了学生坚持的好习惯(见图 4)。

项目 / 日期	评价内容	隔代互学：孙辈向祖辈学习	隔代互学：祖辈向孙辈学习	阅读专项：学生阅读	阅读专项：家长阅读	阅读专项：亲子共读
1.29	学习内容			[illegible]	[illegible]	[illegible]
	学习时长			20'	10'	10'
	学习效果					
1.30	学习内容			[illegible]	[illegible]	[illegible]
	学习时长			18'	8'	10'
	学习效果					
1.31	学习内容			[illegible]	[illegible]	[illegible]
	学习时长			13'	5'	8'
	学习效果					
2.1	学习内容			[illegible]	[illegible]	[illegible]
	学习时长			10'	5'	7'
	学习效果					
2.2	学习内容			[illegible]	[illegible]	节选
	学习时长			15'	5'	10'
	学习效果					
2.3	学习内容		如何戴口罩	[illegible]	[illegible]	[illegible]
	学习时长		2'	13'	5'	8'
	学习效果					
2.4	学习内容			[illegible]	节选	节选
	学习时长			15'	5'	10'
	学习效果					
2.5	学习内容	折元宝		[illegible]	[illegible]	[illegible]
	学习时长	5'		15'	10'	10'
	学习效果					
2.6	学习内容			[illegible]	节选	节选
	学习时长			12'	5'	8'
	学习效果					
2.7	学习内容			[illegible]	[illegible]	[illegible]
	学习时长			15'	5'	10'
	学习效果					
2.8	学习内容			[illegible]	[illegible]	[illegible]
	学习时长			20'	10'	8'
	学习效果					

龙虎塘实验小学
2020.1.17

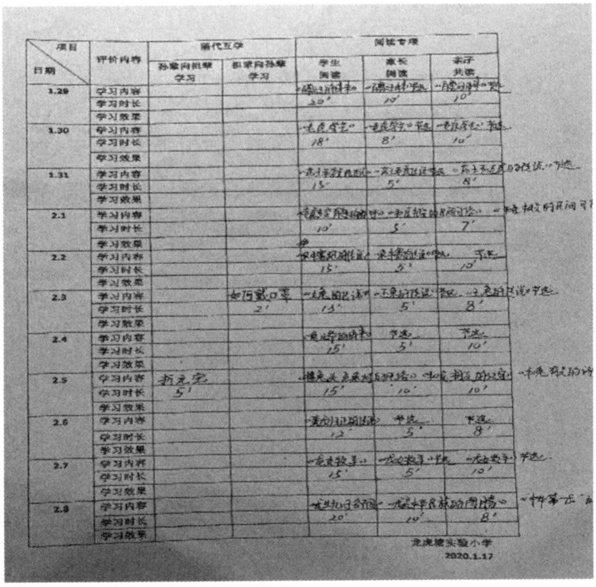

图 4　学生打卡记录

第一关和第二关的设计既让孩子们保持了兴趣又保障了隔代互学活动的顺利开展，有助于提高学习活动的有效性。闯关卡的精心设计不仅能帮助孩子们更有效地完成隔代互学任务，还能让孩子们在攻克每项任务时产生浓厚的学习兴趣，从而为接下来的学习分享奠定基础。

二、采取多种教育方法,培养隔代互学成果的分享行为

低年级学生有着特殊的心理状态,他们比较信赖教师。教师的一句表扬或者一个奖励能让他们开心很久,也即,外部激励更能强化他们分享学习收获的意识和行为。因此,不管是物质还是情感上,当孩子们出现了分享行为时,笔者都会采用鼓励、赞许、嘉奖等外部激励的方法,让他们获得快乐和满足,强化他们的分享意识,并使之逐步内化为他们的自主行为。

例如,一(7)班的小刘和小唐同学在寒假隔代互学和自学方面做得非常突出。刘妈妈经常和笔者分享孩子在家隔代互学的情况,笔者也会及时给予孩子鼓励,增强他的自信心。小刘同学的动手操作能力非常强,因此隔代互学的成果也较为丰富,比如他跟奶奶学会了包饺子、做毛线手工等。

又如,小唐同学爱画画,她将画的一幅幅作品绘制成一本"抗疫"运动宝典,可谓是十分新奇而有趣。笔者将她的作品转化为美篇,分享在班级群,引得其他家长们纷纷点赞和夸奖。

随后,越来越多的家长和小朋友愿意主动分享自己假期生活中的隔代互学成果,不管是学习知识,还是动手实践,孩子们的分享劲头越来越足,一(7)班寒假生活的成果也变得越来越丰富多彩。比如,孩子们跟爷爷学写毛笔字、打太极、下象棋,跟奶奶学做菜、缝补衣服、跳花绳、扇子舞……

疫情的不确定性,使得开学一再延迟,再加上有的孩子父母已经复工,这势必会给家长和孩子们带来诸多烦恼。比如,孩子缺少了父母的陪伴,思想上开始懈怠,一系列的问题接踵而来,家长们为此非常焦虑、担忧。对此,笔者通过线上交流等方式,充分挖掘和运用网络资源,为家长们答疑解惑,帮助孩子们赶走隔代互学的"拦路虎"。

通过与家长的交流,笔者发现三个方面的问题。第一,孩子、孩子祖辈或父辈家长没有完全理解"隔代互学"的真正含义,因此互学活动开展得不够理想和完善,只是进行了隔代主体之间的单向学习。第二,低年级孩子由于身心发展较为稚嫩,容易产生畏难的情绪;第三,隔代互学展示成果的方式太少,也不够新颖。

针对家长们的疑惑和问题,笔者进行了逐一解答。比如,鼓励孩子们坚持,将隔代互学落到实处,充分运用自己的双手展示隔代互学的成果,将学习到的本领细化为几个步骤,通过画笔将其丰富的过程记录下来。又如,通过树立榜样的方法,让学生在彼此分享中互相激励,并且依托线上交流,为孩子们分享隔代互学成果指明新的方向。

三、完善隔代互学的评价机制,搭建充分而有效的分享平台

2014年,教育部发布了《示范性综合实践基地实践活动指南》,指出"实践活动要建立考

核评价机制，通过科学评价，激发学生参加实践活动的兴趣"。由此可见，隔代互学活动的开展需要一定的评价机制，以此调动孩子分享学习收获的积极性。

往年的开学初，笔者所在学校都会通过展销会的方式来呈现孩子们的假期生活和学习成果，但是，2020年受到疫情的持续影响，我们不能和往常一样开展大型的聚集活动。于是，笔者在配合学校方案的同时，及时调整并完善了隔代互学活动的评价机制，组织班级学生开展线上展评活动。

在展评活动中，家长帮助孩子用视频、图片或美篇的方式，向班级同学分享假期隔代互学的精彩瞬间。通过线上展评活动，分享学习成果的同学在同伴们的赞美声中产生了强烈的自豪感与分享的幸福感，其他同学则在学习他人的成果中找到了自身在隔代互学活动中的不足，同时，活动也增强了学生之间分享学习收获时的竞争意识与合作意识。

寒假隔代互学活动是丰富有趣的，亦是温馨难忘的，随着时间的推移，那些印象不是很深刻的场景或许会被渐渐遗忘，要想让这些美好的事物保存下来，最好的办法是用笔记录下来。于是，在学生分享自己隔代互学生活的同时，笔者引导他们用一两句话说一说隔代互学中最难忘或者最有趣的瞬间。

低年级孩子还无法用长段文字记录生活，但是他们擅长把自己的感悟通过画笔描绘出来。于是，笔者鼓励孩子们用笔画出隔代互学中的精彩篇章，并在开学时把他们的创作张贴在文化墙的"童手画生活"栏目中，与大家分享（见图5）。这样做不仅能树立学生与他人分享学习收获的意识，还能为其他同学树立学习榜样。

图5　部分学生分享的隔代互学画作

在经历了"线上展评",鼓励申报"隔代互学小达人"奖项,以及鼓励学生记录"隔代互学背后的故事"之后,我们逐渐形成了和孩子、孩子祖辈共同建立的评价机制和分享平台,这对于促进学生主动分享隔代互学成果产生了积极影响。

原理解读

现在的孩子大多在家比较受宠,很多家长的生活也以孩子为重心,由此造成一些孩子形成了处处以自我为中心、缺乏合作观念等不良习惯,这无疑给孩子的未来发展带来了不可预测的隐患。隔代互学活动的开展,一方面加强了孩子与老人的沟通;另一方面增强了学生与他人合作的意识。而"如何鼓励低年级学生分享隔代互学的收获"这一问题的解决,又在隔代互学项目推进过程中起着不可忽视的作用。

从儿童身心发展规律出发,设计符合孩子兴趣与喜好的隔代互学闯关卡,能够有效地调动学生隔代互学的兴趣,激发学生与他人分享隔代互学成果的意识;从儿童具体行为表现出发,树立榜样,及时沟通,提供多元的分享方法,能够为学生分享隔代互学成果提供具体的方向;从儿童的真实生活和学习需求出发,在教师、祖辈和孩子的协同推进中共建多元化的评价机制,能够为学生的多样化分享提供有效平台。

综上所述,只有拥有了儿童视角,教师才能更好地激励低年级学生分享隔代互学成果,使学生在分享中不断成长与进步。

温馨提示

一、要学会激发学生的分享意识,让学生懂得分享的意义

具体而言,在鼓励低年级学生分享隔代互学成果的同时,应时刻关注并培养他们的分享意识。比如,笔者寒假期间鼓励学生分享自己的隔代互学成果,让他们感受到分享过程既能使自己快乐,也能愉悦他人,由此,自我满足感便在分享与学习的交互过程中产生了。所以只有当学生真正建立起正确的分享意识后,才能感受到给予和被给予的快乐,从而积极主动地与人分享,快乐自己、愉悦他人。

二、创造分享机会,开展分享实践

教师在平时的教育教学中,就应该给孩子们创造分享的机会和平台。例如,鼓励学生

分享隔代互学的趣事或者自学情况,引导他们把自己在隔代互学中体验到的快乐、幸福表现出来。譬如,将隔代互学中较为有趣的故事写成文字,或将相对满意的照片发布在班级群里。有条件的班级,建议教师给学生创造上台动手展示的机会,以预先准备的视频、图片、作文等方式呈现,这样更能让孩子们体会到分享的乐趣,从而养成乐于分享的品质。

三、循序渐进,长期坚持

分享意识的养成是潜移默化、循序渐进的。对于鼓励孩子分享这件事,教师不能忽视孩子的身心发展规律,也不能操之过急或被迫等待,而是要学会抓住契机,积极引导,促使孩子从分享中获得快乐和自信,从而形成主动分享的意识,提高分享能力。

拓展思路

(1)为了更好地鼓励学生分享隔代互学的收获,教师可以尝试采取创设情境、角色体验的方式,通过游戏让他们进入情境,在角色体验中学会分享。同时,在活动中引导学生从他人的角度思考问题,唤起相关情感体验,学会分享。

(2)为了更好地在日常教学工作中延续隔代互学,开学后可以尝试把假期中优秀的隔代互学资源整合起来,充分利用学校"隔代互学玩伴团"和"家长进课堂"的平台,组织学生结伴寻找"种子祖辈"学习技巧,或者把祖辈引进课堂,让更多的学生加入隔代互学的行列,扩大隔代互学的受益面。

如何鼓励小学高年级学生分享从祖辈那里学到的成果？

刘凤娇

到了小学高年级，学生的心理发展进入了十分关键的时期，随着自我认知的不断提高，他们逐渐形成了较为独立的意识，表现为开始尝试摆脱对于外部评价的依赖，而更加倾向于对自己内心情感世界的抒发，相对于低年级学生而言，高年级学生往往表现出封闭特征。因此，在小学高年级，学生由儿童期向青春期过渡的关键时段，如何在隔代互学活动中鼓励他们分享学习成果，是一件非常值得探索的事情。

案例呈现

2020年寒假来临之前，笔者在班级内针对隔代互学项目做了一项问卷调查，共有48名学生参与了此次调查。其中，45名学生表示愿意参与隔代互学活动，3名学生因家中长辈不在身边且相对较为疏离而表示不愿意参与。然而，在调查"是否愿意分享隔代互学成果"时，仅有13名学生表示愿意分享（见图1）。

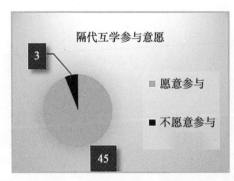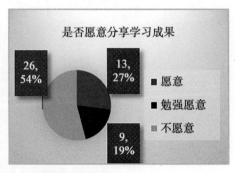

图 1　隔代互学的参与和分享意愿调查结果

＊ 江苏省常州市新北区龙虎塘实验小学。

150

随后,笔者主动和不愿意分享隔代互学成果的同学进行了沟通,发现这些同学主要有以下三个方面的顾虑:第一,怕自己学不好而出丑;第二,因材料特殊没办法现场展现;第三,怕同学们没兴趣观看。针对上述现状,在导学和活动开展的整个过程中,笔者有意识地通过隔代互学活动前期的积极引导,实施过程中的引领与评价,活动后多元展示平台的搭建等,尽可能鼓励高年级学生主动分享自己与祖辈的隔代互学成果。

一、善于规划,自主策划相互学

临近新年,同学们大多将隔代互学项目聚焦到了美食的制作上。这一主题能够让学生体会到家乡的特色美食,感悟到其中所蕴含的独特文化内涵。

基于前期对隔代互学成果分享意愿的调查和统计,笔者决定发挥“玩伴团”的作用,在隔代互学和共学的过程中实现对学生分享学习成果的激励。以点面结合的方式开展隔代互学活动,使整个活动既包含学生个体的自主体验,又能让大家体会到同学之间共同参与的交互乐趣。

笔者在发现同学们的兴趣所在之后,在班内招募了开展隔代互学的“小团长”,并组成了“隔代互学玩伴团”。随后,笔者有针对性地建议和指导“玩伴团”根据自己团队的特点对隔代互学活动进行了自主策划。在“小团长”的带领下,逐渐明确了隔代互学活动的具体内容,然后在全班范围内进行招募。这样,一个又一个志同道合的“隔代互学玩伴团”就形成了(见表1)。

表1 隔代互学玩伴团

玩伴团名称	类别	小团长	成员	合作方	预期成果
“包”饮“包”食	美食	盛同学	傅同学等5人	盛同学奶奶	美篇、撰写心得
多样的饺子	美食	蔡同学	李同学等5人	岳同学奶奶、蔡同学妈妈	美篇
探秘神奇的“千子”	美食	梁同学	徐同学等5人	梁同学奶奶(电话互学)	撰写心得、制作美食攻略
传统游戏我来玩	运动	刘同学	左同学等5人	思远爷爷	短视频

假期刚一开始,各个玩伴团就在小团长的引领和组织下对隔代互学活动的具体开展方式进行了论证,并以思维导图的形式作了呈现。

在思维导图初稿形成后,笔者又对其中的细节进行了针对性的指导,既肯定了各个玩伴团的精心安排和周密思虑,也对一些细节进行了较为适切的补充,同时进一步引导学生对隔代互学后期成果的汇总形式进行了预思考。

有了这个过程,学生的思维导图有了更加详尽的活动安排,学生对这样一次具有极高自由度的隔代互学活动充满了兴趣。而这,也恰恰验证了"兴趣是最好的老师"的思想。并且,这样的兴趣给隔代互学后期活动的有序开展奠定了坚实的基础。

以下是"包"饮"包"食隔代互学玩伴团活动策划的初稿以及最终定稿(见图2)。在初稿中,学生已经能够根据以往开展活动的经验对活动的成员分工、时间、地点、流程等做较为初步的策划。

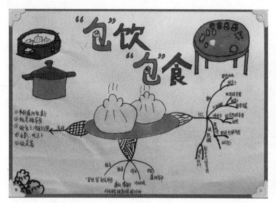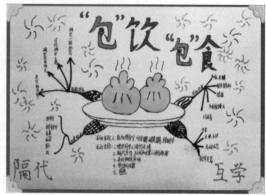

图2　隔代互学玩伴团活动思维导图初稿(左)和定稿(右)

笔者在收到这样一份思维导图以后,首先充分肯定了这个小组的执行力,在此基础上,顺势引导学生做进一步的思考。比如,"能否按照活动进程对整个隔代互学活动进行更加细致的梳理?""隔代互学活动中有什么事项是需要特别注意的吗?""能否让组员也提供一些小贴士以确保隔代互学活动的安全、有序开展?""隔代互学活动后期准备怎样呈现成果?"

学生带着笔者提出的诸多问题,在线下讨论和思考之余,又组建了线上讨论QQ群,对初步设计的思维导图多次进行修改和完善。在最后的定稿中,基于原有图纸,学生按照前期准备、过程推进、后期成果、注意事项等四个板块,再次对隔代互学活动进行了较为认真、耐心的梳理和规划。

由此可见,学生能够把教师的各种有助于隔代互学活动开展的建议和安排,逐步转化到自主探索和活动策划当中,将隔代互学活动的参与动力由"外在推动"转为"内在生长"。虽然笔者并未对学生进行语言上的过多激励,但是无形之中给予了学生继续开展隔代互学活动的心理支持。

二、共同参与,老少互评长本领

有了这份详尽的策划方案,隔代互学活动的开展就显得顺理成章了。"包"饮"包"食玩伴团就在团长盛同学家开展了隔代互学活动——"跟着盛奶奶学包包子"。为了助力此次活动的顺利开展,盛奶奶一大早就开始发面,用实际行动表达了对隔代学习的大力支持。

伴随着醒面、揉面、包包子、上锅蒸等流程,隔代学习活动在家长的配合下有序而欢快地进行着。笔者作为教师,在这一过程中并没有过多参与,但是在活动前就与家长们进行了充分沟通,希望能从家长的角度给予孩子更多的参与感和自豪感。也正是有了前期的准备和铺垫,盛奶奶和孩子们在隔代学习活动中边学边玩,并不断地夸奖孩子们的进步。这也充分体现了此次活动举办的宗旨,即"学中有思,思中有行,行中有进!"活动结束后,笔者鼓励学生积极撰写心得体会,并主动将活动过程制作成美篇进行分享。

表2 "包"饮"包"食隔代互学心得分享

分享者	心　得
傅同学	在同学们的互帮互助中,我从一开始的一窍不通到后来变得得心应手,我充分体会到了同学之间的伟大友谊。而且这次玩伴团活动还锻炼了我的专注力和耐心,让我受益匪浅
刘同学	"不登高山,不知天之高也;不临深溪,不知地之厚也。"在这次做包子的学习中,我深刻地体会到了这句话的含义,在奶奶的帮助下,我艰难地做好了第一个包子,在尝试中,我明白了做包子的不易,也正是得益于多次的尝试,使我能够越来越熟练地做包子了。这次活动使我懂得了实践的重要性
程同学	通过这次活动,我体会到了"世上无难事,只怕有心人"的道理。在奶奶的教导中,我终于做好了第一个包子。我平时在餐桌上挑三拣四,却不知道妈妈烧饭时的辛苦
姚同学	包包子让我品尝到了成功的喜悦与自己小小的责任。我更体会到了动手实践的不易,体会了父母做家务的辛苦。因此,我要养成天天做家务的好习惯,为父母多分担
盛同学	通过这次活动,我明白了生活的不易,哪怕是做一道菜、做一次馒头,我们也不能只看成果,而忽视了成果出来之前的那些不为人知的付出。我们要学会尊重他人的劳动成果,不挑食,不浪费。在生活中,我们更要学会主动分担一些力所能及的事情,这样既能帮助他人,又能锻炼自己

隔代互学不同于学校的课堂学习,它更多的是祖辈和孙辈之间的互动过程,教师通过和家长的沟通,开拓了隔代互学活动的途径,让学生在整个过程中感受到了隔代互学的乐趣,感受到了自己的学习成果被肯定后的兴奋,为后期在更大的平台上展示学习成果注入了信心。

三、乐意分享,多元平台添信心

隔代互学活动因主题不同,过程和方法也不一样,即使是参与同一活动,每个祖辈也会有自己的独特体验和意外发现。因此,隔代互学成果展示形式的多元化,既能体现活动特色,也能创造平台让学生自由地表达自己的体悟和收获。

笔者在前期的调查中发现,部分学生狭隘地认为分享隔代互学成果就是要实地操作,因此产生了"怯场"心理。在这个假期中,笔者不再以固定形式要求学生展示学习成果,而是以更加开放的形式鼓励学生积极分享学习成果。

隔代互学成果的分享可以是动态的，也可以是静态的。如有些学生以美篇、PPT、初页、调查报告、心得日记等形式展现；有些同学以短视频、VLOG、主题演讲、汇报等形式展现。而分享对象既可以对内，如组员、爸爸妈妈；也可以对外，如更多的同学，甚至学校、社会。

学生自己决定活动成果的展示形式，能使其内心对于此次活动的真实情感在分享中自然而然地流露出来。作为教师，应化干预为点拨，引导学生把活动过程中获得的体验真实地展示出来，让学生真正实现"我口言我心"，体会到隔代互学的乐趣。

原理解读

小学高年级学生处于身体和心理发展的关键期，他们渴望被关注、希望被肯定，但是又介意他人的过多评价。因此，学生很多时候虽然参与了隔代互学实践活动，也体会到了其中的乐趣，却往往羞于表达。

作为教师，在推进隔代互学活动的过程中，要智慧、巧妙地引导和鼓励祖孙开展学习活动。比如，在活动前，给予祖辈和孙辈最大限度的自主权和策划权，并与父辈家长取得联系，适当地开展对父辈家长的教育和引导，把一些鼓励的话语教给父辈家长，让其在适当的时候表达出来以达到最好的效果；在活动中，要积极推动，及时肯定；活动后需要提供多元化的隔代互学展示平台，促使学生找到适合自己的分享方式，从而积极主动地分享自己在隔代互学中的成果。

温馨提示

鼓励小学高年级学生分享隔代互学成果时，需要注意以下三点。

一、关注学生状态，智慧引领

无论开展何种主题的隔代互学活动，教师都要积极关注学生的学习状态，从参与度到分享意愿，根据学生的个性特点提供最适合的展示平台。

二、学校联通家庭，合力鼓励

隔代互学的主阵地还是在家庭内，所以要积极和父辈家长保持联络，尽可能争取父辈家长的支持，并适当向其普及先进的教育理念、有效的教育方法等，让父辈家长能够在隔代互学活动的第一时间发现孩子的亮点，从而予以鼓励和肯定。

三、分享代替评比，悦享成长

分享隔代互学成果的前提是充分交流，而非拘泥于竞争性质的评比。因此，要把影响学生分享积极性的因素尽可能地规避掉，摒弃功利性的不良取向和心态，让学生享受到分享学习成果的过程，让学生在悦纳自我中享受学习、成长与发展的乐趣。

拓展思路

笔者在上文中以"隔代互学"玩伴团为例简要阐述了鼓励小学高年级学生分享隔代互学的成果的方法，当然还有其他更多、更好的方式等着我们去挖掘。但无论哪一种方式，都需要教师智慧的引领，也需要家长密切的合作。

鼓励是促进学生分享的第一步，对于在分享中表现非常突出的学生，教师要为其搭设更大、更多的平台让他们与更多的学生、教师、家长、社区社会人士等进行分享，激发他们持续地投入开展隔代互学活动的热情，并带动身边更多的同学，一起学习，共同分享。

在分享的基础上，建议教师对隔代互学成果进行更加开放、多元的评价。除了常见的评奖评优方式以外，还可以在年级或者校级层面进行宣传和推广，帮助学生组建隔代互学系列项目组或社团，以担当"小领衔人"的形式表彰表现较为优异的同学，为其他学生树立榜样。

除了对学生的鼓励之外，对老人的关注也必不可少。教师可以通过与老人的沟通，鼓励老年人更多地参与隔代互学活动，投入老年大学的学习，也可以鼓励志趣相投的老年人组建"老年人学习团队"，以使隔代互学的内容和形式变得更加丰富和多元。

如何鼓励老年人分享隔代互学的收获?

殷 花[*]

老龄化社会背景下,我们应该树立"老年人不是负担,而是资源"的意识。事实也是如此,老年人虽然在体力上不如年轻人,但他们的人生经验和生命阅历绝不输于年轻人。如果能够在隔代互学活动中激发老年人积极地分享学习成果,那一定会产生值得孩子们学习的丰富资源,对孩子的成长起到积极的引导作用。在互学的基础上,促进全社会关注老年人、尊重老年人,进而激励更多老年人保持终身学习和持续发展。

案例呈现

笔者在所带小学班级内请学生帮忙,以家中老人为对象,就"老年人是否愿意参加隔代互学活动?是否愿意分享学习收获?"进行问卷调查,共计 36 位老年人参与。问卷结果显示,86%的老年人愿意参加隔代互学项目,14%的老年人不愿意(见图 1)。58%的老年人愿意主动分享学习收获,22%的老年人在学校要求后才愿意分享,20%的老年人不愿意分享(见图 2)。

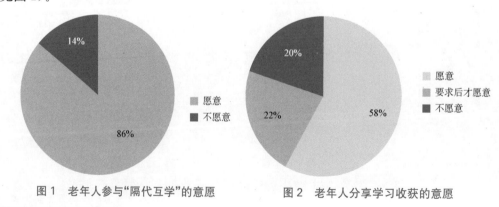

图 1 老年人参与"隔代互学"的意愿　　　　图 2 老年人分享学习收获的意愿

* 江苏省常州市新北区新桥第二实验小学。

对比图1和图2可以发现,绝大多数老年人愿意参与隔代互学项目,但分享学习收获的意愿相对不足。

一、追根溯源,探究原因

经访谈,笔者了解到老年人不愿意分享学习收获主要有以下几个原因。

(一) 不少老年人文化程度不高

过去很多老年人因为家庭经济条件不好,没上过什么学,外出见世面的机会也较少。这部分老年人从事的工作基本以体力劳动为主,年纪大了或退休之后,生活内容也比较单一,打牌、看孩子是消磨时间的主要方式。所以,让他们在教师、学生面前分享学习收获,他们通常觉得无内容可讲,同时也缺乏自信。

由图3可见,不愿意分享学习收获的老年人学历大多为小学。在教师建议后才愿意分享学习收获的老年人,其学历多为小学和初中,不过也出现了高中学历。在愿意分享学习收获的老年人中,初中学历占比最高,高中学历的比重也有所增加。由此可见,老年人的学历越高,分享学习收获的意愿也就越强。值得注意的是,也存在一部分学历为"文盲",但是主动选择了"愿意"分享的老人。

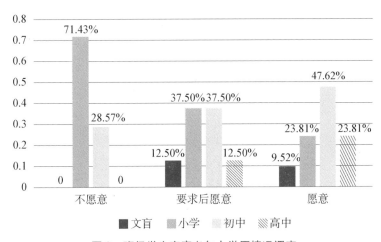

图3 班级学生家庭老年人学历情况调查

(二) 祖辈普通话说不好,语言表达能力差

有孙辈通过调查问卷反馈:"奶奶因为普通话说得不太好,不愿意分享。"也即,老年人经常说方言,子女听得都很费劲,有时难以理解他们想要表达什么,这极大地降低了老年人分享学习成果、生活经验的意愿。笔者随机采访了班级里的学生,小丁同学说:"有一次奶奶用方言教我怎么烧饭,她让我放盐,我没听懂,导致错放了调料。为此我把过错归咎于奶

奶,奶奶也丧失了继续教我的信心。"

（三）祖辈怕分享和交流效果不好,给孩子造成难堪

笔者随机采访了几位不愿意分享隔代互学成果的老年人,他们大多表示,"担心因为分享得不好,导致孩子被同学、老师笑话,所以不愿意分享"。在一次隔代互学分享会上,我问学生:"同学们,你们能邀请爷爷奶奶来到课堂,给大家分享他们学到的技能吗?"同学们纷纷举起手,表示愿意。可等到第二天,当我再次询问同学们,爷爷奶奶是否能来参加分享会时,大家都沉默了。于是,我私底下找到孩子的祖辈询问原因,陈奶奶说:"孩子大了,要面子了,我也不会什么,普通话又不标准,上台分享说得不好,孩子们会笑话我的,别给孙子丢人了。"

二、分类指导,硕果累累

俗话说:"学到老,活到老。"随着学习型社会的到来,终身教育的理念越来越被人们所接受。各地的老年学校和社区图书馆也如雨后春笋般地涌现了出来。在常州市新北区龙虎塘实验小学开展"隔代互学"的河海老年学校的老年人,每个人都身怀绝技、精神抖擞,而且他们也善于学习、乐于学习,每个月都会走进小学的课堂,和孩子们一起学习。

为了鼓励老年人分享自己的学习成果,笔者在班级内进行了如下尝试。

首先,发出一份倡议。笔者决定给不愿意参加隔代互学的祖辈们写一份倡议书,号召他们向河海老年学校的老年人学习,激发起他们学习的愿望。

倡议书

尊敬的爷爷奶奶:

你们好!随着学习型社会的到来,"时时、处处、人人可学""活到老,学到老"已经成为全社会的共识。寒假,我们班将开展"隔代互学"活动,要求孩子们向你们学习五种本领,你们向孙辈学习三种本领。可千万别小看我们的孩子哦,他们身上也有许多值得大家学习的地方,例如智能手机的使用,乘坐无人地铁、去无人超市购物等。大家也千万不要觉得向孩子学习难为情,其实这是一件很有趣的事。在我们学校旁边有一所老年大学——河海老年学校,学校里的老人们个个身怀绝技,精神抖擞,他们每个月都会走进我们小学的课堂,和孩子们一起学习,他们说从孩子身上学到了很多,学得可开心了!

在此,我向爷爷奶奶们发出倡议,希望大家积极地参与到本次"隔代互学"中来,开启一段有趣而又美好的学习之旅。

殷老师

2019 年 12 月

倡议书发到老年人的手中后，他们感到很稀奇，纷纷认真地阅读起来。不愿意学习的老年人也完全被发动起来了，他们表示愿意去试一试。于是，隔代互学活动的参与率达到了100%。

其次，祖辈在分享过程中可采取录视频和写心得相结合的方式。从一定意义上来说，视频能够营造出轻松真实的环境，呈现的效果更加自然，心得体会则是"我手写我心"，让老年人体会到分享的快乐。普通话发音不标准的老年人，分享学习收获的方式可以是一段视频、一段文字。这些方式大大提高了老年人主动分享的积极性。果然，在后期的隔代互学成果展示中，我们看到在爷爷学英文的视频里，孙辈常常为爷爷会说"very good!"等日常口语而点赞；奶奶兴致勃勃地玩着孙女为她设计的游戏，虽然动作还不是很熟练，但基本操作已经难不倒她，奶奶对着镜头表示："孙女做的游戏太棒了!"还有部分祖辈选择把自己的感受写下来（见表1）。

表1　祖辈参与隔代互学的心得

分享者	心　得
胡同学奶奶	孩子一 放学回来就教我写字，这段时间我跟着孩子学习，已经认识了许多汉字。我们这辈人生活在贫苦年代，不像现在有那么好的学习机会
员同学爷爷	每天过得很充实，和孙子互相学习，共同进步
陈同学外婆	孙女教我怎么玩芭比娃娃，给娃娃们洗头、梳头。在她的启发下，我还给娃娃做了很多漂亮的衣服呢。孩子还教我跳舞了，让我跟着她运动起来，左三圈，右三圈，脖子扭扭，屁股扭扭，身体才能棒棒的
李同学奶奶	隔代互学让我有了存在感，有了被需要的感觉
方同学奶奶	通过这次互学，不仅见到了可爱的小孙子，我还学会了乘电梯
史同学外婆	知识的力量真大，促进了社会的飞速发展。本以为年纪大了跟不上时代，没什么用武之地了。其实不是，老一辈还是有很多技能可以传授给小辈，当然我们也可以努力学，缩小与小辈之间的差距，毕竟学习不分年龄，只要你敢想、敢做，一切皆有可能

最后，针对老人怕自己分享不好让孩子难堪的情况，笔者让孩子及孩子的父辈和祖辈进行了一次深谈，打消了祖辈心中的顾虑。比如，"学习是快乐的，分享也是快乐的，没有人会笑话老人，更没有人会笑话孩子。"祖辈们打开心结之后，都积极参与到了隔代学习及分享和交流活动当中。

原理解读

隔代互学是祖辈和孙辈在生活中互相学习、互相影响的双边活动。学生处于身心快速发展的阶段，他们接纳和学习新知识的速度非常快，也更容易将自己的收获分享给其他人。

而老年人作为隔代互学中的主体之一,也能在成果的分享中获得发展。

但是,由于一些老年人文化程度较低,普通话发音不好,他们怕自己表现不好会让孩子难堪,不愿意在公众场合分享隔代互学的成果。为了进一步推动"隔代互学"的有效开展,笔者在班级内发起了一份倡议,鼓励老年人积极地分享学习成果。随着隔代互学活动的开展,老年人发现在活动中不仅能收获知识与技能,使自己获得成长,还能消除与孙辈之间的代际隔阂,使得双方关系更加融洽和谐。

老年人积极主动地参与隔代互学,不仅能得到精神上的寄托,增添生活情趣,还可以将学习成果与他人分享,营造良好的家庭、社区氛围,在实现积极健康的生活方式的同时,推动学习型社会的建设。

温馨提示

要鼓励老年人分享隔代互学的收获,需要注意以下两点。

一、尊重老人,包容差异

每位老年人的年龄、文化水平、学习能力等都呈现出不一样的状态,这会在很大程度上影响他们开展隔代互学活动和分享学习收获时的积极性、主动性。作为教师,在隔代互学中,除了关注学生,也需要随时了解不同类型老年人的学习情况,观察他们的学习和交流状态,采取尊重、包容的态度,让每一位老年人在轻松愉快的氛围中愿意学习、愿意分享。

二、鼓励为主,循序渐进

老年人在分享的过程中可能会出现害羞、退怯的心理,作为教师,在隔代互学成果分享中应该秉持鼓励的立场,将不同类型的祖辈分在一组,通过"传帮带"的方式发挥"种子祖辈"的示范作用,为其他老年人树立积极分享、自信大方的形象。以此,逐渐引导更多祖辈参与隔代互学成果的分享。并且,在祖辈分享完他们的成果和感受之后,教师、孙辈和父辈家长等要及时给予他们热烈的掌声,营造良好的交流和互动氛围。

拓展思路

由于受到疫情的影响,本次学生祖辈的学习成果分享交流会可能存在以下两点局限。第一,在校园疫情防控形势严峻的背景下,为保障全体师生的生命健康,外来人员不能随意进出校园，因此邀请老人到学校开展活动可能会存在一定的困难。第二，由于祖辈在使用电子设备方面不太熟练，开展线上交流会也有待进一步商议。当然，我们也可以将线上分享交流会视为开展隔代互学的一个契机，鼓励孙辈教祖辈学会使用电子产品。

在疫情得到控制后，可以邀请老人们一起来到学校，采用现场面对面的方式分享和交流隔代互学成果。这也是祖辈感受校园浓厚学习氛围的机会，能够激发祖辈分享隔代互学成果的热情。

建议学校联合当地社区组建以孩子的祖辈为基础的"老年文艺队伍"，编排一些群众喜闻乐见的节目，定期开展文艺演出，促使祖辈在演出中获得自信。丰富的表演节目也会吸引一些潜在的老年人加入文艺队伍，从而扩大受众群体。当然，此类活动也可以与学校的文娱汇演结合起来，让不同种类的艺术文化相互碰撞、激荡思维，让老人与孩子在共学互学中健康成长。

如何在学校开展隔代互学的展评活动？

丁小明[*]

何为展评？即通过展览进行品评、展示和评价。笔者案例中的"隔代互学"是发生在家庭内的一种学习活动，要想保持祖孙两代人的学习积极性和持久性，评价自然是必不可少的。但哪种评价比较合适呢？我们要进行慎重的思考。"隔代互学"不同于学校里的一般学科学习，也不同于同龄人之间的学习，所以一般的评价显然是不适合的。通过近一年的实践和探索，笔者发现，开展以激励、导向为主的展评活动，能够有效地推动"隔代互学"向前发展。

案例呈现

2020 年寒假，由于新冠疫情的突发，原计划开展的"学生寒假生活成果博览会"只能在线上举行。但变"形"不变"质"，线上展评照样精彩。以下就是我们 2020 年龙虎塘实验小学寒假生活成果博览会的方案。

智造战"疫"新生活，互学再创向未来
2020 年寒假生活成果博览会之班级展评开始啦！

尊敬的家长、亲爱的同学们：

我们的寒假生活成果展评就要开始啦！基于本次延时寒假的特殊背景，我们采取"线上"博览会的方式，促成我们的假期生活与学期初生活的融合。先来看看有哪些内容吧（见表 1）！

---

* 江苏省常州市新北区龙虎塘实验小学。

表1　线上博览会内容

奖项名称			展示形式	评定方式	奖励方式
最智慧：我们的假期生活	单项	劳动小能手	借助照片、文字、美篇、视频等媒介，展示假期生活。（单项奖可围绕一个主题进行专题展示，全能奖则需要综合展示）	1. 学生在班级群自主申报（收集表）。 2. 班主任组织线上展评，由全班同学、教师、家长代表评议，投票产生单项奖（名额不限），择优推出"诗意全能王"，每班3名	1. 颁发奖章。 2. 与本学期"争章活动""期末评优"等活动相联系
		阅读小标兵			
		运动小健将			
		自学小达人			
		防疫小先锋			
		隔代互学小能人			
	全能	诗意全能王			
最温暖：我们的陪伴故事			征文：以图文结合、文字为主的方式记录亲子陪伴故事	这两类故事征文，同学们可以二选一。低年级学生可以用绘本的方式呈现。中高年级学生可以用作文的方式呈现。欢迎家长朋友们积极撰写，投稿，分享亲子陪伴故事	1. 评选出一、二、三等奖，颁发奖状。 2. 鼓励将优秀征文投稿华东师范大学，得到发表机会
最担当：我们的线上导学			征文：记录师生假期导学故事		评选出一、二、三等奖，颁发奖状
最能干：我们的小团长			可以借助照片、文字、美篇、视频等媒介，展示自己策划组织的玩伴团活动	利用班级线上展评，推选出"最能干小团长"3名	1. 颁发"最能干小团长"奖状。 2. 获得在开学典礼、升旗仪式等的展示机会

那我们怎么开展线上博览会呢？

第一步：3月3日，填写老师发的"收集表"，选择你要展示的项目。

第二步：3月3日至6日，根据自己的选择，努力准备，美篇、视频或幻灯片等方式均可。征文可以二选一。

第三步：3月7日14:00—15:00，在班主任的组织下，邀请各学科老师，根据奖项分类展示，将自己申报的奖项和作品发到群里，大家一起相互点评、相互学习，最后根据老师发的小程序进行"投票"，选出自己心目中的单项奖、全能奖和最能干小团长。

第四步：3月9日，将自己的故事征文发到小队群，每个小队推选最佳故事2篇发给班主任（可以邀请你们的父母也来写故事），班主任会择优进行分享和投稿哦！

基于上述方案，我们的学校展评活动就开展起来了，具体包括班级展评、年级展评和校级展评。

一、班级展评,如火如荼

(一) 个人申请

学生填写展评申请表(见表2),撰写个人事迹。

表2　2020年寒假"隔代互学小能人"个人申请表

班级		学生姓名	
个人事迹(150～200字)			
备注	1. 每人附两张照片,要求1张个人假期生活照,1张隔代互学成果照(横版),照片以学生班级姓名+个人或成果命名(如一1班李欣的照片,第一张命名为"一1班李欣个人",第二张命名为"一1班李欣成果")。 2. 此表和照片一起打包发给班主任,班主任收齐后交给年级组长,以年级组为单位发给姚老师		

本着鼓励和引导学生积极参加"隔代互学"的原则,班级申报不限名额,只要学生和祖辈开展了"隔代互学"活动,能够在班级中展示的,均可以申报,并且有机会获得班级"隔代互学小能人"的称号和奖状。

(二) 分享成果,相互点评

同学们以自己喜爱的方式,把"隔代互学"成果以美篇、视频或幻灯片的方式发到群里,大家相互学习、相互分享。随后,由教师发起小程序进行"投票",大家选出自己心目中参加年级展评的"隔代互学小能人"(见图1)。

图1　学生在班级群开展线上展评活动

（三）撰写故事，积极投稿

为了保存研究资料，也为了鼓励学生和家长用文字记录祖孙互学的美好时刻，学校发起了撰写"隔代互学"故事的征文活动。经过班主任的宣传和发动，共收到征文 150 多篇（见图 2）。征文收集上来后，笔者召集六位年级组长从学习类型、学习内容、学习方式、学习成果和故事的生动性等五个方面进行分类评比，最后评选出了 130 篇优秀的"隔代互学"小故事，编成了《最美的我们》"隔代互学"活动读本。

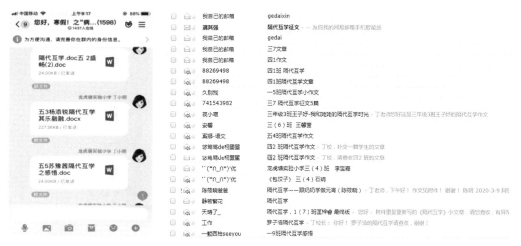

图 2 "隔代互学"征文部分投稿

二、年级展评，互享精彩

各班根据学生、教师、家长的投票情况，选取班级前三位推荐到年级组展评。年级组长再召集组内的班主任把各班选出的"隔代互学小能人"的学习成果发到班级群，开展第二次线上学习、展评和投票活动。为了体现"公平、公正、公开"的展评原则，年级展评有三个规定。首先，不能投本班"隔代互学小能人"的票；其次，根据隔代互学活动的类型、方式、成果以及故事的生动性在小程序投票；最后每班推选出一位票数最高的人当选为校级"隔代互学小能人"。经过二次展评活动，全校各年级、班与班之间实现了优质资源的相互学习、彼此分享，极大地激发和鼓励了孩子们以后参加"隔代互学"活动的兴趣和信心。

三、校级展评，美美与共

（一）通过公众号进行校级展评

年级组推出校级"隔代互学小能人"的事迹，各美其美，美美与共。有学针织学得像模像样的；有学方言总结出方法、列成表格的；有组织玩伴团跟爷爷一起吹口琴的；还有学习了很多面点制作方法，成为面点达人的……

如何将这些各有特色的"隔代互学小能人"进行校级展评，并引导、激励全校学生向他们学习呢？学校为此专门推出了一期微信公众号——《智慧假期展示：隔代互学小能人》（见图3）。在文章最后，我们设计了投票小程序，供大家评选出心目中"最有创意的隔代互学小达人""最温暖的隔代互学小达人""最勤奋的隔代互学小达人""最有文采的隔代互学小达人"等。

以公众号形式推出的校级展评活动，很快被家长和学生收看和传阅，达到了良好的宣传效果，实现了全校性的"隔代互学"成果分享。

图3　学校公众号推出的"隔代互学小能人"（部分内容）

（二）制作电子书，形成校级展评成果

前期，学校发起了"隔代互学"故事征文活动。通过评比，选出了130篇优秀小故事。通过一篇篇认真阅读，笔者发现其中有许多祖孙互学的故事令人感动，值得学习、分享和推广。于是我们将其整理、编辑并集结成册，做成了一本电子书，供全校教师、学生和家长学习。这既是对故事撰写者的肯定和鼓励，也能让更多的人在学习中拓展"隔代互学"的思

路,明白"隔代互学"的意义和价值。

2020 年 3 月 16 日,《最美的我们》"隔代互学"活动读本(电子版)做好了(见图 4)。电子读本一发到学校"线上玩伴团"群和各班级群,便得到了众多学生、家长的喜爱和好评,一天内就达到了浏览量的上限。

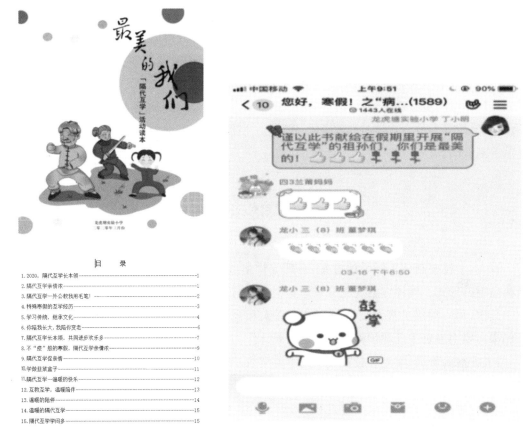

图 4 电子读本的部分内容和家长们的好评

原理解读

评价是为了检查情况,发现问题,找出差距,明确方向,促进发展。以往学科类的评价过于强调甄别和选拔的功能,忽视引导与激励的作用,让部分学生受到挫败,因此对学习缺乏兴趣和热情。

但实践类的活动,由于以激励、导向的发展性展评为主,深受学生、家长和教师们的喜爱。上述案例中的"隔代互学"是发生在家庭内部的学习实践活动,要想激发和保持学生学习的热情和信心,展示评价是一种很好的选择。

发展性评价具有诊断、激励和导向的功能,学校在开展"隔代互学"成果展评的时候要充分利用这三种功能。

一是在班级自主申报环节,主要体现激励功能。只要参加了"隔代互学"活动,只要能在班里进行展示,就能获得班级"隔代互学小能人"的荣誉。

二是在班级和年级组展评的时候,主要体现诊断功能。让学生通过学习、比较、分析,诊断哪些同学的事例更为突出,能够往上一级推荐。

三是在学校公众号宣传和展评时,主要体现导向功能。引导全体学生向这些同学学习,学习内容可以聚焦在某一个具体的点。例如,以四(1)班的面点达人徐同学为榜样,我们引导学生善于分享资源,组建玩伴团,带领小伙伴一起和祖辈共学互学;以二(5)班组建玩伴团向爷爷学习吹口琴的顾同学为榜样,我们引导学生善于总结学习方法,用表格的形式来体现学习的步骤或规律;以五(6)班向爷爷学习常州话的赵同学为榜样,我们引导学生用谐音、典故等多种方式学习和理解家乡文化。当然,更多的时候这三种功能是融合的,而非简单割裂的。

温馨提示

首先,学校要制订一份展评方案,合理安排班级、年级、校级展评的时间、步骤、要求和成果呈现的形式。展评方案要充分考虑到全员参与,充分突出教育性。

其次,每一层级的展评要有相应的责任人和合作者,分工到人,落实到位,及时上交展评结果。要引导班主任和学科教师将班级展评作为班级建设、学科教学资源开发的重要构成,将展评视为班级、学生和教师发展的重要契机。

最后,展评结果要及时公布,并宣传、表扬典型人物的优秀事迹,注重引领方向,促进活动朝向更高质量的方向发展。以此,助力于学校文化的充实,也为隔代学习的进一步开展及学校的可持续发展贡献力量。

拓展思路

由于受到疫情的影响,本次学校展评只能在线上举行,学校公众号的推出也只能以图片和文字材料为主,感染力和影响力或许没有现场展示的效果好。

开学以后,我们试图充分利用这些资源,将其作为"劳动教育资源""思想政治教育资源""中华民族优秀传统文化教育资源"等,发挥其在综合实践活动、学科教学等方面的育人价值。

虽然这次疫情让学校展评受到了影响,但也为我们开展隔代互学打开了新的思路。原来由于祖辈远离学校,无法来到学校现场展示,我们一直无法展开针对祖辈学习结果的评价。但这次学生展评在线上的顺利开展,为我们后期如何通过网络开展祖辈的学习评价提供了参考和实现的可能。

如何组织全校学生开展隔代互学的网上交流活动？

陈亚兰*

2020年初，新冠肺炎疫情暴发，龙虎塘实验小学的线下活动被迫取消。如何维系家庭、社区和社会的联系成为事关学生发展的现实问题。在此需求下，一个由学生发起，家委会组织，各年级学生、家长自愿加入的"你好，寒假！——线上玩伴QQ群"应运而生。家长、学生、教师等主体充分利用网络平台的支持，组织了多项玩伴团活动，吸引了全校近80％的学生入群参加，这为隔代互学项目的交流搭建了校级平台。

案例呈现

学校隔代互学的线上交流活动，分三个阶段组织和开展。

一、发出隔代互学的倡议，为活动开展做准备

龙虎塘实验小学地处常州城乡接合部，近60％的学生来自江苏省内其他城市以及江苏省外城市，这部分学生大多又来自农村。寒假中，很多学生需要回老家，这为祖孙互学提供了有利条件。为了挖掘更多隔代互学的优质资源，并将其推广，我们于2月6日在群里发出"倡议"，以简洁明了的方式点明了隔代互学项目的育人价值，并计划邀请本项目的领衔人丁小明副校长组织活动，鼓励学生和他们的爷爷奶奶或外公外婆一起参与隔代互学。倡议书一经上传到群里，瞬间收到了很多家长在第一时间发出的"参加活动"的回复。

---

* 江苏省常州市新北区龙虎塘实验小学。

二、有序组织、推进线上隔代互学的交流

丁小明副校长为了激发更多学生打开"话匣子",提供了丰富的隔代互学信息和资源,激发学生和家长在隔代互学中创生出新的资源,并采用"线上话题式聊天"的方式组织学生和祖辈展开隔代互学。

话题一:"隔代互学,你从祖辈那里学到了什么?"

关于从祖辈那里学到了什么的话题,学生们非常踊跃地做了在线发言。归纳起来看,有学做家乡美食的,如包饺子、做春卷、炸肉丸、做馒头、竹筒饭、冬瓜糖、做大饼、包馄饨等;有学做农活的,如挖笋、择菜、拔萝卜、烧火、挑担、耕地、上山砍柴、采茶等;有学习一技之长的,如书法、剪窗花、编织、做灯笼、京剧脸谱、钓鱼等;还有学习计量工具和家乡话的,如认识电子秤、传统秤,学打算盘,学说高淳话、福建话、学唱摇篮曲等(见图1)。

图1　祖辈教孙辈除草、写书法、织手套

丁小明副校长在线逐一点评了同学们的发言,并启发孩子们拓展思维,向祖辈学习地方戏曲、地方传统游戏以及自制玩具,或向祖辈学习节气知识、积累农家谚语等。

话题二:"隔代互学,你教了祖辈什么?"

隔代互学项目的最大价值在于通过祖辈和孙辈之间的相互学习、相互润泽、相互启发,在增长知识与技能的同时,增进情感交流。孙辈对于自己要教的内容具有更强的发言欲望,有教祖辈语言的,如讲普通话、背英语单词、唱英文歌等;有将自己的兴趣爱好教给祖辈的,如弹吉他、跳舞、剪纸等;有教祖辈使用智能手机的,如微信支付、网上购物、视频通话等;还有的教祖辈做现代美食、玩现代游戏等(见图2)。针对此次疫情,还有孙辈教祖辈如何正确佩戴口罩、如何正确洗手等。丁小明副校长对上述孙辈教祖辈的内容予以称赞,并引导同学们继续思考,在这个防疫的特殊时期还有哪些内容可以教给爷爷奶奶、外公外婆。

学生的思路由此被打开,有的说:"可以给爷爷奶奶科普新型冠状病毒的预防知识,做到不信谣、不传谣";有的说:"可以教爷爷奶奶垃圾分类的方法,树立保护自然环境的意

识"；还有的说："可以和爷爷奶奶一起上网搜索古今中外人类历史上遭受病毒侵害的故事，从而重新认识生命、认识自然。"

图 2　学生教祖辈使用手机、电脑、剪纸

话题三："你和祖辈在相互学习中收获了什么？"

当谈到隔代互学收获的时候，学生的感悟非常丰富。与祖辈互学共玩游戏的学生说："爷爷奶奶谈到他们的游戏时，脸上都挂着幸福的笑容，仿佛回到了几十年前一样。"跟祖辈学做美食的学生则收获了一项又一项制作美食的新技能，体会到了祖辈平日的辛苦和不易。其他许多学生对此也表示深有感触。隔代互学不仅让孩子们学会了许多有用的本领，还加深了他们和祖辈的感情。

此外，有一部分学生通过隔代互学，发现祖辈就是身边博大精深的"知识库"，自己不知道、不会的，他们几乎都知道；倒是一些自己习以为常的事物，他们有时不太了解，这正是和祖辈开展互学、互进活动的好时机。还有学生发现一个特别有意思的现象，爸爸妈妈向爷爷奶奶、外公外婆传达现代社会的信息技术的时候，祖辈通常不太愿意听，但是当孙辈教他们的时候，他们却很乐意接受。

在与孙辈交流之后，有的祖辈也进行了发言。比如，他们觉得孙辈可以做"小老师"，把学到的知识教给他们，这令他们感到十分自豪；又如，祖辈运用孙辈教给他们的手机使用方法，给生活带来了诸多便利。还有的祖辈认为，隔代互学使他们感受到了诸多来自孙辈的乐趣，好像自己也回到了儿时一般，并且不再觉得自己老了、不中用了。

另外，有两位学生的父辈家长也根据隔代互学的情况做了具有代表性的交流。他们觉得老年人具有一定的学习能力，愿意学习新知识、了解新事物；孩子们从隔代互学中学到了老一辈人吃苦耐劳的精神和品质。此外，他们还认为，有效的隔代互学能够让孩子和老人共同进步，这才是隔代互学的根本目的。大家的发言，让我们充分感受到了隔代互学的温暖，充满了前行的力量。

话题四："面对疫情，我们可以怎样展评？"

往年的期初展评均采用学生现场展示的方式，呈现出资源丰富、直观可感以及现场体验等特征，是一个具有综合教育空间的"学习场"，能够引发学生、教师、家长之间的深入学习、充分交流和理解。

由于疫情的原因，这学期我们无法开展期初的线下集中展评活动，那采用什么方式进行展评才能够充分挖掘隔代互学的意义呢？在丁小明副校长的引导下，学生、父辈家长和祖辈在线展开了积极的讨论。在"你一言、我一语"的相互启发和思维碰撞中，大家形成了两点共识。第一，在班级群里，基于绘画互学的基础，借助美篇分享，进行初步评选；第二，在班级初评的基础上，在全校群里进行展示、相互学习，吸引更多同学与祖辈参与隔代互学。

三、及时提炼、总结，推广隔代互学的有效经验

怎样有效开展隔代互学活动呢？丁小明副校长组织大家及时梳理和提炼了隔代互学的实践经验。

对于互学的双方主体来说，大家总结了三个小妙方。一是"慧"欣赏，择对象。隔代主体可以借助家长和学校的力量，收集和挖掘资源，确定究竟是与家里的祖辈或亲戚互学，还是与邻居、老年大学的老年人互学。二是善发现，明内容。祖辈和孙辈要善于发现彼此的长处，提前商量各自感兴趣的内容，确定好隔代互学的时间和规则。三是勤鼓励，乐收获。祖孙对双方教学的内容要及时指导与评价，适当激励，并及时总结收获。

对于学校来说，要有长程意识和成果意识，将教师、学生和祖辈的互动、学习过程及成果发布在校园网和学校公众号上，并第一时间将其转发到全校群、校级家委会群、各班级群，鼓励家长、教师在朋友圈积极转发。通过这样的方式让更多孙辈和祖辈加入隔代互学项目中，创造更多祖孙间的幸福生活。

原理解读

疫情防控期间，超长时间的居家生活为隔代互学提供了时机。其中，一部分三代同堂的家庭开展了隔代互学，但也有部分祖孙同住的家庭没有开展隔代互学活动。此外，还有部分家庭由于祖孙没有居住在一起而难以开展隔代互学活动。

基于此，我们采用网上交流和学习的方式，组织孙辈和祖辈开展隔代互学，并在过程跟进、结果评价等方面及时了解疫情之下全校学生开展隔代互学的情况。通过交流与沟通，我们带动了越来越多的家庭开展隔代互学活动，营造了良好的家庭学习氛围，推动了隔代互学项目的纵深发展。

网上交流不受空间和地域的限制，具有独特的优势，既能最大程度上实现隔代互学内容的丰富性，也能发挥隔代互学资源辐射的及时性，更能将隔代互学拓展为多代互学，促进家庭成员之间交互学习关系的形成。

与此同时，我们也需看到借助网络开展隔代互学活动的不足之处。首先，受到隔代互学内容和参与者表达能力、时间等因素的限制，教师难以让所有参与者畅所欲言。其次，由

于祖辈和孙辈在家学习的设备条件及现代化信息水平的限制，很难完全呈现隔代互学过程中的丰富样态。最后，网络交流对组织者的要求比较高，需要组织者提前通过问卷调查等方式了解隔代互学的现有资源和存在问题，以确保隔代互学的高效、顺利开展。

并非所有家庭均有意愿和能力开展隔代互学活动，因此建议教师在组织网络隔代互学时，可以根据孙辈、祖辈、教师、父辈家长等的互动情况，选择"隔代互学种子家庭"，以其榜样作用带动尚未开展隔代互学的家庭参与进来，同时拓宽思路，为隔代互学中可能存在的困难提供支持和帮助。

除此之外，教师作为隔代互学活动开展的引领者、组织者、协调者、推进者等，需根据隔代互学活动的实际开展情况，进行问卷调查，以应对隔代互学中的突发问题，促进隔代互学活动的有序、顺利运行。

温馨提示

在面向全校组织隔代互学网络交流活动时，有四个必要条件需要提前考虑。

一、以自主、自愿作为加入隔代互学平台的基本原则

为了激发群内成员的正能量，教师要尽量借助学生和家长的力量建群，并以学生和祖辈为主体来组织活动，教师作为参与者、指导者，要鼓励更多祖辈和孙辈自主、自愿加入隔代互学活动。

二、充分发挥"种子家长""种子家庭"的榜样作用

从隔代互学活动开展的历程来看，"种子家长""种子家庭"是隔代互学的引领者，是促使更多祖辈和孙辈参与隔代互学的辐射者。班主任在设计隔代互学活动时，应选择积极、有潜力的家庭作为"种子家庭"，鼓励其分享隔代互学开展的经验和心得，为其他想要开展隔代互学活动的祖辈和孙辈提供参考。

三、创建平等发言、遵守公约的隔代互学交流群

为了保证网络交流的有序开展，也为了尽可能让更多学生发言，在隔代互学活动开展前，教师首先要指导学生调试好网络设备，并确保安全、适切的学习环境。其次，需要组织孙辈和祖辈共同制订群内发言公约。如视频通话时学生不要频繁走动；发文字或图片时，避免使用重复的表情符号或相同观点；学会倾听，发言时尽量表达清楚、完整；让所有参与

的学生有充分表达的机会,避免出现少数学生频频发言的现象。

四、以评价促进隔代互学活动的更新和完善

组织者在必要时刻应及时评价,发挥评价的改进功能。比如,在隔代互学渐入佳境进入精彩时刻时,教师要及时肯定和赞赏;当隔代互学陷入困境或僵局的时候,教师要及时指引和帮助,善于以提问的方式指引学生和祖辈在思考中形成新的思路;当隔代互学走向混乱无序时,教师要及时提醒和纠正;当发言仅限于某个年级或某些学生时,教师要注意兼顾交流的平衡。当然,在隔代互学活动结束后,教师要联合祖辈、孙辈以及父辈家长等及时总结、评价,提炼隔代互学中的亮点和价值,发挥其改进、完善的导向功能。

拓展思路

组织全校学生开展线上隔代互学交流活动时,我们建议分类指导。分类的目的是在类比中发现共性和个性。既可以按照祖辈教孙辈的内容来分类,也可以基于孙辈教祖辈的内容为分类依据。在分类进行指导时,可合理运用隔代互学中的照片、美篇以及视频,或是祖孙合作现场介绍、现场教学等方式,促使学生和祖辈关注学什么、教什么,让大家理解应该怎样学、怎样教,以及怎样解决隔代互学中的问题等。这样的指导,更为细致,也更具有实操性。

QQ 群视频通话、腾讯会议以及腾讯课堂等不仅可以用来分享和指导隔代互学项目的实施过程,还可以用于学期初全校性的隔代互学成果展评。教师应根据隔代互学的展示内容,合理选择展示形式,将隔代互学的目的、过程和成果有序呈现,发挥展评对于促进隔代互学活动再发展、再创造的功能。

如何在社区开展隔代互学的展评活动？

徐青莉[*]

笔者所在班级已经开展了隔代互学实践活动，并且效果明显。如何将隔代互学的成果展现出来，增强祖辈和孙辈的文化自信心，成为隔代互学发展中需要继续思考的重要问题。笔者认为，可以借助"社区文化中心"的平台，将隔代互学成果予以推广，让更多居民，尤其是老年人了解到隔代互学的价值、过程等，使他们以积极主动的姿态加入隔代互学活动中，既为学生营造一个健康积极的学习环境，也引领社区居民树立终身学习的意识。

案例呈现

在寒假即将结束之时，笔者设计并在全校发放了泉溪镇中心小学隔代互学项目参与情况调查问卷，旨在了解本校学生和其祖辈在前期"隔代互学"项目中的参与情况。此次调查，共发放问卷 1523 份，回收问卷 1347 份。结果显示，全校共有 638 个家庭参与了"隔代互学"项目的实践，占全校总人数的 42%。之后，学校"隔代互学"研究小组进一步围绕隔代互学主题开展了"劳动实践""互联网＋""语言类"等 7 个子项目的研究。有了前期基础，笔者对参与隔代互学活动的学生发放了第二次调查问卷，进一步了解隔代互学的推进情况，为收集优秀的隔代互学成果和后期展评做准备。部分项目调查情况如表 1 所示。

表 1　泉溪小学隔代互学基本情况（部分）

学生	项目	孙辈向祖辈学习的内容	祖辈向孙辈学习的内容	展评方式设想
六(1)班孔同学	居家实践	做豆腐、做肉圆、整理衣柜	使用烤箱做烤鸡翅	实物展示、学习美篇
六(1)班徐同学	居家实践	跳垃圾分类操	垃圾分类知识	表演、小报

* 浙江省武义县泉溪镇中心小学。

（续表）

学生	项目	孙辈向祖辈学习的内容	祖辈向孙辈学习的内容	展评方式设想
四(2)班 徐同学	传统文化	剪纸	认识新型激光雕刻剪纸	实物展示
二(1)班 卢同学	互联网＋	第三年龄学堂中的"用彩泥做小指套"	在不同网站搜索信息学习	实物展示
四(1)班 周同学	中西合璧	认识生活中的草药	现代就医流程	操作视频、图片
二(6)班 张同学	家乡文化	土家族赶年活动	拍摄家乡宣传照片、视频	视频、照片

通过对各班"隔代互学"开展情况的调查，我们了解到许多孙辈、祖辈、父辈家长以积极的态度和行为参与了此项目的运行。但是，隔代互学的交流范围仅限于家庭内部，尚未出现跨越家庭交流隔代互学成果的情况，这极大地影响了隔代互学成果的传播。因此，研究小组决定，利用泉溪镇社区文化中心开展"春满乡社，互学共进"活动，展评隔代互学项目中的优秀成果。

一、筹划隔代互学展评活动，鼓励主动认领项目

"春满乡社，互学共进"活动共设"关注热点""亲近传统""走进现代"三个项目，学生和祖辈以自主报名的方式，先在班级内部进行初选，然后进入学校层面予以展评，最后基于学校搭建的资源平台，在"宣传部""策划部""公关部"等多个部门的协同下开展隔代互学展评活动。

以"亲近传统"项目为例，首先，将"亲近传统"项目的内容通过家长群告知家长，由学生和祖辈共同商讨拟参与的内容和展现形式，并向班级提交意向书。然后，学校召开部门讨论会，制订具体的活动方案，填写"部门活动书"。

"策划部"根据活动的目标及内容，从各班提交的意向书中挑选合适的项目参与展评，并制作隔代互学项目展评活动的总方案。"宣传部"制作宣传海报，发放宣传单或以短信、美篇的形式在学校及各村进行活动宣传。"公关部"以电话、发邀请函等形式邀请专家和伙伴参与到项目中来，并争取学校、社区、家庭等的多方支持。"保障组"负责各项物资的协调，保障活动的安全、有序推进。"报道组"负责采集活动前、活动中、活动后的资料、照片等内容，撰写新闻报道、制作活动美篇，对展评活动进行宣传。

二、推进隔代互学成果展示，促进展评活动顺利举办

（一）关注热点

我们结合"垃圾分类""五水共治""蓝天工程"等热点话题，以一个学生带动一个家庭的

形式开展隔代互学活动,助力乡村建设。通过调查问卷得知,很多祖辈不知道如何进行垃圾分类。由此,我们鼓励学生以隔代互学的方式在家庭内开展"说一说""分一分""赞一赞"活动。活动展评过程采用静态和动态相结合的模式,项目组根据事先策划好的方案,结合现实情况开展动态性的展评。"宣传组"在展示前和祖辈一起自制宣传展板,并发放宣传单。"表演组"在舞台上展示垃圾分类歌、垃圾分类操以及小品等节目,动态宣传垃圾分类的相关热点知识(见图1)。"实践组"设立体验专区,邀请广大村民参与模拟垃圾分类,提高居民的环保意识。"展示组"展示老人教给孩子的变废为宝的小制作和小发明。

图1 "垃圾分类"宣传与节目表演

(二) 亲近传统

活动前,学生们整理和收集了在隔代互学活动中创作的剪纸、书法作品。在展评活动中,将上述作品予以展示(见图2),并通过社区服务中心进行义卖。同时,搭建体验平台,邀请社区居民体验剪纸项目,由祖辈或学生教广大居民剪纸,传播中华传统文化;此外,我们还以写对联为契机,带领居民近距离感受乡村楹联文化、书法艺术(见图3)。

图2 展示剪纸、书法作品　　　　图3 村民体验写对联

（三）走进现代

活动前,学生去本市医院体验现代化的就医流程,并拍摄视频,制作了简易版的"就医流程图"。展评活动中,学生将"视频"和"简易版的就医流程图"相结合,向老人以及其他居民讲解就医流程,并现场指导居民体验网上预约挂号,帮助老年人利用现代技术快速就医。祖辈也可带上日常可见的草药,向孩子们讲解药性和用途,让更多的人了解草药的价值,感受医学就在身边的氛围。

三、设计隔代互学的评价维度,反思并提高活动的效益

隔代互学活动的评价方式具有多元化的特征,包括"自评""互评"和"他评"。其中,自评指的是祖辈和孙辈对隔代互学的三个维度进行自我评价。互评指的是祖辈和孙辈在互学过程中对彼此的评价。他评指的是除祖辈和孙辈之外的其他评价者,如家庭其他成员或者参与展评活动的其他居民对祖辈和孙辈进行的评价。评价方法,主要从祖辈和孙辈在隔代互学过程中的参与程度、对互学内容的掌握程度以及展评过程中呈现出来的整体效果三个维度,进行五个层级的评价(见表2)。

表2 "春满乡社,互学共进"活动评价

评价方式	评 价 内 容		
	互学过程中的参与态度	互学内容的掌握程度	互学效果的整体呈现
自我评价	□很好　□较好　□一般　□较差　□很差	□很好　□较好　□一般　□较差　□很差	□很好　□较好　□一般　□较差　□很差
互学互评	□很好　□较好　□一般　□较差　□很差	□很好　□较好　□一般　□较差　□很差	□很好　□较好　□一般　□较差　□很差
他人评价	□很好　□较好　□一般　□较差　□很差	□很好　□较好　□一般　□较差　□很差	□很好　□较好　□一般　□较差　□很差

四、社区助力展评活动效果的扩大,彰显隔代互学的特色和价值

开展隔代互学活动以来,孙辈从祖辈那里学习到了很多技能,并从中体会到了快乐;祖辈基于孙辈的成长感受到了自我存在的价值,了解到了社会上的最新信息,从而促进了家庭成员间的沟通交流,提高了家庭教育的实效性。

此次展评活动中,我们将社区作为隔代互学展评活动的大平台,筹划了形式多样的展评活动。学生和祖辈带着互学实践中所习得的知识和技能,走进社区进行宣传、教育,与社区居民互学共进,带动了全民终身学习的发展。

此次活动充分挖掘和融合了学校、家庭与社区的教育资源，既发挥了三者在教育中的独特作用，也形成了家、校、社"三位一体的教育合力"，让学生和祖辈能够在快速发展的社会大环境中学习，培养了孙辈的社会责任感，并使之运用所学，反哺祖辈、家庭和社会。

原理解读

笔者所在学校位于工业区，外来人口居多，不同的文化风俗和传统技艺聚集于此。因此，搭建社区展示平台，有利于交流展示、文化共享。

据笔者调查，在新时代乡村振兴的大背景下，我县加快了"社区文化中心"的建设步伐，目前为止共有130个村建成了社区文化中心，这意味着每个乡村的居民都会拥有娱乐、学习、交流以及展示的场所。

"隔代互学"是学生和祖辈之间的一种新型学习方式，以双向互动填补隔代教育中的单向传输，为学生营造了一个健康积极的学习环境，也有助于引领祖辈树立终身学习的意识。但是，隔代互学不能仅限于家庭成员之间，需要走出家庭，建立展示隔代互学成果的多元平台，以此扩大隔代互学的价值和意义。

就此次隔代互学展评活动而言，笔者于2020年3月10日向我校638位参与隔代互学项目的祖辈发放了"乡村老年人特长"的调查问卷，截至3月11日，共回收问卷486份。问卷显示，在我校参与隔代互学项目研究的祖辈中，无特长的占43.5%，有语言类特长的占8.6%，有表演类特长的占15.3%，有文化类特长的占5.3%，有手工类特长的占12.1%，有技能类特长的占15.2%（见图4）。

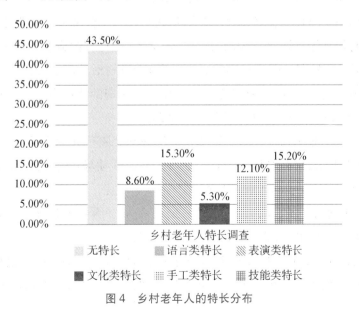

图4　乡村老年人的特长分布

于是,笔者向有特长的祖辈发放了第二份关于"乡村老人才艺展示"的调查问卷。结果显示,21.3%的祖辈有过才艺展示的经验,65.4%的祖辈从未有过展示经验,10.3%的祖辈偶尔展示过才艺,3.0%的祖辈曾经与孙辈有过同台展示才艺的经历。由此可见,祖辈参与才艺展示的机会并不多,有与孙辈同台展示经验的更是微乎其微(见图5)。

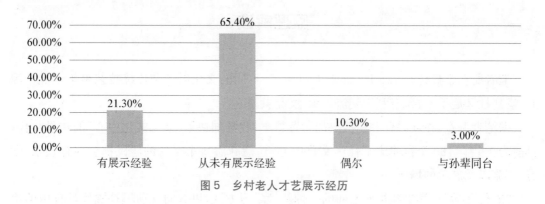

图5 乡村老人才艺展示经历

从图5数据可以看出,很多乡村老人虽然具备一定的技艺和才能,但是没有展示自我、影响他人的有效平台。因此,我们拟通过开展一系列的隔代互学活动,联合村、社区、学校等,探寻一种适合隔代互学成果展示的方法,为老年人学习和展示才能提供更多可能。

温馨提示

在社区开展隔代互学的展评活动,需要注意以下四点。

第一,要充分考虑和挖掘学生的自主性,促成相关部门的成立。由学生根据自己的特长自主报名参与相关部门的活动,组织召开部门会议,制订部门方案。教师基于实际情况给予适当指导,明确各部门的职责。如"策划部"负责策划活动,"公关部"负责前期外联部门的协调和邀请,"宣传部"负责前期的活动宣传以及后期的活动报道等。总之,各个部门要各司其职,协同开展有助于学生全面发展的部门活动。

第二,对于"外联部"的工作,建议先在学校层面确定隔代互学活动需要搭建的资源平台,由学校出面与相关部门、社区进行联系、沟通,确定活动场地等;在此基础上,学生再与社区等部门形成联系,确定活动时间,完成现场布置等事宜。

第三,建议调动父辈家长的力量,请其协助祖辈、孩子开展隔代互学活动,如帮助祖孙制作可视的隔代互学成果,以及为隔代互学的评价提供支持等。

第四,建议教师以教育者的专业姿态和身份介入隔代互学活动的全过程,比如在外出宣传、节目展演、场地布置等环节分派一名教师,确保隔代互学活动开展及展示的安全与有序。

拓展思路

隔代互学存在多种展评方式，比如表演、展板、实物、图画、摄影、活动日记、活动记录、手抄报等。此次"春满乡社，互学共进"活动，主要采用了表演和体验的展评方式。但是，并非所有的隔代互学项目都适用此种展评方式。应该根据隔代互学项目的性质、内容等，选择动静结合、线上线下结合的多元化展评方式。

除了社区文化中心之外，我们还可以利用更多的社区资源，并以传统节日、社区活动等为契机，联合社区、社会等开展综合性的展评活动。比如，我们可以将书法、剪纸、小报等作为静态的隔代学习成果在社区（村）老年活动中心进行展示，还可以利用一年一度的镇"百花会"、社区"重阳节"等重要节日开展舞蹈、小品等动态的隔代互学成果展示。

笔者所在的学校是乡镇小学，孩子们祖辈的知识水平普遍较低，很多人缺乏对现代技术的运用能力，因此比较强调以线下的方式为主开展隔代互学的成果展评活动。相较而言，城市小学，孩子们祖辈文化水平较高，因此可以鼓励和组织他们借助现代信息技术，比如运用"直播""融媒体"等，开展更多形式的展评活动，以此来拓宽隔代互学的展评渠道。

第四篇　隔代互学项目的拓展

如何从一个班的隔代互学推广到一个年级、一所学校？

丁小明[*]

2019 年 1 月，江苏省常州市龙虎塘实验小学在华东师范大学李家成教授的指导下，由笔者率先在本班开启了隔代互学项目的研究。如今，此项目研究已经从一个班走向了一所学校，又从一所学校走向了多所学校。本文主要讲述的是如何将隔代互学项目从一个班推广到一个年级、一所学校。

案例呈现

由于中国社会现实和传统文化的双重影响，隔代教育已成为当代中国日益普遍的社会现象。中共中央、国务院于 2000 年 8 月出台了《关于加强老龄工作的决定》，指出要重视发挥老年人的作用，坚持自愿和量力、社会需求同个人志趣相结合的原则，鼓励老年人从事关心教育下一代，传授科学文化知识，开展咨询服务，参与社会公益事业和社区精神文明建设等活动。

事实上，隔代教育自古以来就以一种自然天成的状态存在于每个家庭，而且一老一小的生活、学习状态直接影响着整个家庭的和谐稳定，进而影响社会生态的发展。那么，是否有一种形式可能促进祖辈与孙辈在交往中共同学习、相互学习，并通过相互影响而更好地促进双方的发展呢？

在此背景下，2019 年 1 月，"隔代互学"项目正式在龙虎塘实验小学成立，并以四（7）班为试点开展了以家庭为基础的隔代互学活动。在之后的时间里尤其是在寒假中，孩子和老人开展了丰富多彩的隔代互学活动。

2019 年 2 月，首次隔代互学成果展示在班级举行（见图 1）。此次展评，笔者邀请了家长

---

* 江苏省常州市新北区龙虎塘实验小学。

一起来参加并担任评委,评选出了 30 名"隔代互学"金牌、银牌和铜牌学员。不论是从活动开展的过程来看,还是最后的奖评方式来谈,这都是一次非常成功且十分有意义的活动。家长们在看到孩子和老人的学习成果之后,高度认同隔代互学的价值,并增强了后期要继续开展隔代互学的信心和决心。此外,2019 年暑期开展的隔代互学活动,其成果更加丰富多彩,这让笔者有足够的勇气和信心对外展评。

图 1　基于班级的"隔代互学"成果展评

一、建馆体验,班级展示

2019 年 9 月,龙虎塘实验小学暑期"幸福作业"期初展评活动如期举行,本次展评每班设立一个"主题开放馆"。为了促进全校师生、家长对这一项目的充分了解,笔者所在班级设立了"隔代互学体验馆"(见图 2),面向全校师生和社区、社会人士开放。

图 2　面向全校的"隔代互学体验馆"

本次展评一共分为 4 场,每场有 10 名学生上台展示,展示时间为 15 分钟,观众体验时间为 15 分钟,每场接待观众 50 人,凭学校事先发放的参观券进场。结果,场场爆满,共接待教师、学生、家长、社区人员、社会人士 200 多人。

孩子们通过现场展评呈现隔代互学的学习成果,而诸多老人由于路途遥远等,主要通过视频方式向观众展示,本次视频展示共有 10 位老人参加。

从展评现场来看,孩子们看得津津有味,学得乐不可支,从祖辈身上学到的本领又可以传授给其他同学,让各地的多彩文化在这里汇聚、交流和传承。家长、社区人员和社会人士也都为此纷纷点赞,认为这个活动很有价值。"隔代互学体验馆"的展示增进了教师、学生、家长对这个项目的了解,点燃了各班开展"隔代互学"的热情。

二、抓住节点,年级推进

学期初展评结束不久,就迎来了"重阳节"。"重阳节"是三年级的特色活动,这个节日刚好在国庆长假中间,孩子们足足放假八天。如何利用这个长假开展富有意义的"重阳节"活动呢? 学生发展处召集三年级全体教师进行商量,决定利用这个假期在三年级整体推进"隔代互学"活动。

此次活动主要包括三大系列活动:节前,各班邀请祖辈们来校参加"隔代互学,爱在重阳"系列活动之一的"做重阳糕,品祖孙情"。孩子们向老人介绍"重阳节"的来历和各地习俗,老人们教孩子做"重阳糕"。

节间,孩子们观察、记录祖辈一天的工作,并撰写感想。作为家庭中的"小主人",跟祖辈学买菜、做饭、扫地和洗碗,教祖辈有关"重阳节"的唐诗,以及做"国学操"等。

节后,各班邀请祖辈一起来参加以"隔代互学,爱在重阳"为主题的总结班会(见图 3)。通过现场汇报、视频展示和现场采访,我们发现隔代互学的研究意义和价值在不断扩大。祖辈们说:"自从开展隔代互学活动以来,孩子们不再任性,不再娇气,也不再对我们乱发脾气了,变得懂事、孝顺,爱帮我们做家务了。"而孩子们也说:"从记录爷爷奶奶一天的生活中,感受到了爷爷奶奶的辛苦,从向他们学习的过程中体会到了洗衣、做饭、买菜、拖地并不是一件容易的事,以后要多帮助爷爷奶奶做家务,多孝顺他们。"我们通过"隔代互学"惊喜地发现,孩子们眼中的"尊老爱老"不再仅仅停留在口头上,而是真正地付诸行动了。

图 3 "隔代互学,爱在重阳"主题班会及评课

三、整体策划，全校启动

从一个班级到一个年级的试点成功，让我们更加有底气和自信在全校推广。

2020年1月，当又一轮学生寒假生活即将开启的时候，学校将"隔代互学"项目纳入"你好，寒假!"幸福作业的整体策划之中（见图4），并分别针对班主任、家长和集团教师召开了现场培训会（见图5）。通过笔者的回溯与展望，教师和家长们清晰了"隔代互学"项目的研究历程和发展路径，并从序列化的研究中理解了此项研究的深远意义。

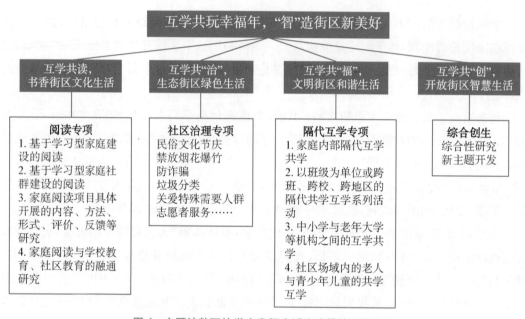

图4　主题统整下的学生寒假生活实践模块思维导图

图5　面向班主任、家长、集团教师的"隔代互学"项目培训

我们以一、三、五年级必做,二、四、六年级选做的方式进行首次全校性的推进,各班可以自由选择隔代互学的形式、内容,如家庭内的隔代互学,跨班级、跨年级、跨区域的隔代互学,小学与老年大学等机构之间合作开展的隔代互学,以及社区场域内老人和青少年儿童之间的隔代互学等。展评方式上,在开学后对必须开展活动的年级进行资源整合、分类、分场馆予以展评;对于有选择性开展活动的年级而言,则只需在班级展评即可;如有特别精彩的班级展评成果,可以根据类别推荐到相应的场馆进行展评。最后,针对获评"隔代互学金牌学员"的学生和老人,我们会在"开学第一课"上颁奖,并面向全校师生展示他们在隔代互学中的风采。

至此,"隔代互学"完成了从一个班到一个年级,又从一个年级到一所学校的蓬勃发展。

原理解读

首先,任何一项重大改革,都应在小范围试点成功后再推广。因为没有实践就没有发言权,没有成果就没有说服力。要让相关利益主体看到教育改革前后发生的可喜变化,让更多的学生、家长、教师等体会到改革的成果,才能促使其深刻地明白改革的价值和意义,由此吸引更多关切教育的人投入改革中来。

其次,任何改革都不能冒进,要循序渐进。只有一步一个脚印,改革才能走得稳、走得好,最后才能取得成功。班级是年级的基础,基于年级的隔代互学又为学校层面隔代互学的开展提供了保障和支持。

最后,要抓住节点,利用契机,适时推进。就开学初的展评而言,要让全体师生感受到"隔代互学"项目给学生带来的成长和变化,感受到此项目的意义和价值。就"重阳节"来说,其是推进隔代互学的契机,利用其本身蕴含"尊老爱老"的传统内涵,及时开展"隔代互学"活动就显得十分贴切而有意义。到了寒假,新一轮的"你好,寒假"幸福作业策划启动,面对"回家过年"的中华民族传统文化,"隔代互学"给家庭带来新的变化和新的意义,借此契机推广隔代互学自然水到渠成。

温馨提示

首先,要选择一个家校关系良好的班级作为试点。"隔代互学"是发生在家庭内的一种学习活动,良好的家校关系才能推动此项活动的顺利开展。良好的开端是成功的一半,只有试点班级成功了,活动才有向前推进的可能。

其次,试点班级的教师要有敏锐的科研意识和指导能力。活动前,要充分发挥问卷调查的作用,尽可能全面地了解不同主体对隔代互学的认识和理解,做好宣传、发动工作。活动中,教师要随时关注隔代互学的开展情况,及时予以精准指导;活动后,教师要组织隔代互学的参与者、协调者和支持者等及时总结得失,辐射学习成果的影响范围和深度。

最后,隔代互学的推进过程肯定会遇到挫折和困难,但信心和勇气非常重要。例如,有人会质疑:隔代互学问题是社会问题,是小学教师应该管的吗?孩子在小学阶段应该学好基础知识和基本技能,开展这样的活动有什么意义?教师的教育教学工作已经非常繁忙,哪有时间做这种跟自己专业发展不太相关的研究?邀请老年人走进课堂,和老年人一起联欢,舞台成了老年人的舞台,这对于学生有什么发展?有什么促进作用?面对这样一系列的质疑,我们不要惊慌失措,也不要生气或气馁,而是要借助展评,借助学生的表现和家长的评价,让教师们看到隔代互学项目的研究成果,体会到项目研究的意义和价值。

拓展思路

从一个班到一个年级,再到一所学校,一步一个脚印,扎扎实实地向前推进。建议在参考我校全面试点成功的基础上,分别召开教师动员会和家长动员会,在大会上宣传我校对于隔代互学的做法,或可一步到位,直接进行校级层面的研究。

当然,也可以基于"城乡联动"的方式,开展跨区域的隔代互学。整个学校都开展起来了,今后我们项目研究的发展方向又将走向哪里呢?我们设想,是否可以用"城乡联动"的思路,联手乡村,走进乡村,开展跨区域的隔代互学活动,让孩子们将在城市学校中的所学与乡村建设相结合。

事实上,2020年的1月18日,龙虎塘实验小学已经进行了尝试,开展了走进溧阳深山沟民俗文化村的隔代互学活动,受到了当地村民的一致好评。2020年暑假,我们组织了30户家庭再次走进溧阳深山沟,一个家庭牵手一位"留守老人",深入开展隔代互学活动。让乡村更美丽,让乡村老人更幸福;让孩子爱上乡村,长大后愿意回到乡村、建设乡村。而这,正是"隔代互学"项目研究的意义和价值之一。

此外,还可以开展一个家庭带动一个乡村的隔代互学。2020年寒假,笔者组织家长开展了《学习型社会建设背景下的寒假学习共生体研究》一书的班级共读活动。其中,一位家长在看到"家校共建乡村学生家庭小书房"时,情不自禁地发出了感慨:"这位老师做得太好了,乡村实在是太需要改变了,尤其是学习意识的改变!"结合我们正在开展的"隔代互学"活动,她打算在2020年的暑假,和孩子一起回到老家策划一场全村人的共学互学活动,可能是"乘凉晚会",也可能是"朗读大会"。此想法令我眼前一亮,这为我们后续开展隔代互学研究提供了一条新的思路,也为班级、校级群里的家长做出了一个充满生机、凸显生命的好榜样。

如何开展不同年级间"大手拉小手"的隔代互学活动?

张惠芳*

在终身教育视角下,如何借助学生的寒假生活推动学生、家长、教师的发展? 如何在教育实践活动中实现学生、父辈家长、教师以及祖辈的多方参与,促成不同主体之间的共学互学? 如何将学校组织的多个主题活动综合融通? 笔者所带的班级现处于六年级,在2020年的寒假里,我们开展了隔代互学活动。当看到班级孩子和老人的隔代互学成果时,笔者也在不断地思考一个十分重要的问题,即如何将隔代互学这个有意义的活动辐射到其他班级、年级? 基于之前学校开展的"大手拉小手"系列主题活动,笔者尝试将其与隔代互学活动形成关联,并进行了积极切实的探索。

案例呈现

一、多方动员,达成协议

在隔代互学活动开展之前,教师需要事先通过调查了解高年级段孩子的分享意愿和低年级段孩子的学习意愿。在"我乐教、你乐学"的基础上开展活动,才能够达成相对理想的效果。此外,更重要的是,还需要了解低年级段孩子祖辈的参与意愿以及他们的参与热情,毕竟之前尚未开展过此类活动,祖辈可能因对隔代互学活动的意义及目的不理解而产生抗拒的心理。为此我们设计了以下几份调查问卷。

---

* 云南省昆明市西山萃智御府学校。

"大手拉小手"隔代互学调查问卷
（六年级学生）

1. 你在假期是否与祖辈开展了隔代互学活动？

A. 是　　B. 否

2. 在此次隔代互学活动中，你学习的是哪类知识或技能？

A. 家务类　B. 美食类　C. 年俗类　D. 语言类

E. 艺术类　F. 种植类　G. 其他（请注明）_____

3. 在此次隔代互学中，你有什么收获？（请简要概述）

_____

4. 如果一年级的弟弟妹妹邀请你们带领他们一起开展隔代互学活动，你是否愿意？

A. 愿意　　B. 不愿意

"大手拉小手"隔代互学调查问卷
（一年级学生）

1. 你的祖辈（爷爷奶奶、外公外婆）是否与你们一起居住？

A. 是　　B. 否

2. 如果学校开展隔代互学活动，你是否愿意参与？

A. 是　　B. 否

3. 如果学校开展隔代互学活动，你是否希望六年级的哥哥姐姐来给你们做分享和指导？

A. 是　　B. 否

4. 如果学校开展隔代互学活动，你可以教祖辈什么类型的技能？

A. 语言类　B. 体育类　C. 艺术类　D. 手工类　E. 其他（请注明）_____

5. 如果学校开展隔代互学活动，你最想向祖辈学习什么类型的技能？

A. 家务类　B. 美食类　C. 年俗类　D. 语言类

E. 艺术类　F. 种植类　G. 其他（请注明）_____

"大手拉小手"隔代互学调查问卷
（祖辈）

1. 您在下面哪个年龄段？

A. 50—60 岁　B. 60—70 岁　C. 70—80 岁　D. 80—90 岁

2. 您曾经的职业是什么？

_____

3. 如果学校开展隔代互学活动，您是否愿意与孩子一起参与？

A. 是　　B. 否

4. 如果学校开展隔代互学活动,您可以教孩子哪些类型的技能？

A. 家务类　　B. 美食类　　C. 年俗类　　D. 语言类

E. 艺术类　　F. 种植类　　G. 其他(请注明)＿＿＿＿＿＿

5. 如果学校组织成立"隔代互学社团",您是否愿意到学校来向更多孩子分享？

A. 是　　　B. 否

二、"大手"规划,制订方案

笔者所带班级为六年级,在此之前也开展过"大手拉小手"的主题活动。如"大手拉小手"岗位初体验,"大手拉小手"眼操我来教等。另外,笔者所在年级在五年级下学期时,已经初步建立了年级活动策划组。经过一年的历练,这部分孩子已经有了一定的活动策划能力。因此,此次活动依然由活动策划组的孩子们负责策划。

首先,开展一次"我们的隔代互学成果"展示活动,展示方式可以选择情境再现、视频分享、图片讲解等。在隔代互学成果的展示过程中,适时关注一年级弟弟妹妹的反应和感兴趣的程度,从他们的表现中获悉他们对哪类隔代互学活动最感兴趣。

其次,通过问卷调查了解一年级孩子的祖辈可以提供的隔代互学内容。在此基础上成立"你帮我学团",形成帮扶结对的隔代互学模式,由六年级的各"帮帮团"对一年级的各"学学团"进行指导、监督和适时评价等。

最后,根据一年级孩子的学习需求、兴趣及其祖辈可提供的隔代互学内容,我们共同制订"学学团"隔代互学计划表。计划表要明确隔代互学活动的开展时间、开展目的、互学要求、呈现方式、参与人员对应的活动内容,以及每个小组的负责人等。

三、"小手"投入,探索实践

方案指导和计划表作为"学学团"互学活动的开展依据,一年级孩子可以据其利用每天放学后的时间或周末与祖辈进行隔代互学活动。在实践过程中,六年级"帮帮团"可以通过建立微信群、钉钉群或者小黑板 APP 等方式指导低年级弟弟妹妹进行活动打卡、活动改进和活动提升等监督跟进工作。当然,整个过程中,班主任也可协同其他教师及时介入,帮助六年级孩子做出正确的指导,也保证一年级孩子在实践的过程中能够安全、有序地开展隔代互学活动。

首先,根据方案指导,一年级的孩子们会根据学习需求和兴趣爱好加入不同的"学学团",与相对应的"帮帮团"建立微信群,在"学学团"实践的过程中,若遇到棘手问题,可实时在群里向"帮帮团"咨询。

其次,"学学团"每周五晚上在群里分享自己与祖辈互学的图片、视频或感受,由"帮帮团"进行评价。

最后,在假期结束返校后,"学学团"要开展成果汇报,届时会邀请"帮帮团"一起参与评价。

四、"大小合力",多维评价

这里的评价指的是采用线上、线下相结合的方式及时对隔代互学活动进行的多维度评价。具体包括教师针对一年级学生的实践和六年级学生的指导作出客观评价,"帮帮团"对"学学团"进行评价,"学学团"之间相互评价,"帮帮团"之间相互评价,祖辈对孙辈的学习表现进行评价,孙辈对祖辈的学习表现进行评价以及其他参与隔代互学活动的相关人员对自我、他人以及活动本身的评价等。多维评价对于隔代互学活动的发展、改进等起着重要的推动作用。

在评价的时候,我们可以更多地立足于赞美的立场,对于学生来说,教师的赞美、同伴的肯定及祖辈的认可就是他们将活动继续做好的动力;对于祖辈来说,自己得到孙辈的赞美以及自己的孙辈得到大家的赞美都是他们继续陪伴孙辈开展隔代互学活动的动力(见表1)。

表1 "大手拉小手"隔代互学活动评价

评价维度	自我评价	组内互评	他人评价
参与度	☆☆☆☆☆	☆☆☆☆☆	☆☆☆☆☆
学习力	☆☆☆☆☆	☆☆☆☆☆	☆☆☆☆☆
耐心度	☆☆☆☆☆	☆☆☆☆☆	☆☆☆☆☆
学习成果	☆☆☆☆☆	☆☆☆☆☆	☆☆☆☆☆

五、总结提升,相约再出发

每一次开展隔代互学活动都会有收获,也会有不足。在此次"大手拉小手"的隔代互学活动之后,我们及时对活动中的亮点与不足进行了归类分析,做了经验的提炼和总结。基于学生、家长和教师们的反馈,此次活动充分锻炼、发展了高年级学生的策划能力和领导能力,也在活动中渗透了低年级学生岗位实践及岗位评价的部分内容,更拉近了一年级孩子与祖辈之间的亲近感。根据此次隔代互学活动积累的诸多经验,六年级学生可以继续开展与"大手拉小手"相关的其他主题活动,一年级学生也可以将隔代互学活动以长程系列化的方式持续推进。因此,我们相约在暑假来临之际,继续拓展隔代互学活动的内涵、方式、渠道以及评价等。

原理解读

在寒假期间,笔者通过问卷的方式,调查了学校各班隔代互学活动的开展情况。结果显示,全校 17 个教学班中有 11 个班级已经不同程度地开展了隔代互学活动,另外 6 个班级因为各种原因还未开展(见图 1)。

您所教班级是否开展了隔代互学活动? [单选题]

选项 ⬦	小计 ⬦	比例
是	11	64.71%
否	6	35.29%
本题有效填写人次	**17**	

图 1 全校各班级隔代互学开展情况

未开展隔代互学的原因主要有以下五个方面。第一,新教师不知如何在假期中跟进隔代互学的开展;第二,大部分孩子长时间与父母一起生活,与祖辈相隔较远;第三,由于疫情影响,孩子无法回老家与祖辈一起过年;第四,部分父母对于隔代教育存在一些偏见;第五,教师不知道如何将隔代互学与"你好,寒假!"等其他活动综合融通。

与此同时,为了促进隔代互学活动在全校其他班级得到有序、顺利的开展,笔者通过问卷了解到了上述未开展隔代互学活动班级的想法及其未开展活动的原因。实践表明,"援助"是推动这些班级积极参与隔代互学的有效方式。也即,其他已经开展过隔代互学活动并有所成果的班级,以"大手拉小手"的形式对他们进行帮扶。

笔者所在学校一直坚持围绕"岗位建设""大手拉小手""校园四季""经典诵读""家校合作"这五大主题,开展丰富多彩的学生活动。然而,很多时候,活动的开展呈现出点状且分散的特征。比如,做完一个活动之后,还没来得及认真、系统地总结,便要投入另一个主题活动的设计、组织。因此,这样的活动开展缺乏系统、整体的思考。

再加上班主任日常工作复杂而琐碎,既要应对来自学校的上情下达,又要面对学生个体的下情上达,还要不断接受来自家长的教育诉求。这样的繁忙往往使班主任失去了反思、省察的时间与契机[①],也使得很多班主任视学生工作为教学外的"负担"。所以,如果能将学校设定的不同主题活动进行点线链接,以线汇面,并予以综合融通、长程系列化的设计,不仅能够减轻班主任的部分压力,还能在活动中挖掘出独特的育人价值。

跨班级、跨年级的交往活动,一方面有利于扩大教育资源,促进学生的社会性发展;另

---

① 张聪. 认同危机何以发生——基于班主任日常工作的思考[M]//李家成,熊华生. 中国班主任研究(第二辑). 上海:上海交通大学出版社,2019:39.

一方面有利于降低教育重心,发挥学生间的群体教育价值。同时,还可以研究不同班级、不同年级学生发展之间的差异与联系①。此外,教师应当适当鼓励学生设计和策划隔代互学活动,充分采用学生发展的视角来挖掘和呈现隔代互学中的可能问题,并通过学生与教师、祖辈的合作,培养和训练学生的技能,帮助他们建立社会责任感,培养他们的领导力和创新力②。

温馨提示

开展不同年级间"大手拉小手"的隔代互学活动,需要注意以下几个方面。

首先,教师要对高年级的隔代互学展示资源进行把关,选取具有指导意义和代表性的材料予以展示。在成立"帮帮团"小组时,教师要充分考虑学生的主动性、差异性和潜在性,尽量让每个组的力量均衡,或者根据"学学团"的学习内容进行有针对性的分组。同时,也要特别注意引导高年级学生继续参与隔代互学活动,这样他们就不会仅停留在帮助者的角色上,而是有可能从低年级学生开展的隔代互学活动中获得意外发现。

其次,对于"学学团"的互学计划表,要充分考虑低年级段孩子的年段特点、成长需求和综合能力等,尽量制订出令他们感兴趣、易操作的活动内容。比如,玩游戏、学方言、做运动等。要相信低年级学生也具有一定的主动性和创造性,教师不能替代学生的自主参与、思考和体验。

最后,活动过程中一定要适时作出评价,以此激励高年级段孩子的指导热情和低年级段孩子的实践热情,更要肯定祖辈的参与。比如,在首次开展隔代互学活动时,需要拍图片、视频进行分享,有些祖辈可能会显得拘谨;还有的祖辈对隔代互学活动重视不够,觉得没有什么意义,与其做这些活动,还不如让孩子上培训班。因此,我们必须通过活动前期的宣传,以及活动过程中的跟进评价,让祖辈明白隔代互学项目本身的价值和祖辈参与的个体意义。

拓展思路

第一,可以尝试发动本年级内其他班级一起将班级的优质资源向其他年级辐射,助力全校开展"你帮我学团",实现多元融合、综合提升的效果,并将"大手拉小手"与隔代互学等其他主题活动综合融通,将其做成我校的特色活动。

① 叶澜,张向众."新基础教育"研究手册[M].福州:福建教育出版社,2015:252.
② 李家成,郭锦萍.你好,寒假!——学生寒假生活与学期初生活重建[M].北京:北京大学出版社,2018:99.

第二,可鼓励、带领孩子走入社区,将"大手拉小手"的隔代互学向社区、社会机构等单位辐射,以扩大学校教育资源的效益,促进学校与社会在互通、交流与沟通中实现共生共长。

第三,在学生活动的重建中,可考虑采取学生论坛的工作方法,从学生的立场出发对活动进行总结,并进一步挖掘适切的学习资源,协助学生在总结和展示中提升自信心、表达力和领导力①。

① 李家成,郭锦萍. 你好,寒假! ——学生寒假生活与学期初生活重建[M].北京:北京大学出版社,2018:99.

隔代互学如何为学期初的教学活动做准备？

李远兰*

2020年寒假，笔者所在班级的学生参与了形式多样的家庭隔代互学和社会隔代互学活动，一方面拓宽了祖孙的生活圈，另一方面让学生充分认识到了知识的价值与学习的意义。延期开学后，孩子们积极参加网课学习和家庭自主学习，也在隔代互学中渗透学科知识，开展了线上线下丰富多样的学科游戏与活动。这些隔代互学活动点燃了祖孙共学的热情，也为孩子们学期初的学习做了充分准备。

案例呈现

2020年1月10日，笔者对班级中55个家庭做了隔代互学情况的问卷调查，了解了学生与祖辈共学互学的大致情况。调查结果显示，跟爷爷奶奶一起居住的学生占9.09％，和外公外婆一起居住的学生占3.64％。同时，笔者也了解到本班已经开展了20多个隔代互学项目。包括孙辈教祖辈使用微信、学英语、读古诗、讲故事等，以及祖辈教孙辈做家务等生活本领。祖辈和孙辈之间的相互学习成为家庭日常生活的常态。

疫情居家学习期间，祖孙之间开展了多学科融合的隔代互学活动，为新学期的"学会学习"做了直接准备。

一、多学科融合的隔代互学活动直接与新学期学科学习相勾连

多学科融合的隔代互学活动是学生与祖辈在生活性的隔代互学基础上的新尝试和新探索。从生活中的成语游戏到英语单词接龙，从茶余饭后的交流到班级网络接龙游戏，都深得祖孙喜爱。

---

* 广东省阳江市阳东区东城镇中心小学。

2020年3月27日，笔者对隔代互学情况进行了第二次问卷调查，聚焦"你与祖辈开展了哪些互学活动"这一问题。通过调研发现，家务劳动技能占比最高，达到76.36%；语文写作、阅读和听说占34.55%；音乐类的隔代互学占29.09%；数学日记，如测量记录、计算、创设教具学具占27.27%（见图1）。这说明，孩子们结合学科开展的隔代互学活动，极大地丰富和拓展着隔代互学的内涵和外延。

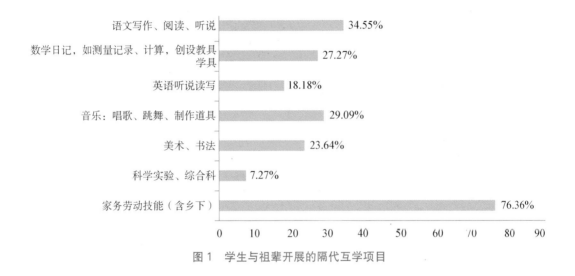

图1　学生与祖辈开展的隔代互学项目

（一）网络接龙丰富了祖孙的词汇量

网络成语接龙游戏，是笔者所在班级学生结合学科创设的游戏项目，并且孩子们已经玩得非常娴熟了。开展隔代互学活动后，孩子们自然而然地将祖辈带进了"网络学习圈"。于是，学生一边答题，一边跟帖，爷爷奶奶在一旁跟着读，尤其是"歇后语接龙"，祖辈、孙辈都产生了较为浓厚的兴趣。此外，"单词归类接龙"，如食物、植物、动物、季节、心情、运动、娱乐、基数词、序数词等的归类接龙更加吸引老少两代人的参与，从传统的词语到网络新词，内容不断得到拓展与延伸（见图2）。

经过一段时间的学习与练习，笔者所在班级形成了多个隔代互学的特色小栏目，有成语接龙、巧对歇后语、诗句对对碰、爱读书单、英语单词接龙等（见表1）。这些特色小项目的形成，让学生的家庭学习气氛变得更加浓郁。比如，每次参加接龙，谭同学家都犹如进入了一场家庭全员大比拼。妈妈负责拍照和录像，爸爸查资料，爷爷奶奶与谭同学对着电脑屏幕答题。比赛结束后，谭同学常常会整理比赛词汇，摘录学习，再一次巩固新词和好词，为下一次的比赛做准备。从前期查阅资料、祖孙交流练习、全家总动员，到最后的复习梳理，都是在学生自主学习和隔代共学的基础上进行的。

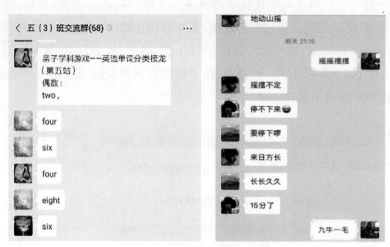

图 2　英语、语文的线上接龙比赛

表 1　隔代互学中的"接龙驿站"(部分)

日　期	内　　　容	科　　　目
2 月 9 日	两字、四字词语	语文
2 月 10 日	单词末字母接龙	英语
2 月 11 日	数学日记计算题	数学
2 月 12 日	巧对歇后语	语文
2 月 13 日	基数词、序数词、奇数、偶数	英语、数学
2 月 14 日	奇数、偶数的特点	数学、英语
2 月 15 日	成语趣解、有趣的成语加法	语文、数学
2 月 16 日	做家务的单词、词组	语文、英语
2 月 17 日	探究长方体的特点、计算表面积	数学、语文、美术
2 月 18 日	意思相反的四字词语	语文
2 月 19 日	动物、十二生肖、月份、季节等	语文、数学、英语等
2 月 20 日	描写抗疫英雄的句子、喜欢看的书目	语文
2 月 21 日	与娱乐、运动相关的中英文单词、词组	语文、英语、体育

(二)隔代互学促进了孙辈数学思维的发展

进入 2 月份,数学趣题和难题成为笔者所在班级隔代互学的"重磅"项目,这是学生自主开发的"数学思维系列"练习题。比如,"丈量生活"栏目组发出召集令,号召祖孙一起测量各类物品,进行快速计算和比较。于是,有同学测量了《现代汉语词典》和《英语词典》,教师引导他们计算长方体六个面的面积总和。这既巩固了长方形的面积计算公式,又迁移到下学期新课"长方体的表面积计算方法"。

接着,有学生与祖辈画出立体图形继续研究,总结出规律,又通过微课传授给全班同学,成了出色的"网络微课老师"。比如,雅雯同学与外婆参加测量和计算比赛,两人合作用卷尺测量客厅的长与宽,雅雯同学教外婆看卷尺、读数,再快速地准确计算出客厅的面积。舅舅帮忙拍摄隔代互学的视频,并上传到班级微信群里,同学与祖辈们参考她们的视频进行了学习,让雅雯同学与外婆对隔代互学及其成果很有成就感。又如,浩然同学与外公创造性地采用竹子做成了正方体框架,学习使用外婆的老式布尺测量正方体的棱长,为今后学习"体积和体积单位"作了铺垫。再如,庆杰同学与爷爷用麻将摆图形,为学习"观察不规则图形"做准备。上述隔代互学从生活技能扩展到学科知识,达到了化抽象的数学思维为直观的数学图形的效果(见图3)。

图3　数学类隔代互学项目

在以上隔代互学活动中,学生与祖辈共同创新测量工具,在制作和测量过程中互相学习,共同发现问题和研究探索。这样的合作激发了学生分析问题、解决问题的能力,促进了学生数学思维的发展。

(三) 隔代互学提升了祖孙的听说读写能力

英语类隔代互学是祖孙较为喜欢的项目。英语口语交际与作文互相融合,可以提升祖孙的听说读写能力。比如,学生使用英语采访祖辈,祖孙俩翻阅影集回忆往事。孩子们向祖辈传授英语单词和句式,在认真记录和梳理的过程中,也提高了综合运用语言的能力。

"快乐的周末时光"是孩子们最期待的"祖孙学习时光"。例如,彩瑜同学跟着妈妈到乡下跟外婆学包粽子、烧大灶,同时教外婆如微波炉、洗碗机等家用电器的英文表达方法;语菲同学跟着外婆学做饭、炒菜,还学习了种花生和捡辣椒,同时教外婆简单的英文打招呼用语;展硕同学在向爷爷学种菜和摘菜的同时,也将自己知道的蔬菜英语单词传授给爷爷(见图4)。多彩的素材,丰富的假期生活,成为孩子们写日记、写作文的重要内容,更成为他们假期生活的美好记忆。

图4　快乐的乡村互学项目

（四）祖孙将艺术融入共学互学当中

祖孙一起宅家学习艺术技能，互相鼓励和督促，拓展了新的学习空间。如兰珺同学每天教奶奶跳拉丁舞；宏坤同学和外公跟姐姐学习弹钢琴，祖孙三人一起练习毛笔字；庆杰同学跟爷爷学做小鼓，并上网查找乐谱，然后祖孙一起练习节奏，敲响了宅家的新乐章（见图5）。一家人互学共学，其乐融融，将生活中的自娱自乐拓展为共学项目，使居家生活变得丰富而有意趣。

图5　祖孙互学书法和音乐

二、隔代互学直接为学期初的教学活动做准备

祖辈与孙辈借助不同学科的特色，开展的形式多样的隔代互学，不仅促使学生在活动中形成了主动思考、积极实践的习惯，而且激发了其独特的学习力、研究力和创造力。

（一）隔代互学培养了学生的综合能力

在开展线上、线下隔代互学活动时，每位学生都积极投入前期策划、中期实践和后期展评中。在这样的学习过程中，学生不仅丰富了知识，还提升了自身的综合能力。例如，在2月9日20:00—20:40的接龙比赛中，同学们就将原定的亲子比赛调整为多代互学项目。因为这是全家人在一起读书的时间，这样的游戏能促进家庭阅读。祖辈们的加入不仅激发了孙辈的学习热情，还进一步提升了祖辈们的自我认可度，为后续的家庭学习与交流奠定了良好的基础。

（二）隔代互学使学生变得更加主动、自觉

3月27日，笔者利用问卷星再次调查了开展隔代互学后祖孙的相处模式。对比活动前后的调查数据（见图6），笔者发现两代人的相处关系变得更加融洽了，而这样的改变源于隔代互学的开展。

图6 孙辈与祖辈在隔代互学前（左）后（右）的关系变化

一方面，在隔代互学中，学生经常会引导祖辈参加活动，这个过程让他们慢慢地理解祖辈，了解了老年人的心态，并有兴趣、有信心教祖辈具有时代性的知识和技能；另一方面，学生在向祖辈传授本领的过程中，也开始对学习、终身学习等产生新的理解和认识。比如，自从承担"小老师"的工作后，同学们对待学习变得主动起来，有的学生制订了每天的学习时间表，按时上网课和完成作业，逐渐形成了良好的学习状态；有的学生为了能更好地传授本领给祖辈，开始主动搜集资料和完善资料。

（三）隔代互学帮助学生充分认识到了学习的意义

在隔代互学过程中，孩子们发现，就算面对非常简单的知识，祖辈们也总是非常认真地学习，一个成语念好多遍，一个故事反复读，真正投入学习当中。祖辈身上所特有的精神，如对知识的虔诚、对读书人的敬重，让学生深切地感受到了学习的意义。许多学生表示，要向祖辈们学习，学习他们的韧劲，学习他们对待知识的态度。

（四）隔代互学帮助学生养成了良好的生活习惯

祖辈长期养成的生活习惯也会影响孙辈。比如，双方约定每天7:00早读，祖辈就会按时起床，做好与孙辈共读的准备。在责任感和使命感的驱使下，孙辈也会主动早起，带着祖辈们一起学习。所以，祖辈早睡早起的生活习惯、朴素的生活方式，不断地教促孙辈改变，促使他们养成良好的生活习惯，与下一阶段的学习和生活相衔接。

原理解读

寒假期间的家庭隔代互学活动,促使祖孙在各自的角色上发生了巨大转变。祖辈由原先的"监工"身份转变为"学习者"和"传授者"。由于责任感和使命感的驱动,孙辈从"被动的学习者"转变为"主动的指导者"。这样的"身份转变"充分调动起了学生对学习的积极性,对于新学期的学科学习起到非常大的促进作用。

同时,多学科融合的隔代互学活动促使学生尽可能去提升自己学科知识综合运用能力,拓展学习方式,运用多种实践学习的能力。其中,自主学习的意识、能力和良好的家庭学习氛围为隔代互学打下了良好的基础,同时为学生保持良好的学习状态提供了保障。

学生假期中开展的学科类隔代互学,为教师新学期的教学工作带来了新方向和新内容,便于教师制订有针对性的教学计划,从而更好地开展教学工作。同时,这样的学习是融合在生活中的,是多学科交融的,是持续影响后期学科学习的,是具有问题解决与项目综合特征的[1]。

温馨提示

多学科融合的隔代互学与开学初的教学活动在教育理念上是一致的,因此,在实施过程中,班主任要做到以下几点。

第一,与各学科教师建立起广泛的联系,让学科教师参与到学生组织的隔代互学中,给予适当的专业指导、协助与评价。这样的教师合作状态,可以在新学期继续延续下去,从而培育、形成和发展教师团队,保障对学生学习的综合、专业指导。

第二,鼓励孙辈与祖辈积极参与和拓展隔代互学,丰富知识,创新项目,形成综合性的隔代互学新样态。这一状态也将为新学期更高质量的教学工作做好准备。

第三,选择合适的时机指导学生与祖辈有效开展共学互学,如引导他们确定可行的学习目标和有针对性的学习计划,帮助学生以良好的状态进入新学期,助力老年人迈向积极老龄化社会。

拓展思路

首先,教师可根据假期隔代互学情况,结合班级特点,鼓励学生继续开展班级层面的隔

---

[1] 李家成,林进材.学习型社会建设背景下的寒假学习共生体研究[M].上海:上海交通大学出版社,2019:151.

代互学活动和不同家庭之间的隔代互学活动；同时，结合学科特点，指导学生开展阅读、表达和写作类的隔代互学；还可以借助隔代互学训练学生的拓展性思维和实践操作能力。

其次，教师可以借助学校、家庭和社区的力量，将隔代互学融入班级日常实践活动当中。如在新学期开始后，聘请"种子祖辈"作为学校校本课程和乡村生活的指导员，邀请他们走进课堂传授传统技艺。

最后，将多学科融合的隔代互学项目推向社区，形成社区老年人的品牌活动和特色项目，提升老年人的生活品质和文化意识。进而，再通过街道、社区和社会的力量，将隔代互学作为节假日的常态项目，鼓励祖孙互学共学，让"老有所为，老有所乐"的思想深入人心。

如何利用隔代互学促进校园四季主题活动的开展？

亓 岩*　　巴松拉姆**　　杨东丽***

　　隔代互学的资源呈现出类别多、范围广的特征，可以辐射到校园的四季主题活动中。校园四季主题活动，一般以自然季节的变化为主线，让孩子去探索、发现人与自然、人与社会、人与自我的关系。在日常校园生活中，我们可以以中华传统节日、时令节气的自然变化等为切入点开展校园四季主题活动，找到校园四季主题活动与隔代互学生成资源的关联点，形成校园四季系列，进行深入探究。

　　校园四季主题活动的开展，在很大程度上影响了家庭教育的方式与视角，形成了更加和谐的祖孙关系。因此，笔者通过聚焦"隔代互学"与"校园四季"之间相辅相成、相互促进的联系，在假期里引领学生开展隔代互学活动，以促进校园四季主题活动的创新与发展。

案例呈现

　　2020 年的寒假前夕，笔者学校四年级组确定以"隔代互学"作为"你好，寒假！"项目的实施主题。

一、挖掘隔代互学资源，辐射校园四季系列活动

　　活动前，为了提高家校之间的合作力度，年级组以调查问卷、班会活动等形式引导学生制订了个性化的"隔代互学计划"。

　　在查看孩子们上传的美篇、图片、视频后，笔者发现许多技能可以结合学校四季主题活

＊ 云南省昆明市西山萃智御府学校。
＊＊ 云南省昆明市西山萃智御府学校。
＊＊＊ 云南省昆明市西山萃智御府学校。

动,采用"以点带面"的方式扩大影响面,发挥祖辈优秀传统技艺的育人效果。

例如,包饺子、做汤圆、做八宝饭等制作的都是具有代表性的传统美食,可以把它们放到传统节日或者节气时令的大背景中,让孩子们探讨传统美食背后所蕴含的文化意义。

在家务劳动方面,有捡柴、贴春联、钉纽扣等,"钉纽扣"可以借助重阳节敬老活动,让孩子们给自己的祖辈帮忙穿针钉纽扣,以此宣扬孝顺、艰苦朴素的中华传统美德。

在技艺学习方面,有写毛笔字、剪纸、下棋、画国画等,可借助六一儿童节活动,开展"琴棋书画"大赛,让孩子们和祖辈一起参加比赛,既发扬了传统,又增进了孩子和祖辈间的情谊。

以上每一个学习内容,都可以细化到每周主题班会活动中,携同校园四季活动,发挥隔代互学成果的最大优势。

二、在聚焦"春分"中融入隔代互学

叶澜教授指出:"尽管我们不去过每个节气的'节',但他们的'节'语,充满着中华民族的诗情和智慧,是祖先留给我们的最重要的馈赠。"[①]在抗击新冠肺炎疫情的特殊时期,在教育部"停课不停学"的号召下,3月20日春分这天,四年级组以"隔代互学"为依托,采取同主题、异形式的方式,开展了"校园四季"系列活动。下面将以春为例详述"春分知识,知多少"和"春分报到,春菜香飘"两个主题活动。

(一) 春分知识,知多少

在以隔代互学为主题的"你好,寒假!"项目研究期间,孩子们在2月4日立春这一天,向祖辈了解了一些关于春天的知识和习俗,为本次春分活动做了前期铺垫。

为充分调动学生的积极性,笔者事先调查了学生参与活动的意愿,最终决定以"知识竞赛"的方式开展。在每个小队领取春分知识竞赛活动任务之后,孩子们再次找到祖辈了解有关春分的知识,然后结合自己在网络上查阅到的关于春分的由来、谚语、养生知识及习俗等,分工合作确定了本次活动的具体主题。

活动过程中,学生们从"一年之计在于春,一日之计在于晨"这句谚语进入"春分知识,知多少"的竞赛活动,课堂上学生们积极答题,踊跃补充各种相关知识。

在了解春分习俗的过程中,根据活动需求,全班分为六个小队,每个小队都给自己定了队名。"龙猫小队"的孩子们看到"春分到,蛋儿俏"这句俗语后,不理解其含义,于是向祖辈求教。祖辈们对此的说法是,民间认为春分是十分吉祥的日子,这一天阴阳平衡,万物皆可立,如果鸡蛋能够竖起来,那就表明这一天达到了阴阳平衡的状态。如此立蛋就成了春分节气的活动和习俗,也就有了"春分到,蛋儿俏"的俗语。

---

① 叶澜. 人间"节"语[J]. 人民教育,2015(1): 74.

为了证实这一说法的真实性,孩子们主动跟父母交流,然后查阅相关资料进行论证。如有的同学找到了一个较为"科学"的说法,春分这一天,南北半球昼夜平分,呈66.5度倾斜的地球地轴与地球绕太阳公转的轨道平面处于一种力的相对平衡状态,同时地球的磁场也相对平衡,鸡蛋也就有可能竖立起来了。

也有同学认为,选择的鸡蛋的形状十分重要,要尽可能选择一头大、一头小的鸡蛋以使其重心较低,放置鸡蛋的时候手要尽量平稳,这样更有可能成功把鸡蛋竖起来。还有的同学谈到,根据天文专家对自然世界的研究,鸡蛋可以在一年中的任何一天竖立起来,而且立稳的鸡蛋在没有任何干扰的环境中可以一直保持竖立的状态。

课后,孩子们把自己查到的与立蛋相关的知识科普给了祖辈,其中杨同学在立蛋前和祖辈进行了合理分工,考虑到自己缺乏挑蛋的经验,他请祖辈帮他挑选了适合的鸡蛋,自己完成了鸡蛋图案的绘制,然后用科学的方法和祖辈一起完成了立蛋活动,最后将立蛋照片发送至群里。祖孙们还用投票的方式评选出了自己心中"最俏的蛋"(见图1)。

图1 "竖蛋"活动

本次活动不仅使祖孙了解到了更多关于春分的知识,还加强了孩子们查阅资料的能力,同时祖辈们陈旧的迷信观念也因此得到了破除和更新。而这,充分体现了祖孙双方相互学习的价值和意义。

(二) 春分报到,春菜香飘

在借力"你好,寒假!"项目研究助推"隔代互学"活动的开展中,"美食制作"为本次春分活动增添了无穷的乐趣(见图2)。

为了增强隔代活动的互动性,在活动正式开展前,笔者鼓励学生自愿报名,与自己的祖辈合作完成一道"春菜"制作的视频录制,作为范例教程。共有三人参与了这次活动。其中,昕颜同学制作的春菜菜品为"凉拌香椿"。她事先主动向奶奶请教如何备料和制作,并用心做笔记。同时,她教奶奶利用手机拍摄制作"凉拌香椿"的过程。从最后提交的视频来看,昕颜同学在制作过程中不仅手法娴熟、有条不紊,还非常清晰完整地解说了制作的

图2 做春菜场景

全过程。殊不知，这套操作，她已经在录制视频前跟奶奶一起演练了四五遍。

随后，到了活动正式开展时，孩子们争先恐后地相互交流与补充，既回顾了语文课上学过的与春天有关的古诗，又初步了解了春分的节气特征、养生之道和民间习俗。由此，自然而然引入了"吃春菜，做春菜"这一环节。

由于采取线上形式开展活动，在祖孙熟悉了众所周知的几样"春菜"后，笔者将前期活动中三位同学制作的视频教程发到班级群内，并提出"你更喜欢谁的视频？为什么？"让孩子们带着思考去对比、发现、学习。

在接下来的交互反馈环节，孩子们总结了前期示例视频的要点。首先，制作前要介绍菜名、食材；其次，制作时要明晰操作步骤且能做到一边操作一边解说，可以请祖辈们进行摄像和辅助操作，并注意安全；最后，请祖辈品尝，给出评价。

然而，对于一些祖辈不在身边的孩子而言，他们与祖辈的互动多是通过网络在线交流完成的，如怎样挑选和清理食材，怎样具体操作等。隔代互动形式因每个家庭的特殊性而千差万别，所以评价内容、方式等也有些许不同。面对面学习互动的祖孙，更倾向于从色香味的角度对美食进行全面品鉴；而通过电子设备进行学习互动的祖孙，更倾向于对美食制作过程以及视觉效果进行评价，距离的阻隔让这部分祖孙没办法一起品尝孙辈制作的"春菜"，但也让他们增加了对彼此的想念之情。

整体而言，此次活动不仅为我们班级的隔代互学增添了浓墨重彩的一笔，同时也为亲子关系、家庭关系的改善带来了意料之外的惊喜。隔代互学使忙于工作的爸爸妈妈对孩子更加放心了，甚至有些家长直接让孩子当起了"一周厨师"，不仅为家里的祖辈们减轻了负担，也让孩子们深刻体会到了祖辈照顾自己生活起居的辛苦。

原理解读

四季主题活动通过班级内、年级内、校内以及家校间的互动，综合融通体育、美术、科学、劳动等学科,把"节气""文化""生活"等元素予以结构化、主题化和序列化,将知识、经验、思维方式、体验等有机结合起来,满足了儿童不同成长阶段的发展需要,并深度挖掘和探究了包含内容习得、文化传承、时代创新等多维度的育人价值。因此,笔者认为,以两者之间的共通之处作为突破口,有助于开展系列化、长程式的隔代学习活动。

此外,随着城市化的推进,很多农村居民来到城市生活,但他们精神深处的根还在乡土,并未完全脱离自然①。西山萃智御府学校地处西南边陲,无论是"坐地户"还是"外来人口",大部分人的故土在地州或省外的农村,而最了解当地乡土四季及乡土风俗之人,当属家里的祖辈。那么,充分挖掘和利用祖辈育人资源,不仅有利于复兴和发扬具有地域特色的中华传统文化,也使文化传承成为一种实践的、生活的活体存在,渗透于每个学生的生活方式、精神生活,成为不可或缺的重要构成。

基于以上分析,四年级以"隔代互学"与校园四季主题活动之间的内在联系为抓手,力图最大限度地发挥祖辈的育人作用,在"隔代互学"中引导祖辈走上积极正确的育孙之路,同时以"隔代互学"促进校园四季主题活动发展,为隔代共学互学提供一条可行之路。

温馨提示

开展此类活动,需要注意以下三点。

(1)筛选内容,找出联系。将学生呈现的隔代互学资源进行筛选、分类,使互学内容指向四季活动,并与四季活动相勾连。

(2)避免点状、叠加、割裂和笼统。设计活动时,切忌因内在关联点的纷繁复杂而进行活动的点状化铺开,要注重结合年段特征,将活动进行纵向延展与规划。

(3)育人价值的双向生成。在深度挖掘四季主题活动育孙辈的同时,也要注重利用校园活动促进隔代互学对祖辈的反向教育,特别关注祖辈的教育理念和教育方式的改进和更新,以及重视祖孙关系的改善。

拓展思路

首先,继春分开展"竖蛋"和"吃春菜"活动后,在立夏时可以用同类结构开展诸如"斗蛋""做立夏饭"的延伸活动,体会祖辈教授传统游戏的乐趣,并结合云南地域特色制作"五色饭",了解其寓意和蕴含的教育价值。

其次,秋分是收获的时节,通过"你好,暑假!"项目研究中关于古诗词的隔代互学,祖辈

---

① 华东师范大学"生命·实践"教育学研究院.校园四季系列活动设计[M].上海:上海教育出版社,2018:51.

们已经掌握了不少有关四季的古诗词，可以在班级内部以小队为单位，邀请祖辈参加"古诗词比赛"。如活动以"飞花令"的形式开展，祖辈们为参赛选手，各小队为外援。这样既融通了学科知识，也考验了隔代互学的成果和质量。

最后，立冬可开展送温暖活动。如各班充分重视部分学生在隔代互学中学到的针织等技能，以班会活动的形式，在班内开展共学互学针织的活动，鼓励学生为自己的祖辈织围巾，并在寒冷的冬至为祖辈献上自己的爱心。

如何在学期中继续开展与老年大学的隔代互学？

丁小明[*]

　　隔代互学不仅可以发生在假期内，还可以在新学期开始后，通过中小学与老年大学的合作实现。

　　为了积极应对人口老龄化，建设学习型社会，我国各省市、街道等建立了很多老年大学、老年学校或老年活动中心。笔者所在的龙虎塘实验小学自2019年初开始探索寒假期间基于家庭内的隔代互学研究之后[②]，又继续开展了小学与老年大学两个教育机构之间的隔代互学研究。

案例呈现

　　2019年6月1日和6月29日，笔者组织了两次龙虎塘实验小学与河海老年学校之间的隔代互学活动。第一次是带领班里的孩子和家长体验了常州市河海老年学校的课程（见图1），第二次是邀请河海老年学校的学员来龙虎塘实验小学体验音乐课堂（见图2）。上述

图1　发生在河海老年学校剪纸课中的隔代互学

＊ 江苏省常州市新北区龙虎塘实验小学。
② 丁小明.创生互学共长的隔代教育新样态[J].教育视界(智慧管理),2019(4):33-35.

活动既有隔代互学，又有多代共学的内容，取得了良好的学习效果。孩子们了解了"常州刻纸"的发展历史，学会了刻纸技艺，喜爱上了常州的"非遗"文化。家长们从别样的亲代教育中感受到了要想活得精彩，必须活到老、学到老。老年人从音乐课堂中知道了唐诗不仅可以"吟"，还可以"唱"。从孩子身上不仅感受到了他们自信、大方的风采，还见识到了孩子们身上无限的创造力和表现力。家长、学生和老人都表示受益颇多。

图2　发生在龙虎塘实验小学音乐课上的隔代互学

2019年9月，我校学生与河海老年学校学员本着共同学习、相互学习的意愿和可能，正式开启了基于教育机构间的制度化的隔代互学活动。

一、签订"隔代互学互访"协议

为了表示对隔代互学项目的重视，也为了保证这项活动的有序进行，笔者代表本校和河海老年学校的殷明欣校长于2019年8月份商定了一学期的互学互访内容，并签订了《龙虎塘实验小学和河海老年学校"互学互访"协议书》。协议书规定了双方的职责、要求、互学互访内容和实施保障等。"互学互访"协议书的签订，标志着龙虎塘实验小学的隔代互学研究进入了一个新的里程碑——两个机构间的隔代共学互学活动正式开启。这份协议书的签订也标志着"隔代互学"的活动不断走向规范化、常态化和制度化。

龙虎塘实验小学和河海老年学校"互学互访"协议书

甲方：龙虎塘实验小学

乙方：河海老年学校

一、互学互访职责

1. 双方要认真制订每月"互学互访"活动方案，确保每次活动质量。

2. 双方要认真维持学员上课纪律，爱护对方校园公共财物。

3. 双方要积极宣传每次互学互访活动，积极撰写报道，用公众号或美篇扩大活动的影响力。

二、互学互访要求

1. 双方的授课内容要符合对方的接受能力和兴趣爱好。

2. 双方的授课老师要认真备课,认真上课,教学过程中要精心设计老人和孩子的互动环节。

3. 活动结束后,双方要及时反馈,以便及时调整教学方案,相互促进两校教师的发展。

三、互学互访内容

时间	地点	内容	时间	地点	内容
9月	河海老年学校	舞蹈	11月	河海老年学校	T台走秀
	龙虎塘实验小学	美术		龙虎塘实验小学	常州吟诵
10月	河海老年学校	道德讲堂	12月	河海老年学校	常州非遗
	龙虎塘实验小学	科学		龙虎塘实验小学	音乐
元旦	龙虎塘实验小学	龙虎塘实验小学&河海老年学校元旦联欢活动			

四、实施保障

1. 双方要把两校"互学互访"活动写到学校工作计划当中,确保活动的有序进行。

2. 如果需要材料准备,两校必须提前3天通知对方准备。

3. 为了保障学员路上的安全,必须由老师带队统一前往,并买好保险。

4. 如遇活动改期,必须提前一周通知对方。

甲方签字: 　　　　　　　　　　　乙方签字:

二、有序开展"隔代互学互访"活动

河海老年学校(简称老年学校)与龙虎塘实验小学(简称龙小)根据协议书,将隔代互学互访纳入学校发展和规划当中,每月一次的"互学互访"正式拉开了帷幕,并且活动开展得有声有色。小学生和老年人在龙小或老年学校共同参与课程学习,并在学习过程中相互合作、相互学习。至2020年底,两校已经开展了多轮隔代共学互学活动(见表1)。

表1　龙虎塘实验小学和河海老年学校"隔代共学互学"项目开展活动一览

时间	地点	学习科目	学习内容	学习对象
2019年6月1日	河海老年学校	常州非遗	刻纸	老年学校刻纸班学员 龙小四(7)班学生
2019年6月21日	龙虎塘实验小学	音乐	《登鹳雀楼》	老年学校音乐班学员 龙小四(7)班学生
2019年9月20日	河海老年学校	舞蹈	《小背篓》	老年学校舞蹈班学员 龙小五(1)班学生

（续表）

时间	地点	学习科目	学习内容	学习对象
2019 年 9 月 26 日	龙虎塘实验小学	美术	适合纹样	老年学校美术班学员 龙小四(1)班学生
2019 年 10 月 10 日	河海老年学校	道德讲堂	英雄故事	老年学校音乐班学员 龙小五(2)班学生
2019 年 10 月 25 日	龙虎塘实验小学	科学	运动与呼吸	老年学校太极拳学员 龙小三(6)班学生
2019 年 11 月 14 日	河海老年学校	T 台走秀	少儿走秀	老年学校舞蹈班学员 龙小五(4)班学生
2019 年 11 月 25 日	龙虎塘实验小学	常州吟诵	《论语三则》	老年学校音乐班学员 龙小"常州吟诵"班学生
2019 年 12 月 13 日	河海老年学校	常州非遗	剪窗花	老年学校刻纸班学员 龙小五(3)班学生
2019 年 12 月 27 日	龙虎塘实验小学	音乐	《爷爷为我打月饼》	老年学校音乐班学员 龙小三(1)班学生
2019 年 12 月 31 日	龙虎塘实验小学	"隔代互学暖意浓 老少共迎幸福年""龙虎塘实验小学和河海老年学校共迎元旦联欢活动"		老年学校全体学员 龙小全体师生
2021 年 9 月 22 日	龙虎塘实验小学	语文	《曹冲称象》《四季田园歌》	老年学校学员 龙小二(2)和(8)班学生
2021 年 9 月 30 日	河海老年学校	音乐	非洲鼓表演	老年学校非洲鼓学员 龙小五(1)班学生

从表 1 可以看到,两校协同开展的隔代共学互学活动涉及了音乐、美术、科学、常州非遗等课程,并呈现出上课、讲故事、T 台走秀、手工制作以及联欢等多种方式,可谓是形式多样、内容丰富。

我们具体是怎么开展的呢？ 以"九月互学互访"为例(见图 3),在 9 月的第三周,五(1)班的学生由正、副班主任带领前往河海老年学校,学习民族舞蹈《小背篓》。考虑到学生们没有舞蹈基础,老师提前编排了简单的动作和队形变化。比如,先分解动作练习,动作熟练之后配上音乐连起来跳,然后强调跳舞时的表情状态。随后,孩子们欣赏了河海老年学校舞蹈班的学员们跳舞蹈《小背篓》。孩子们从练习中学会了简单的舞蹈动作,从欣赏中感受到了奶奶们的青春活力和民族舞蹈的艺术美。

到了 9 月的第四周,老年学校美术班的学员在殷校长的带领下走进了龙小的美术课堂,并和四(1)班的孩子们一起上了趣味横生的美术课"适合纹样"。教师用游戏导入的方式激起了孩子和老人探索"纹样"的兴趣。比如,旋转式、离心式、向心式、对称式、均衡式……每一种有规律的重复排列,都让老人和孩子惊叹纹样的节奏美和韵律美。接着,教师拿出一把空白的扇面,当场给学员们进行了适合纹样的示范创作,教师巧妙的构思和精湛的画技,引发学员们的啧啧赞叹。随后,学员们开始自由创作,孩子们心灵手巧,老人们涉笔成趣,不一会儿就绘制出一幅幅精美的乡居村野图、绿柳红杏图、蝴蝶戏舞图、瓢虫蜗居图……然后,教师选取优秀作品上台展示,让他们讲述创作构思。最后,老少学员互赠作品,合影留念。

图3　两校"隔代互学互访"的课堂情景

三、及时反馈"隔代互学互访"信息

为了及时了解两校隔代互学互访的活动效果和双方学员的学习需求,激发双方学员对活动开展的喜爱,也为了有效提升双方教师的课堂教学能力,每次活动结束后,笔者和老年学校的殷明欣校长都会对学员进行问卷调查。

面向学生的问卷,主要包括三个问题。第一,你之前听说过老年大学吗?第二,今天这堂课你有哪些收获或感受?第三,你会推荐你的爷爷奶奶也去上老年大学吗?

面向老人的问卷,涉及以下几个问题。第一,您之前有想过和孩子一起上课吗?第二,上完这节课您有哪些体会和感受?第三,您以后还愿意参加这样的活动吗?为什么?

除此之外,我们有时还会请小学生和老年学员直接撰写学习心得,请他们对教师的课堂进行评价或提建议。这样的反馈和评价,有效地提升了"隔代互学互访"的活动质量。

为了扩大"隔代互学"项目研究的影响力,让更多的教师、学生、家长和社区、社会人士全面了解此项研究的深远意义,学校每次都会把活动报道及时推送到校园网和学校公众号(见图4)。除此之外,两校在共迎元旦联欢活动时,主动联系常州电视台,以及区关工委、区德育处、龙虎塘街道等相关领导参加，项目研究得到了更多部门和更多人的关注和鼓励，进一步推动了项目研究的发展。

图4 "隔代互学互访"活动报道

四、及时总结隔代互学互访活动的成效

龙虎塘实验小学的音乐教师张馨阳反映，"隔代互学"走进音乐课堂，促进了整个教研组教师的专业成长。在课前，教师们认真研课，精心设计"老少互动"环节。课后，教师们得到祖辈和孙辈的反馈意见，再对课程教学进行反思和重建，这加快了教师们的专业成长步伐。老年大学的严卫平老人为了给孩子们讲好自己参加越南自卫反击战的故事，讲稿前后修改了十多遍，试讲了十多遍，从一开始的平淡、冗长，到最后的详略分明、有声有色，进步巨大。

平时，孩子们上课容易走神，但他们看到老人认真听讲学习的样子，马上也跟着专心起来。老少双方在隔代互学共学中表现出来的优秀品质，悄悄地滋养着彼此。与此同时，老人向孩子学习，跟上了时代步伐，加快了与社会的融合，掌握了与孙辈沟通的技巧。孩子在向老人学习的过程中，传承了优秀的地方文化和老一辈人身上难能可贵的精神和品质。两校也从对方的办学思路和办学特色上相互借鉴，取长补短。

2020年1月，笔者对老人和孩子的学习效果进行了问卷调查。结果显示，老人和孩子对隔代互学项目的喜爱程度均达到了100％。有的孩子说："感觉非常好，河海老年学校的老年人就像是我的爷爷奶奶一样！"还有的说："很喜欢和他们在一起，因为可以学到很多有意思的东西!"此外,有老人说:"和孩子们在一起特别开心,看到孩子,我们眼睛就发亮。和孩子们一起上课,让我找回了童年时光,我很喜欢。"还有老人说:"隔代互学是一个创举,老年人和孩子在一起学习,特别开心。我觉得精神状态变好了,人也年轻多了!"

原理解读

"朝向幸福的学习,重建教育的诗意"是龙虎塘实验小学的办学追求,"多力驱动、多环交融"的家校社协同育人模式已经成为学校的特色。

当前,我国正在逐步有序推进学习型社会的建设和发展。学习型社会强调"人人皆学、处处能学、时时可学、事事有学"。

作为祖辈的老人和作为孙辈的孩子,是家庭、社区、社会中稳定存在的群体,他们之间不仅仅存在着抚养关系,还存在着学习关系。因此,促进隔代学习就是在融入学习型社会建设,就是在践行终身学习的理念[①]。

假期里,我校"隔代互学"以家庭内的隔代互学为主。但是,回到学校,远离了祖辈的孩子如何继续开展"隔代互学"活动呢?在学习型社会建设背景下,我们能否创生出一种多主体交互作用、互惠互生的教育形态?

于是,我们开展了和河海老年学校之间别样的"隔代互学"活动,让远离祖辈的孩子同样可以得到关爱,得到参与隔代互学的机会,让城市中的空巢老人能够丰富晚年生活,同样享受到"隔代亲"的天伦之乐。

温馨提示

小学和老年学校开展"隔代互学"活动,第一,要建立在"互惠"的教育理念之上,充分挖掘活动中的育人价值和育人功能,否则推进工作会遇到难以估量的阻碍。

第二,开展这样的活动,首先要取得学校层面的支持。小学校长要有先进的办学理念、改革创新的勇气和长远发展的眼光。如果校长觉得这是额外的事情,与学校教育教学无关,自然活动就很难开展下去。当然,主动去联系一位志同道合的老年学校校长也不可缺少,他要愿意为此项研究共同努力,无私奉献。

第三,老年学校和小学的空间距离不能太远,要考虑双方学员往返路上的安全。建议教师带队,统一前往,确保隔代互学活动的有序开展。

第四,为了保证活动的有效开展,建议学校双方签订一份互学互访协议书,并把制度化

[①] 李家成.隔代教育的实践类型与发展走向[J].教育视界(智慧管理),2019(4):31-32.

的活动纳入学校工作计划。

拓展思路

笔者根据对河海老年学校学员的调查问卷和线上访谈，整理出了今后开展"隔代互学互访"活动的拓展思路，也将在未来进一步实验和推进。

第一，在"隔代共学互学"的活动目的上，不能仅停留在对于知识、技能等的学习，还要提升到整个中华民族的未来发展上来，培养全面发展的公民素养，培养人的家国情怀！

第二，在"隔代共学互学"项目活动的场地上，除了在室内，还可拓展到室外，从学校到社区，从田野到工厂等。

第三，在"隔代共学互学"的内容和形式上，还可更加丰富多样。例如，老人们提出共编一个小品，共读一本书，认领一个奶奶或孙子，开展一对一的结对交流活动等，都是很好的想法。

两个机构间的"隔代互学"活动，让孩子和老人紧紧地联系在了一起。他们的年龄虽然相差半个世纪，却是最亲近的"朋友"。他们虽然没有直接的血缘关系，却是最亲密的"家人"。在这里，世界仿佛回到了最纯真、最美好的样子。

如何将家庭隔代互学拓展为社会隔代互学？

李远兰*

家庭隔代互学具有很强的灵活性和生成性，往往不受时间、空间的制约和限制。社会隔代互学由于学习场地、时间、内容等的不确定性，需要有规划、有组织地开展，同样需要学校、家庭和社会协同推进。

2020年寒假，笔者所在班级以社会隔代互学为重点实践项目，在组织方式、内容、评价和后期拓展等方面做出了一系列的探索和研究。

案例呈现

2019年暑假，笔者参加了义工队与学校组织的"七彩夏日·情暖童心"活动，主要包括"关爱留守儿童""帮扶独居老人"以及"做清洁工"等公益活动。教师、学生、家长、社会老人和志愿者基于上述活动建立了交流、互动机会，促进了多元主体的成长与发展。

为了扩大上述活动的影响力，自2020年1月15日寒假开始，笔者所在班级参加了阳东红日义工队组织的"七彩假期·把爱带回家"公益活动。这次活动将学校、家庭与社会公益组织充分联系起来，协同开展留守儿童与社会老人的隔代互学。在此次活动中，学生、家长、志愿者和老人们用心投入，使多层次的隔代互学研究有了新的突破。

为了促进活动的有序开展，笔者在寒假开始之前的1月10日就对班级内的55个家庭发放了调查问卷，旨在了解学生与祖辈的相处情况，回收有效问卷55份。其中，学生跟爷爷、奶奶一起居住的占9.09%，和外公、外婆一起居住的占3.64%。从已经开展的20多项隔代互学活动的类别来看，大多集中在祖辈教孩子做家务，孩子教祖辈使用微信、学英语以及读古诗等（见图1）。常态化的家庭隔代互学为祖辈和孙辈打开了新的相处模式，也为社会隔代互学奠定了多方面的基础。

---

* 广东省阳江市阳东区东城镇中心小学。

图1 隔代互学内容的词云图

此外,笔者邀请了家委会兰珺妈妈执笔撰写了班级隔代互学方案,家委会"秘书长"拟定了志愿组织活动计划。随后,笔者将两个隔代互学活动方案结合起来,借助学校与家庭、社会组织、乡村街道搭建了跨越家庭的隔代学习平台,有效地推动了社会隔代互学活动的开展。换言之,社会力量、志愿者与学生、祖辈等家庭成员共同推动着家庭隔代互学拓展为社会隔代互学。

一、社会力量带动了隔代互学项目

根据学生年龄特点、祖辈的身体状况以及双方的学习意愿,笔者所在班级家委会于2020年1月15日—19日,组织学生和自家祖辈参加了"七彩假期·把爱带回家"的主题活动。基于对场地的考虑,我们选择在阳东文化馆开展隔代互学活动,并邀请专业的志愿者指导祖孙一起学习用毛笔写字、画画、剪纸等,还开展了弹钢琴、吉他音乐欣赏等艺术类的学习活动(见表1),让学生和祖辈在参与式、沉浸式的情景活动中体验隔代互学、共学的乐趣(见图2)。

表1 阳东区文化馆的隔代互学共学项目

志愿者	内容	自家祖辈的感受	学生的感受
退休教师	学书法、写对联	当学生的感觉真好	老师有耐心,学起来很开心
书法家	学书法知文化	学会了对联的上下联之分	敬佩教书法的张老师
社会机构的老师	画画、手工、剪纸	和孩子们一起学画画、做手工很开心	学会剪纸技巧,能剪出春、福等字
吉他老师	学吉他	第一次认识吉他,很有意思	我也想拥有一把吉他
小吴兄弟	弹钢琴	钢琴的声音很好听	小吴兄弟俩好厉害,我也要学习

(续表)

志愿者	内容	自家祖辈的感受	学生的感受
音乐老师	弹琴、唱革命歌曲	和孩子一起唱歌很热闹	上古筝课好兴奋,不想下课了
书法老师	认识本土对联	既学了知识,又获赠了春联	本地春联题材很丰富

图 2　文化馆中的隔代互学

在社会性的隔代互学过程中,笔者发现有些祖辈由于身体、时间等原因,不便现场参与丰富多彩的隔代互学活动。基于此,笔者建议学生充当"传承小导师"的角色,将自己掌握的技能带回家,当爷爷奶奶的"小老师"。例如,小吴同学教奶奶写毛笔字,从握笔、运笔开始,带着奶奶一笔一画地写。当奶奶把写好的"福"贴在家里大门上时,小吴作为"小老师"的成就感油然而生。随后,他还教奶奶弹钢琴,手把手地教奶奶按键盘。在学习过程中,奶奶感受到了来自孙子浓浓的关爱,十分感动,祖孙关系变得更加亲密与融洽。

由此可见,社会力量在隔代共学互学活动的开展中扮演着重要的角色,他们不仅可以作为专业老师指导参与者学习各种技能,还能为活动的开展提供丰富的资源。显然,这打破了家庭隔代互学仅局限在家庭内部的不足,为隔代互学从家庭走向社会开辟了新的思路。

二、学生的参与拓展了隔代互学项目

2020 年 1 月 20 日,笔者带领班级学生、学生祖辈和热心人士来到那龙镇历屯村开展隔代互学活动。首先,同学们和当地留守儿童结对。在当地"儿童组长"的带领下,同学们走街串巷邀请小伙伴来到集中地点,并邀请乡村老年人一起参加活动。随后,在乡村祖辈的提议下,祖孙一起尝试"荡秋千"。在当地人的示范指导下,学生们放下胆怯积极尝试,真正体验到了运动和娱乐的独特趣味。接着,在当地小朋友和祖辈们的引导下,大家来到了村外的"庄子文化中心",在这里孩子们认真地跟随祖辈学习"庄子文化""阳江风筝"等知识,与祖辈一起看书、做手工、切磋棋艺、讲故事等(见图 3)。

值得关注的是,笔者班的兰珺、子天、吴剑等同学还教当地小朋友们跳舞、练习跆拳道等。老人们专心地欣赏着孩子们的表演,脸上洋溢着幸福的笑容,这让往日寂静的阳江市

图 3　两地儿童与祖辈互学的场景

庄子文化中心变得热闹起来。几位"小教练"商量后决定,以后每个月都要选择一个周末和祖辈一起过来,和这里的小朋友们相互切磋、学习,同时也让自家的祖辈结识到更多不同文化、习俗和生活方式下的老年朋友。

三、志愿者的奉献推动了隔代互学项目

学校教师、大学生、中小学生志愿者、社会公益组织志愿者与种子学生、家长组织的"乡村社区隔代互学共学活动"项目丰富多彩。党员志愿者村委会书记提前与乡村拉二胡高手庄爷爷取得联系,请庄爷爷当天在老年协会教孩子们学二胡,孩子们则教老人学吉他,在互相学习和交流中感受不同乐器的原理和音色(见图 4)。

图 4　在乡村老年协会开展的隔代互学

除此之外,老人们兴奋地讲述着年轻时参加表演的诸多故事,孩子听得非常认真,十分敬佩当年的文艺青年走进乡村、建设乡村文化的勇气。志愿者小吴说:"爷爷年纪这么大了,还能不看乐谱直接演唱,真是了不起!"随后,志愿者们鼓励祖孙共同表演节目,将这次隔代互学活动推向高潮。可见,多主体的志愿者在活动中起到重要作用,他们积极策划、组织、开展活动,使隔代互学的活动气氛变得更加浓郁。

四、多代协同丰富了隔代互学项目

丰富的"社区与乡村协同创生的隔代互学活动"让祖孙收获满满,在孩子和祖辈们的共同邀约下,家中的其他成员也加入了隔代互学活动(见表 2)。

表2　家庭隔代互学项目

学生	父母参与	祖辈教我	祖辈的感受	我教祖辈	我的感受
小吴	协助、拍摄	理发	为家人服务	弹钢琴、学英语、上网课	当老师真开心
兰珺	策划、组织	下棋和书法	传承书法技能	戴口罩、剪窗花、跳舞	当教练真开心
庆杰	拍摄	做玩具鼓	废物利用	使用手机、欣赏音乐	爷爷很好学
小森	指导	做煎糍酥角	孙子总是学不会	学数学、学英语	外婆读得很准确
汉森	指导	使用刀具	笨拙的外孙子	做数学教具	外婆很能干
语菲	协助	种花生等	学劳动技术很不错	讲收割机和插秧机技术	希望祖辈不辛苦
浩然	协助、拍摄	种菜、用杆秤和算盘	养成勤俭节约、爱劳动的好习惯	使用无土有机种植、学防疫知识、做立体绘本	农村自己种的菜很好吃，更放心
宏坤	协助、拍摄	写书法等	没基础，很难教	做防控手抄报、立体绘本	教外公很开心
彩瑜	协助、拍摄	包粽子、劈柴、烧大灶	现在的生活很幸福	用微波炉、洗碗机等电器	老人生活不容易

例如，兰珺妈妈教奶奶剪窗花，兰珺同学教妈妈和奶奶跳拉丁舞；小吴同学不仅在家教奶奶和妈妈弹钢琴，也和妈妈向奶奶学习理发，最后连哥哥也加入了多代互学的行列，并且一家三代组织了"乡村送温暖"活动，给乡下的爷爷奶奶理发和洗头，诠释了家庭多代学习的价值以及如何融入社会的样态(见图5)。

图5　多代互学大合照

在"种子学生"的影响下，陆续有同学加入"三代互学"活动，他们和父母一起到爷爷奶奶、外公外婆家开展隔代互学活动。孩子们在父母的协助下向祖辈学习各种农村劳动技能。多样态的隔代互学活动，让孩子们了解了传统文化和祖辈们的生活，丰富了孩子们的假期生活，让他们学会了感恩父母、感恩长辈以及感恩社会。与此同时，孩子们教祖辈使用手机微信、抖音等，让祖辈与现代生活接轨，助力祖辈跨越数字鸿沟，提高了乡村老人的生活质量。一家三代，互学共学，其乐融融。

五、社会隔代互学的成效

总体而言，"七彩假期·把爱带回家"之"隔代互学"活动产生了良好的社会影响。一系列活动得到了政府部门的高度认可，比如阳东区妇联副主席参加了活动，阳东电视台、阳江日报等公共媒体进行了相关专题报道，为阳东区社会隔代互学的传播和交流提供了平台，打开了社会隔代互学探索的新途径和新空间。

具体来看，社会隔代互学主要产生了三个方面的实际成效。

第一，拓展了学生和家长推进隔代互学的新思路[①]。比如，两篇学生作文发表在《阳东》"文艺"版上(见表3)，表明隔代互学得到了更多人的关注和鼓励，也推动了活动的进一步开展。对此，笔者也做了班级美篇，并通过阳东红日义工队的公众号进行了展示和宣传。

表3　隔代互学成果

学生参与隔代互学总结	获得的评价
利彩瑜《有趣的乡村生活》　吴锐《隔代互学乐趣多》	发表于《阳东》
曾庆杰《隔代互学乐融融》　谭森《假期里的一天》	获评优秀作文
王浩然《乡村里的春天》　李舒婷《祖孙互学欢乐多》	
费兰珺被评为"最美小天使"	获评"最美小天使"
叶子天被评为"最美小天使"	
吴锐一家被评为"最美志愿者家庭"	获评"最美志愿者家庭"
谭雅丹一家被评为"最美志愿者家庭"	
王浩然《"鼠"我最少年》　谭森《你好！金鼠！》	美篇宣传、转载、影响了更多人
费兰珺《"2020"用爱陪伴　健康成长》　梁展硕《成长的快乐》	

第二，这一系列的隔代互学活动让更多社会热心人士、阳江市民了解到了隔代互学的深远意义，很多家长主动带孩子参与到隔代互学公益活动中来，并且，社会热心人士、家长志愿者为隔代互学活动捐资、捐物。我们通过创设丰富多彩的隔代互学项目，带动市民参

---

① 李家成，林进材.学习型社会建设背景下的寒假学习共生体研究[M].上海：上海交通大学出版社，2019：117－128.

与、让儿童、祖辈和父辈家长在多代协同中成长、在终身学习中发展。

第三，隔代互学活动实现了学校、家庭和社会三方协同育人的目标，带动了学生、家长的共同参与，将家庭隔代互学与社会隔代互学进行有机融合，促成了多方相关主体的共学互学，提升了隔代互学的综合性与层次性，为隔代互学从家庭走向社会奠定了良好的基础，开辟了新的途径。

原理解读

大量年轻劳动力选择外出务工，使得农村出现留守老人、留守妇女和留守儿童这样的特殊社会群体。

笔者在近几年的调查走访中，了解到了一些农村留守儿童、贫困独居老人的现实情况。在边远山村学校，留守儿童高达约90%。笔者所在学校处于城乡接合部，学校留守儿童约占全校学生的3.3%。作为班主任、志愿者、引导者，笔者先后组织成立了五个"临时隔代学习活动群"，引导班级学生、家长参与社会隔代互学活动。参与本次隔代互学活动的教师、中小学生、家长、社会人士志愿者超过200人，大家共同创生了具有丰富内涵的隔代互学项目，为本次隔代互学活动的顺利开展提供了人力支持。

将祖辈和孙辈的共学互学从家庭拓展到社会，是基于每个人都是社会一员的考虑。也即每个人作为社会人，都有着自己的个人生活世界，也有着丰富的社会交往关系，并与社会的政治、经济、文化以及生态等各领域产生持续不断的联系。因此，将"隔代互学"置于社会情景中，既能够丰富隔代互学的内容和方式，也可以助力和谐社会的发展。

温馨提示

由家庭隔代互学拓展为社会隔代互学，需要家庭、社会等多方面的力量支持。从教师角度来说，要注意以下几方面。

第一，与家长、学生广泛地利用本地街道和社会资源，引导家长和学生成为志愿者，参与社会公益组织，赢得众多社会机构对组织兴办社会隔代互学活动的支持，为拓展隔代互学的组织形式和学习内容提供支持。

第二，协调学校与教育局、民政局、团委、妇联等政府部门以及当地红十字会、社会志愿团体和校外教育机构等的合作，打造多主体共同参与的格局，为开展丰富多样的隔代互学项目注入来自社会多方面的活力。

第三，要想突破地区、学校和班级的限制，就要鼓励更多的学生和其祖辈转变局限于家庭的思想意识，走向参与社会隔代互学的行动实践，让"隔代互学"的教育理念深入人心，成为老年教育的一种新途径，助力老龄化社会走向多元治理。

拓展思路

这是笔者和学生、学生祖辈第一次有计划地联合开展的家校社协同育人活动，也是第一次系统全面地开展隔代互学共学项目。活动具有空间大、时间久、人员多的特点。为了在此基础上推动隔代互学向前发展，笔者后续将在周末、寒暑假做进一步的探索和研究，主要思路包括以下三个方面。

一是扩展研究对象。寻找更多本校跨班级、跨学校的留守儿童，注重与边远山村学校的联系，努力发现祖辈们身上更多的闪光点，开发更多教师、家长、学生的才能和潜力。注重对"种子学生""种子家长"的培养。发动志愿者积极引导、策划、组织隔代互学活动，创生出包括中小学生、大学生和城乡老人共同参与的隔代互学格局。

二是扩展研究内容。增设隔代学习项目，如让阅读进社区等，在乡村文化站、老年协会常态化地开展隔代阅读互学项目。又如，家校社联合开展太极拳、武术操等体育锻炼活动，以及组织文艺汇演等进社区、进乡村校园，结合创建文明城市、乡村振兴、学"四史"等开展彰显时代特征的隔代互学活动，并通过城乡、线上与线下联动的方式开展"书信传情"等多种方式的隔代互学。

三是扩展合作范围。积极主动与政府部门、乡镇社区老人活动中心、公益组织、社会机构、学校等密切合作，赢得人力和物力的支持，在体现"社会隔代互学"的独特性质的同时，也扩大隔代互学项目的影响、造福更多的人。

附　录　"隔代共学互学大学堂"项目

丁小明[*]　　李家成[**]　　殷明欣[***]

一、项目实施背景

伴随着科学技术的迅猛发展,终身学习已成为社会发展的必然趋势。特别是对于快速老龄化的中国而言,终身学习更是一项关怀人的发展、提升人力资源优势的积极举措。

2016 年世界卫生组织发布了《中国老龄化与健康国家评估报告》,预测中国老年人口到 2040 年将达到 4.02 亿,约占中国总人口的 28%[①]。因此,如何充分发挥老年人的作用,建设适应积极老龄化的学习型社会,已成为中国社会发展的重大课题。受中国传统文化影响,"主干家庭"仍然是中国家庭的主要结构形式。"多代同堂"既是中国"居家养老"政策的表达,也是中国"家文化"的直接表征。中国人自古以来对"家"非常重视和依赖,"养儿防老""叶落归根"都是对中国人传统观念之"居家养老"的诠释。

在中国城市,年轻父母迫于工作压力难以全天陪伴自己的孩子,多数也会选择请自己的父母帮忙照料孩子的生活起居。据统计,在以上海、广州、深圳等为代表的一线城市,50%～60% 的老年人承担了对孙辈的教育责任[②]。基于江苏省常州市新北区龙虎塘实验小学的调查,全校 33% 的家庭是由老年人负责养育孙辈。然而,从这些家庭儿童的发展现状来看,目前的隔代教育效果不佳。15% 的儿童存在以自我为中心、生活习惯差、学习积极性差、自制能力差等问题。这很大程度上归咎于老人们自身受教育程度低,教育观念落后,教育能力有限。国家统计局第五次人口普查资料显示,老年人口受教育程度普遍较低,60岁以上老年人的文盲、半文盲率达到 47.54%。其中,城市老年人口的文盲、半文盲率为

---

* 江苏省常州市新北区龙虎塘实验小学。

** 华东师范大学上海终身教育研究院。

*** 江苏省常州市新北区河海老年学校。

① 世界卫生组织. 中国老龄化与健康国家评估报告[EB/OL]. 2016[2021 - 03 - 15]. https://www.who.int/ageing/publications/china-country-assessment/zh/.

② 吴旭辉. 隔代教育的利弊及其应对策略[J]. 重庆文理学院学报(社会科学版),2007(4): 111 - 112.

31.08%,乡镇为41.63%,农村为54.24%[①]。可见,如何改进祖辈的教育观念和行为,改进祖孙之间的关系,成了学校亟待解决的现实难题。

由于中国社会现实和传统文化的双重影响,隔代教育已成为当代中国日益普遍的社会现象[②]。中共中央、国务院于2000年8月出台了《关于加强老龄工作的决定》(以下简称《决定》),指出要重视发挥老年人的作用,坚持自愿和量力、社会需求同个人志趣相结合的原则,鼓励老年人从事关心教育下一代,传授科学文化知识,开展咨询服务,参与社会公益事业和社区精神文明建设等活动[③]。从《决定》中我们可以看出,国家提倡隔代教育,事实上隔代教育自古以来就以一种自然天成的状态存在于每个家庭中,而且隔代主体间的生活、学习状态直接影响着家庭和谐,进而影响到社会生态的发展。那么,是否存在促进祖辈与孙辈在交往中共同学习、相互学习的举措,并通过相互影响而更好地促进双方的发展呢?

2019年1月,"隔代互学"项目正式在江苏省常州市新北区龙虎塘实验小学[④]启动,并以四(7)班为试点班,开展以家庭为基础的隔代互学活动。寒假里,孩子和老人们开展了丰富多彩的隔代互学活动。开学后,四(7)班面向全体家长进行了现场展评活动,并邀请家长担任评委,结合自评、互评和教师评,分别评出了10名金牌学员、10名银牌学员和10名铜牌学员,学生的成长令教师和家长们欣喜不已。问卷调查的结果显示,该项目得到绝大多数孩子、父辈家长、老人的喜欢,满意率高达92%。为了促进隔代互学活动的持续开展,也为了让研究从假期走向学期,项目负责人利用双休日开展了"1+n"个家庭的隔代互学。所谓的"1+n",即一个老人和多个孩子结对,这些孩子祖父母不在身边或已去世。

2019年6月,为了拓展龙虎塘实验小学的隔代互学资源,项目负责人和河海老年学校[⑤]的殷明欣校长取得联系,带领班里的46名学生和37位家长走进了河海老年学校。孩子们向老人们学习刻纸,家长们向老人们学习广场舞。本次活动取得了良好的学习效果,家长、学生都十分喜欢这种隔代互学和多代共学的学习方式。

具体而言,小学生通过观察老年人,产生了向老年人学习的意识和行为;通过参观老年大学,认识到了老年大学所具有的多元功能,并产生了终身学习的思想观念;通过向老年人学习刻纸文化,萌发了要承担"非遗"文化发展的传播者与践行者的美好理想。老年人通过

---

① 国家统计局. 第五次全国人口普查数据[EB/OL]. 2000[2021 - 03 - 15]. http://www. stats. gov. cn/tjsj/ndsj/renkoupucha/2000pucha/pucha. htm.

② 李家成. 隔代教育的实践类型与发展走向——兼论学习型社会建设中的隔代学习[J]. 教育视界,2019(7):31 - 32.

③ 中共中央　国务院. 关于加强老龄工作的决定[EB/OL]. 2000[2021 - 03 - 20]. https://www. pkulaw. com/chl/2144c2be01b0ccb1bdfb. html? keyword=.

④ 江苏省常州市新北区龙虎塘实验小学是一所公办街道小学,创办于1913年,现有57个教学班,2 550名学生,教职员工178人。学校的办学理念是"让每一个生命都诗意栖居",学生培养目标是"阳光、灵动、文雅"。学校自创办起,崇尚人的全面发展,推行素质教育。"家校社合作""幸福作业"项目研究享誉国内外。

⑤ 河海老年学校成立于2012年8月,是常州市新北区最早成立的街道老年学校,面向街道各社区老年人招生。学员多为本地失地农民和外地就业买房的居民,对学员不收任何学费,学校没有一名外聘教师,都是街道各社区有一技之长的退休人员。2014年学校被评为江苏省老年学校示范单位。目前有一校三区,教师13名,学员800多名,基本实现了街道各社区老年教育的全覆盖。

向小学生传授刻纸技艺,体验到了非正式隔代教育的乐趣和成就感,感受到了孩子们身上朝气蓬勃、爱学善思的品质①。

随后,河海老年学校音乐班的42名学员走进龙虎塘实验小学四年级的音乐课堂,和孩子们共上音乐课——登鹳雀楼。华东师范大学上海终身教育研究院李家成教授也来到了活动现场。课后,他和老人们深入交谈,项目负责人当场向学生发放问卷。调查结果显示,隔代主体的内生力量和外在支持共同促进隔代学习的产生,隔代学习呈现出共学、竞学和互学等多样化的状态,隔代主体在隔代学习中实现互惠共生。此研究启示我们,隔代学习助力于打破传统式的隔代抚养,有力地促成了隔代学习共同体的生成②。

2019年9月,龙虎塘实验小学和河海老年学校正式签订了"隔代互学互访协议书"。两校开启了每月一次的互学互访活动。

隔代互学互访活动的课程由双方学校的项目负责人根据老人和孩子的兴趣及需求事先商定,并写入学校工作计划。考虑到学生的学习能力、安全出行等一系列问题,龙虎塘实验小学选定五年级为结对互学互访年级,河海老年学校的学员根据学期初拟定的课程自愿报名参与互学互访活动。每学期结束时,项目负责人进行总结汇报或现场展示,接受家长、社区社会人士和李家成教授的评价和建议。

二、项目概述

(一) 项目目标

项目的总目标:期待通过"隔代共学互学大学堂",促使多代人共学互学,把终身学习理念付诸实践,推进学习型家庭、学习型社区的建设。

具体的目标为:

- 让孩子在活动中了解家乡文化,传承优秀的地方传统文化。
- 让孩子在活动中学会家务劳动,提高生存技能。
- 让孩子在活动中培养爱乡情感,增进祖孙情谊。
- 让老人在活动中学习,跟上时代步伐,提高老年生活的幸福感。
- 让老人在活动中增强和孩子合作学习的乐趣,提高学习质量。
- 通过活动促使多代人参与学习活动,形成共学互学的良好家庭氛围和社区学习氛围。

(二) 项目发展阶段

项目主要分三个阶段。第一阶段是2019年1月寒假期间,以四(7)班为试点,以家庭为

---

① 程豪,丁小明,李家成."跨域"学习可以促进小学生怎样的发展?——基于龙虎塘实验小学和河海老年学校的个案研究[M].上海终身教育研究院.中国终身教育研究(第一辑).上海:上海交通大学出版社,2020:70-86.·
② 程豪,丁小明,李家成,等.隔代学习实现老人和儿童的共学互学——基于龙虎塘实验小学和河海老年学校的个案研究[M].上海终身教育研究院.中国终身教育研究(第一辑).上海:上海交通大学出版社,2020:86-107.

基础开展隔代互学研究,学习者包括孩子、祖父母或外祖父母。

第二阶段是在寒假后的新学期。孩子们离开老家,回到了学校,跟着孩子一起回到常州的祖辈为数不多。基于这种现状,从 2019 年 2 月开始,为了使研究不中断,从假期走向学期,项目负责人利用双休日开启了"1+n"个家庭的新型隔代互学。2019 年 6 月,为了扩展隔代互学资源,开启了与河海老年学校每月一次的"隔代互学"活动。2019 年 7 月,学校全面开启了所有年级参与的"隔代互学"项目研究。假期以家庭内的隔代互学为主,开学后以"1+n"个家庭的隔代互学为主,五年级为指定与河海老年学校结对互学的年级。至此,隔代互学的内容、方式和评价体系基本形成。

经过一年的不断实践和探索,至 2020 年 1 月,"隔代互学"项目进入第三阶段,"隔代共学互学大学堂"正式形成,学习组织架构基本完成。

三、项目实施

(一) 第一阶段: 假期中以家庭为基础的隔代互学活动方案的实施

鉴于孩子和祖父母之前在亲子共读中所呈现出来的相互学习的可能性,案例班级在策划 2019 年的"寒假生活"时,就确定了"祖孙互学长本领"这一主题。班队课上,项目负责人组织学生讨论了"隔代互学"的内容、要求和展示汇报的形式,并发布在班级 QQ 群里征求家长和祖辈的意见,通过调整和修改,初步形成了学校"隔代互学"的活动方案。然后,通过家庭会议,在父母监督下,学生和家里的祖辈根据家庭实际情况共同制订了属于自家的祖孙互学活动方案。在寒假里,祖孙两代人依照既定的计划开展互学活动。

活动统计结果显示,祖辈选择传授孩子的本领主要有传统的地方美食制作、地方游戏、生活技能、本地方言等;孩子传授给祖辈的本领主要包括数字化能力,如微信支付、微信视频、手机导航、网上购物,也包括与老人日常生活密切相关的技能,如乘坐地铁、垃圾分类等。这些学习内容是孩子和老人根据各自的兴趣爱好与学习需求共同制订的。

关于这一阶段"隔代互学"活动的具体实施,图 1 给出了工作流程,包括 6 个主要步骤。

• 学校整体策划,发出倡议书(见图 2):倡议书发放给学校的每一位学生,鼓励学生和他们的父母、祖父母等在寒假期间制订并实施隔代互学活动,并给出隔代互学活动的例子和如何去开展活动的建议。

• 班级策划活动方案:班主任制订班级活动方案(见图 3),并在班里组织学生进行讨论、制定共学互学活动的内容、要求和展评形式。

• 家庭制订互学共学方案:召开家庭会议,制订家庭共学互学思维导图(见图 4),明确学习的内容、方式和方法。

• 祖孙签订共学互学协议书(见图 5),确保计划的有效开展。

• 开展活动,及时分享。各个家庭开展活动后,及时把照片、视频或美篇发到班级群分享。教师及时点评,促进各个家庭之间的相互学习,促进活动向更高质量发展。

• 统一展评,评优评先。开学后,学校统一开展展评活动,邀请家长、社区社会人士一起参加,当场体验,当场点评,评出优秀学员。

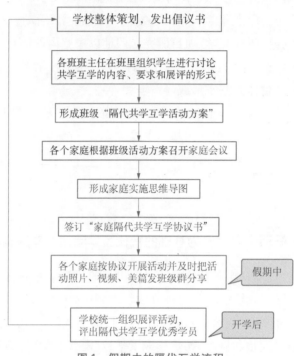

图1 假期中的隔代互学流程

"隔代共学互学"寒假活动倡议书

亲爱的同学们:

愉快的寒假就要到了,我们将回归家庭、回归社会,一家三代人团聚,和家人,和同村人一起欢度春节!

这将是一段无比快乐的时光!但快乐的同时别忘了我们的隔代互学哦!爷爷奶奶身上有许多值得我们学习的地方,他们的家务劳动,他们的传统手艺,他们的民间故事,他们的民歌民谣,还有他们的民风民俗,都值得我们学习和探究;同样,我们身上也有许多值得爷爷奶奶学习的地方,例如我们的兴趣爱好,我们的英语口语,我们的信息技术,我们的现代文明,例如:遵守交规、垃圾分类、禁放烟花爆竹等,我们要把我们在学校学到的知识,教给爷爷奶奶,带领他们融入现代社会,跟上时代步伐,丰富晚年生活。

你可以一对一和爷爷奶奶开展互学活动,也可以和同村、同社区、跨年龄、跨班级、跨学校的小朋友开展 1+n 的隔代互学,高年级的同学还可以自主招募,自主策划,走进社区、走进机构,开展隔代互学活动。

为了保证互学的效果,别忘了召开一次家庭会议,制定一份互学协议,上传一份互学成果哦!互学成果可以是美篇,可以是视频,也可以是 PPT 或自创绘本等。开了学,班级和学校会组织展示和评比,期待每一位同学的精彩表现!

隔代互学,传承文明,互学共学,意义重大!同学们,赶快行动起来吧!

祝你们在"隔代互学"中获得更多幸福和快乐,过一个有意义的寒假!

常州市新北区龙虎塘实验小学

2019.1.10

图2 "隔代互学"寒假活动倡议书

2019 龙虎塘实验小学四（7）班寒假"祖孙互学长本领"活动方案

亲爱的孩子及家长们：

　　美好的寒假即将来临，同学们将回归家庭，回归社会。作为家庭的一员，孩子们要学会自理，学会在家庭中的交往与实践。这是一次很好的家庭成员之间相互学习、共同成长的机会。经过昨天和孩子们的讨论，我们共同确定了本次寒假的"幸福生活"主题——"祖孙互学长本领"。

　　祖孙互学内容建议：爷爷奶奶缺乏信息技术本领，尤其是智能手机的使用，跟不上时代的发展，孩子们可以教爷爷奶奶学习如何使用智能手机。其次，随着我国对外开放的程度越来越高，来中国旅游、工作、居住的外国人也越来越多，爷爷奶奶跟外国人打交道的可能也越来越大，所以孩子们还可以教他们简单的英语单词，英语口语。而孩子们平时衣来伸手、饭来张口，生活技能极其缺乏，利用这个假期，就可以好好向爷爷奶奶学习生活本领，当然还有地方传统美食、传统工艺、传统游戏、地方方言等。

　　学习要求：1、祖孙双方在相互传授本领时必须耐心、认真、态度和蔼，不得发火，不得言语不敬。2、祖孙双方在互学期间，孙辈必须学会五项本领，祖辈至少学会三项本领。学习成果的呈现方式：可以是微视频，可以是照片、美篇、现场展示等。

　　请家长们召开家庭会议，和爷爷奶奶、孩子共同商量确定祖孙互学的内容，并用思维导图的方式画下来。为了确保本次互学活动的质量，请家长们在过程中要起到督促、鼓励和帮忙拍照、记录的作用。

　　最后预祝大家新年快乐，过一个有意义的寒假！

龙虎塘实验小学四（7）班
2019.1.21

图 3 "隔代互学"班级活动方案

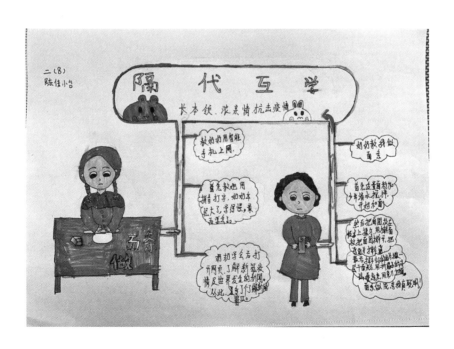

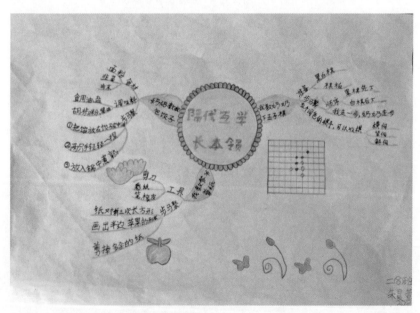

图 4　家庭隔代互学思维导图示例

龙虎塘实验小学四(7)班"隔代互学长本领"协议书

甲方：　　　　　　　(祖辈)

乙方：　　　　　　　(孙辈)

一、互学项目

甲方向乙方传授本领：

乙方向甲方传授本领：

二、互学要求

1. 甲乙双方在相互传授本领时必须耐心、认真、态度和蔼,不得发火,不得言语不敬。

2. 甲乙双方在互学期间,乙方必须学会五项本领,甲方至少要学会三项本领,逾期没有完成任务的,寒假作业等第不得评为优秀。

三、互学成果(呈现方式)

1. 微视频　2. 照片　3. 美篇　4. 作文　5. 现场展示　6. 绘本　7. 其他

四、互学时间

1月27日—2月16日

本合同一式两份,甲乙双方各执一份,双方及见证人(父母)签字后立即生效。

甲方签字：　　　　　　　　　　乙方签字：

见证人签字：

签字日期：

图5　"隔代互学长本领"协议书示例

1. 教与学：方法与实践

假期中的"隔代互学"以技能学习为主,老人和孩子互为老师,时间和场地较为自由。为了保证学习效果,祖孙双方需要签订协议书,在规定时间内完成学习任务,孙辈至少向祖辈学习5项本领,祖辈至少向孙辈学习3项本领;父母起到监督和鼓励的作用,并及时把学习情况分享到班级群。

2. 授课教师的选拔和培训

(1)选拔。对于"祖辈授课教师",由学生和其父母在近亲或周边的几个祖辈中进行选择,本着双方自愿的原则,可以一个孩子拜一个祖辈为师,也可以一个孩子拜多个祖辈为师,当然还可以几个孩子拜一个祖辈为师。对于"孙辈授课教师"的选拔相对固定,即老人自己的孙子和孙女,确保学校每个孩子都能参与项目活动,得到锻炼和成长。当然,隔代互学活动灵活机动,在有条件的情况下,一个祖辈也可以结对多个孩子来学习。

(2)培训。对于假期中隔代互学祖辈师资的培训,主要通过以下方式进行：学校通过项目负责人录制视频给祖辈宣讲隔代互学活动倡议书,通过家庭会议由学生给祖辈讲解班级活动方案;由父母牵头,学生主持共商家庭活动计划,并签订祖孙互学协议书,以及利用"种子祖辈"对每位祖辈进行示范视频培训;孙辈在项目过程中"教"老人如何开展互学活动,因此,活动本身也是对祖辈的一种培训。

孙辈师资的培训,主要通过学校教师在班队课上的集体培训来进行。一是培训学生如何选定自己要传授的技能。二是教师做示范,传授教学的方法和技巧。三是"种子孙辈"先回家实践,并把视频发给教师,教师及时组织学生进行点评。四是教给学生及时记录学习过程的方法,如拍照、录像或制作美篇等。

3. 学习者的确定

龙虎塘实验小学一至六年级的学生或他们的祖辈只要有这方面的意愿,都可以成为学习者。如结对有困难,学校会提供帮助。如祖辈不愿参加,班主任会登门动员或请家长做通老人的思想工作;如祖辈过世或因身体等原因无法参加的,班主任会帮助孩子找本班同学的祖辈一起开展互学活动。

该活动内容丰富多彩,涉及十多个类别,如美食、家务、生活常识、手工、运动、语言、艺术、信息技术等,包括 150 多种不同的项目内容(见表 1)。祖孙结对后,可以选择其中感兴趣的项目开展互学活动,也可以根据自己所在的地区特色进行自创活动。

表 1　2019 年 1 月"隔代互学长本领"项目示例

项目	类别	内　　容
孩子向祖辈学本领	美食	包馄饨、做馒头、擀面、做家乡菜、摊鸡蛋饼、炸锅巴、做肉圆、做糖馍、做兔子馍、做汤圆、包饺子、做花卷、炒花生、凉拌皮蛋、包团子、蒸馒头、煎鸡蛋、下面条、做糖醋排骨、做红烧肉
	家务	打被子、钉纽扣、扫地、拖地、洗碗、洗衣服、用电饭煲烧饭、淘米、择菜、喂羊、喂鸡、整理房间、擦玻璃、叠被子、整理鞋柜、烧火
	艺术	跳广场舞、捏泥人、拉二胡、刻纸、唱地方戏、教书法、学绘画、拉板胡、变魔术
	手工	织围巾、做手包、做沙包、剪喜字、折扇子、做高跷、折金元宝、剪鞋垫、钩针做圣诞老人、制作毛线玫瑰花、做陀螺
	技能	钓鱼、下象棋、打响指、打算盘、捣药、识药方、种花、和面擀面、锯木头、卖荸荠、拔鸡毛、开船、打花牌、射箭、捆稻草、堆草垛、生炉子、挖笋、骑自行车、打井水
	运动	踩高跷、滚铁环、跳皮筋、跳方格、丢砖头、打水漂
	语言	常州话、昆山话、扬州话等家乡话
	生活常识	识秤、学敬酒礼仪、正确贴对联、了解二十四节气、学农家谚语
祖辈向孩子学本领	信息技术	手机看抖音、手机发红包、看智能电视、用手机支付款、用手机听音乐、用手机看电子书、用手机发信息打电话、用微信转账、用手机拍照片、手机看视频、视频聊天、语音聊天、电脑打字、使用手机计算器、网上下载软件、网上购物、用手机计时、制作美篇、手机订餐、百度搜索、手机导航、用美颜相机拍照、自助解车门锁、滴滴打车、手机计步、超市自助结账
	语言	英语口语、普通话
	生活创意	现代魔术、堆雪人、变废为宝
	手工	折纸、剪窗花、插花
	运动	做体操、做健身操、跳绳、打羽毛球、打乒乓球
	美食	制作蛋挞、冰淇淋、奶茶、炸薯条、果冻

4. 教学材料

教学材料主要是学校编写的"隔代互学"活动读本——《最美的我们》,这是在项目实施过程中开发的。读本中选登了学生、家长撰写的120篇"隔代互学"小故事。有孙辈跟祖辈学方言的趣事,有祖辈跟孙辈学用智能手机的笑谈,有几个孩子跟同一位老人学吹口琴的过程,也有几个老人跟一个孩子学玩魔方的场景,有学打陀螺的欢畅,也有学拍照的幸福,有成功的喜悦,也有失败的苦恼。这本读本材料浅显易懂,互学过程生动、易操作,几乎所有的家长都表示非常喜欢这一读本,认为这是家庭隔代互学的好材料。

5. 学习成果评估

假期隔代互学成果的评估,主要以现场展评为主(见图6、图7)。首先,是班内的现场展评,班主任会邀请家长、任课教师和学生一起做评委。每人手里有10个"大拇指"贴,觉得哪个同学展示的成果好就给一个"大拇指",最后按"大拇指"的个数多少,评出金牌学员、银牌学员和铜牌学员各10名。

图6　"假期隔代互学"的现场成果展示

图7　同学们正在期初展销会上展示假期"隔代互学"的成果

其次,各班选派金牌学员在学校举办的期初展销会上进行展评,评出校级"隔代互学小能手",将他们的照片和事迹发布在学校公众号上(见图8)。

6. 假期中"隔代互学"的监测和评估

(1)监测。假期中的"隔代互学",学生和老人按照祖孙之间签订的"共学互学协议书"实施各项互学活动,父母进行监督,并在班级群中实时分享祖孙互学的情况。学校教师全

图8　学校公众号推出校级"隔代互学小能手"的照片和优秀事迹

程组织、开展指导工作,了解每个家庭的进展情况,并予以及时反馈。开学后,学校组织"班级展评"和"校级展销会"。"展销会"期间,学校会邀请家长和社区社会人士进行参观和评价,并当场听取他们的意见和建议。

（2）评估。假期中的隔代互学活动结束后,学校会对学员进行反馈式的评估,有时是问卷,有时是访谈。目的是评估学习者参与活动的次数、学习兴趣、学习内容、活动收获,以及对后期活动的期待和展望。这些信息将被用来改进方案中的某些缺陷。例如,家庭内的隔代互学,有的学生祖辈已经过世,有的祖辈丧失了和孩子开展互学的能力,那该怎么办呢？"1＋n"个家庭的隔代互学,也即邻里间的隔代互学就是在这种情况下被提出来的。

（二）第二阶段：学期中的"隔代共学互学"活动方案的实施

开学后,为了使活动不间断,从假期走向学期,本项目首先尝试了"祖辈进课堂"的学习活动,邀请有才艺的老人走进课堂,教孩子们一技之长,例如刻纸、刺绣、捏泥人、魔术等。其次,鼓励孩子们利用双休日发起不同家庭参与的、"1＋n"个家庭的隔代互学活动,例如包粽子、做元宵、打陀螺、吹口琴等。最后,在李家成教授的启发下,项目团队尝试和河海老年学校结对,开展每月一次的"互学互访"活动,带着孩子们走进老年学校,和老年人一起学习民族舞蹈、剪窗花、太极拳、抖空竹等传统文化课程;老人们则走进小学,和小学生一起学习科学、美术、音乐等课程。这样的学习方式,除了有"互学",还有"共学"。至此,"隔代共学互学大学堂"的项目概念产生了,而且参加项目的老人,也从学生家里的老人转向周围的邻居,由社区中的老人朝向老年大学的学员,成员来源越来越广泛。

下面以龙虎塘实验小学与河海老年学校开展的学期中"隔代共学互学"活动方案为例,说明具体的实施过程。它是由两个学校的校领导共同商定,并纳入学校整体工作计划的一个正式活动方案,有相对固定的上课时间、上课内容和上课教师。2019年,开展了11次"隔代互学互访"活动,每月中旬孩子们到河海老年学校上课,每月下旬河海老年学校的学员们到龙虎塘实验小学上课。

两校的共学互学活动涉及音乐、美术、科学、常州非遗等课程,呈现了上课、讲故事、T台走秀、手工制作、联欢等多种活动方式,可以说形式多样、内容丰富（见图9—图12）。

图 9　孩子们走进老年学校学习刻纸

图 10　老年学校学员走进龙小和孩子们一起上音乐课

图 11　孩子们到老年学校学习民族舞蹈《小背篓》

图 12　老年学校学员走进龙小和孩子们一起上科学课"运动与呼吸"

1. 教与学：方法与实践

学期中的"隔代共学互学大学堂"采取以学生（老年学员）为中心的教学方法，注重孩子和老人的互动。由于课堂时间有限（40 分钟），授课教师通常用一半的时间教授共学内容，四分之一的时间开展互学比赛，四分之一的时间开展老人和孩子的合作巩固学习。

2. 授课教师的选拔和培训

（1）选拔。授课教师为两个学校中各学科教学比较优秀的教师。一般在不打乱学校正常的课程教学计划的前提下，将项目活动安排和各学科教研组活动相整合。

（2）培训。两个学校的课程教学处会对选拔出来的教师进行为期一天的集中培训。上午进行备课培训：从教学目标、教学重难点、学情分析、板块设计到作业布置，充分考虑孩子和老人之间的差别；授课过程中除了共学环节，尽可能多地设计老人和孩子的互动环节和合作展示环节；互动环节可以是团队之间的比赛，也可以是个体之间的相互合作，还可以是小组之间的质疑和补充。下午进行模拟上课：一位教师试上课，其他教师充当学生，上课结束后立即评课，哪些地方值得肯定，哪些地方要进行改进，当场讨论，当场整改。

3. 学习者的确定

考虑到路上交通安全和学习接受能力，龙虎塘实验小学从五年级七个班级中安排学生前往河海老年学校学习，每次一个班，轮流前往。河海老年学校根据龙虎塘实验小学期初为老年学员提供的各学科教研组活动安排表，自主招募感兴趣的老年学员，在带队教师的带领下一同访问龙虎塘实验小学。共学互学活动提前一周进行具体事宜的对接和安排。

4. 课程内容

课程分小学和老年学校两类，小学以各学科教科书为基础，教师精心挑选和现代生活息息相关、老人和孩子都比较感兴趣的内容作为课程内容,并进行适当有创意的拓展和整合。老年学校主要以传承中华传统文化为课程内容。

从 2020 年 5 月开始,龙虎塘实验小学和河海老年学校拓展了共学互学的内容,将《联合国 2030 年可持续发展议程》涵盖的 17 个可持续发展目标列入其中,分别是:①无贫穷,②零饥饿,③良好健康与福祉,④优质教育,⑤性别平等,⑥清洁饮水和卫生设施,⑦可负担的清洁能源,⑧体面工作和经济增长,⑨产业、创新和基础设施,⑩减少不平等,⑪可持续城市和社区,⑫负责任的消费和生产模式,⑬应对气候变化,⑭可持续利用海洋和海洋资源,⑮保护陆地生态系统,⑯和平、正义和强大机构,⑰为实现这些目标建立伙伴关系。两校每月围绕一个主题开展大约 8 个课时的共学互学活动,17 个主题预计达到 136 课时。

5. 教学材料

两校隔代共学互学的教学材料主要根据老人和孩子的兴趣爱好、年龄特点设计,在国家课程、地方课程的基础上选定并自主开发教学材料。这里主要介绍 2030 年可持续发展的教学材料。每一个主题都有项目组教师开发制订学习手册,每份学习手册均分为"共学篇""互学篇""践行篇"。以第一个主题"无贫穷"为例,学习手册内容简要概括如下。

"共学篇":主要通过学生和老人共同阅读资料,了解《联合国 2030 年可持续发展议程》中关于消除贫困方面的指标。通过浏览新闻,了解中国贫困地区分布情况和党坚持精准扶贫精准脱贫的基本方略。然后讨论世界范围内"相对贫困""极端贫困"等问题,探究个人能做哪些努力来帮助他人。

"互学篇":通过倾听和理解,让学生深切感受祖辈儿时所经历的贫困生活。通过讨论和交流,祖辈和孙辈清晰对"贫困"的理解。然后探讨可行的方式,思考孙辈和祖辈如何共同为消除身边的、中国的、世界的贫困奉献自己的力量。这一篇章的学习,祖辈和孙辈互为老师,结合"消除贫困"这一主题,互教互学。

"实践篇":孙辈和祖辈通过策划、沟通和实践,找到解决自身、当地、国内、国际消除贫困的方法和路径。然后通过与他人合作,发现多元的扶贫方式和扶贫路径,理解扶贫的同时,明白扶志、扶智和扶行的重要性。最后尝试开展具体行动,并记录下来。活动结束后,祖辈和孙辈给对方的学习质量进行评价或给出建议。

6. 学习成果评估

学期中的隔代共学互学成果评估主要通过上课教师对学员课上的表现,家长对学员在家中的表现,祖辈和孙辈相互的评价,以及项目负责教师最后的综合评价得出,最终评选出优秀学员并发奖(见图 13)。

7. 学期中"隔代共学互学大学堂"的监测和评估

(1)监测。第一,每节课中教师对学员进行全程观察和点评。第二,教师对每节课的内容进行当堂测评。第三,家长对孩子和老人在家庭中的学习进行记录和分享。第四,祖孙双方相互督促、相互评价。

(2)评估。对学期中"隔代共学互学大学堂"的评估,有时采用问卷,有时运用访谈,有

图 13　学生在主题学习中获评"优秀学员"

时是学习收获的反馈。目的是了解学员上课次数、学习内容、授课教师的教学质量、学员的收获以及意见或建议等。

龙虎塘实验小学五 4 班"隔代共学互学"调查问卷

1. 在本次活动之前,你有没有听说过老年大学? 想过到老年大学和爷爷奶奶们一起上课吗?

2. 在你印象中,爷爷奶奶的生活是一种怎样的状态?

3. 今天这节课,你觉得爷爷奶奶表现怎样? 你有哪些感受和体会?

4. 你会推荐自己的爷爷奶奶、外公外婆去老年大学学习吗? 为什么?

5. 你会邀请你的爷爷奶奶、外公外婆到学校和你一起参加课堂学习吗? 为什么?

(三) 第三阶段:"隔代共学互学大学堂"活动项目正式成立

2020 年 5 月,"隔代共学互学大学堂"的组织架构基本完成。第一,假期采用集中学习,学校统一策划,开学后统一展评,开展 1 个家庭或"1+n"个家庭的隔代共学互学。第二,学期中进行分散学习,各班自主策划,利用班级玩伴团、社区平台和祖辈进课堂、"1+n"个家庭的方式,开展"隔代共学互学",并利用"龙娃玩转午间"等时段进行展评。第三,学校每月组织开展一次和河海老年学校的结对共学互学活动,以五年级为对象,每次活动安排一个班级进行,活动过后,及时邀请双方学员对本次学习进行评价。

项目的整体结构形成后,参加该项目的学生、老人和教师越来越多。第一,在新冠肺炎疫情防控期间,该项目极大促进了老年人的卫生与健康教育。项目组邀请常州市第一人民医院的万静波主任用视频的方式向每个家庭进行卫生与健康教育培训。万主任讲解了新冠病毒可能的形成原因,病毒对人体的危害,以及如何预防。对于"七步洗手法""家庭消毒"等实用的防疫手段,万医师进行了现场示范,培训特别细致和到位。第二,学校申请了一个可以容纳 4 000 人同时在线的 QQ 群,组建了由各学科骨干教师形成的"家庭成长导师团",开展具有学科特色的"新冠肺炎疫情防治"专题教育活动,每天安排一名学科教师上线教学,并适时和学生、家长进行互动。第三,学校组织学生把在家开展的防疫活动用图片、视频、美篇的方式在群里分享,促进各个家庭之间的共学互学。第四,学校组织学生创作防疫诗歌、快板、绘本、图片,以支援抗疫前线的白衣天使、交通干警和各行各业的志愿者,孩子们的作品感动了街道各社区的志愿者们和镇守在沪宁高速公路常州段关卡的"战士们",还有一批孩子的诗歌和绘画以英文版的方式发送给了李家成教授,由李教授代为发往联合国教科文组织,以表达龙虎塘实验小学的学生们对全世界小朋友的声援和鼓励。这一系列的活动,促进了居家学习期间青少年儿童的健康成长,优化了家庭生活,显现出强大的教育效应。特别是从 2020 年 5 月开始,项目组以"联合国 2030 年可持续发展议程"为主题,引导学生和老人参与其中,通过参与研制学习单、组织开展共学互学活动,引导小学生和老人形成对可持续发展 17 个目标的学习,并参与到可持续发展的具体项目中,大大拓展了隔代共学互学的内容。

四、项目成果

本项目自 2019 年 1 月开始实施,到现在已积累了丰富的研究成果。首先,项目负责人号召参与"隔代共学互学"活动的学生、家长积极投稿,汇编了龙虎塘实验小学"隔代互学"活动读本——《最美的我们》。其次,学校有 14 位教师和 1 位家长参与了由李家成教授组织的相关出版物编写。最后,项目负责人撰写的论文《创生互学共长的隔代教育新样态》在学术期刊《教育视界》上发表①。

该项目对促进祖孙两代人之间的感情,促进地方优秀文化的传承和发展,构建学习型家庭、学习型社会产生了积极影响。这一论断从 2019 年 2 月对于家长和 2020 年 3 月对于河海老年学员的问卷调查中得到了充分的印证。参加问卷的 97% 的学习者表示非常喜欢这种"隔代共学互学"的方式,"隔代共学互学"项目丰富了他们的生活,拓宽了他们的视野,为他们提供了更多的知识来源,增进了彼此之间的感情,使他们跟上了社会发展的步伐。问卷调查中,很多家长和老人们表达了他们对隔代互学教育方式的喜爱与肯定。

李康念妈妈说:"这个活动太好了,祖孙俩相互学习,其乐融融,老人不嫌孩子幼稚,孩子不嫌老人古板。"

周可欣妈妈说:"这样的活动对孩子的成长很有意义,希望以后能经常参加这样的活动。"

邓艺冉妈妈说:"隔代互学活动很好地传承了本地风俗与文化,有些我都不懂,希望以后能和孩子一起向爷爷奶奶学习,也希望这项活动能一直坚持做下去。"

河海老年学校学员张剑说:"隔代互学的教育方式非常独特新颖,和孩子们在一起特别

---

① 丁小明.创生互学共长的隔代教育新样态[J].教育视界,2019(7):33 - 35.

开心,看到孩子们,我们眼睛就发亮。和孩子们一起上课,让我找回了童年时光,这个活动给我们带来了很多快乐,我很喜欢。"

缪忆锋老人说:"隔代互学活动,给我带来了莫大的幸福。作为老年人又能够回到小学生时代,和小孩子一起上课,我觉得人生圆满了!你们功德无量。"

李志芳老人说:"隔代互学是一个创举,老年人和孩子在一起学习,特别开心。现在的学校教育方式特别好,都是现代化教育、启发式教育。跟孩子们在一起,我觉得精神状态变好了,人也年轻多了!"

虽然现在评估这一项目对个人、家庭和社会的影响可能还为时尚早,但迄今为止的调查结果表明,该项目得到了大多数学习者的喜爱。

五、项目影响及实施过程中遇到的挑战

(一) 影响

项目从当初学校的一个班 47 个家庭的 140 余人参与,到现在整个学校有 2 000 多个家庭、6 000 多人参加;从当初一所学校,到现在影响带动全国多所学校投入此项研究;从当初很少人听说本项目研究,到现在得到了全国多地教育部门和电台、报纸等媒体的关注……项目组成员与李家成教授的研究团队合作,从无到有,从有到优,不遗余力地投入实践和宣传,取得了一个又一个节点式的推进和发展。

上述案例在 2019 年 3 月第六次"学生寒暑假生活与学期初生活重建研究"全国现场研讨会(见图 14)、2019 年 10 月第七届终身教育上海论坛(见图 15)、2019 年 11 月全国"新基础教育"研究学生工作专题研修活动(见图 16)上作了交流分享。

图 14 第六次"学生寒暑假生活与学期初生活重建研究"全国现场研讨会

图 15　第七届终身教育上海论坛

图 16　全国"新基础教育"研究学生工作专题研修活动

　　2020 年 7 月 12 日常州电视台专程采访了李家成教授(见图 17)、项目负责人丁小明(见图 18)以及学生周可欣(见图 19),2020 年 7 月 14 日常州电视台采访了项目组开展的"同在蓝天下,携手共成长"隔代共学互学义卖义演活动,2020 年 7 月 23 日常州电视台全程跟踪报道了专题节目"老少运动乐翻天,健康生活三代人"隔代共学互学趣味运动会,随即该节目于 7 月 31 日在常州电视台新闻频道播出。目前,该项目专题纪录片已经在常州电视台"都市频道"连续播出了七集。

图 17　采访项目导师、华东师范大学李家成教授

图 18　采访项目负责人丁小明

图 19　采访学生周可欣

项目运行显示,它不仅有利于充分发掘老年群体的资源优势,促进祖孙两代人的良性互动,还为老年人和少年儿童创造了更多的学习渠道,促使其养成终身学习的习惯,最终助力学习型社会的建设和发展。

(二) 挑战

在执行该方案的过程中遇到了一些挑战。以下为我们应对中遇到的一些主要问题。

1. 要持续关注学习者的积极性

有些老人不识字,参与这项活动的兴趣不浓,感觉困难较大。

个别学生一到假期就联系不上,总是不能积极参与隔代共学互学活动。

有些家长和祖辈的理念欠缺,支持活动的力度不够,孩子和老人停止学习的现象时有发生。

有的家庭内不具备隔代共学互学的条件,身边也无对象可以开展"1＋n"个家庭的隔代共学互学活动。

2. 课程的系统性需要再加强

假期中的隔代共学互学,老人和孩子能传授的本领有限,家庭内的隔代共学互学后续活动课程得不到保障。

学期中的"隔代共学互学大课堂"的学习课程没有形成系统,学习手册的开发缺乏课程专家的指导,在课程目标、课程实施和课程评价方面缺乏一定的规范和标准。

有些课程很难在规定的时间内完成,需要长期的坚持,而且因人而异,因此无法准确确定学习课时。

3. 需要继续完善科学有效的评价监测机制

假期中的隔代共学互学,对于老年人学习成效的评价,只能通过孩子、家长的评价和活动中的视频、照片进行,线上展评和现场展评都难以达成,所以评价可能会存在偏颇。

学习课时和学习周期也没有经过充分的论证,未能科学地确定哪个年龄段的老人和孩子修满多少课时就可以毕业或者往高一级别晋升。

课程的开发、实施和评价需要教师投入大量的业余时间和精力,但又没有任何补贴和奖励,不能很好地吸引更多的老师投入本项目的研究。

六、经验教训

1. 经验

活动规章制度的全面落实。"隔代共学互学协议书"的签订,班级、校级现场展评的有效开展,合作学校之间签订的"互学互访"协议书等确保了项目各项活动的顺利开展。

学校和专家组团队的大力支持。学校领导不断利用"学术节""项目工作室"和"感动校园优秀项目评选"等契机,推动了本项目研究的不断发展。专家组团队不定期的指导和交流,促使项目组成员不断地总结反思和提炼研究成果,经验的分享和成果的发表给了项目组成员持续研究的信心和力量。

"种子家庭"的积极影响。在项目实施和推进过程中,"种子家庭"发挥着极其重要的作用,他们积极实践,勇于示范,带动和影响着一大批家庭投入项目学习中。

2. 教训

项目开展之前要做好问卷调查,了解每个家庭的实际情况。对于有困难的家庭要及时给予帮助。

假期中的隔代共学互学活动,教师要充分利用"种子家庭"的作用,及时推进班级活动的开展,对于群里的活动信息要及时关注、及时点评,激发孩子和老人参与的积极性。

对于老年人学习成果的评价,要给予高度的重视和鼓励,以此激发祖辈继续学习的热情。

七、对下一步工作的思考

针对项目遇到的"有些老人不识字,参与这项活动的兴趣不浓,感觉困难较大"这一挑战,后期学校将从一年级开始,组织老人和孩子开展"识字写字"共学互学活动。教师可以把每天要学习的"识字写字"内容拍成视频发在班级群里,让孩子在父母的帮助下,回家后与祖辈开展共学互学活动,让老人和孩子共同成长,也为后期老人能持续参与这项活动打下扎实的知识基础和文化自信。

　　该项目的未来前景是积极广阔的。在今后的持续开展中要继续坚持"四项原则"不动摇。一是集中和分散相结合的原则。假期进行集中学习,学校统一策划,开学后统一展评;学期中进行分散学习,各班自主策划,利用"龙娃玩转午间"等项目进行展示。二是假期和学期相结合的原则。假期通过一个家庭或"1＋n"个家庭的方式开展隔代共学互学;学期中通过班级玩伴团、祖辈进课堂、与老年学校结对的方式开展"隔代共学互学"。三是常式和变式相结合的原则。常式是指祖辈和孙辈之间的隔代共学互学,变式是指学生和其他老人之间的共学互学。四是整体和部分相结合的原则。对于学校整体策划的隔代共学互学活动,我们将通过寒暑假生活、每月一次互学互访、每周一次祖辈进课堂、每年一次联欢会等有计划有步骤地推进。对于开展隔代共学互学真正有困难的家庭,我们还将从点上争取突破,设立"爷爷奶奶帮帮堂",请专家和种子爷爷奶奶从生活、学习、隔代共学互学观念、隔代教育方法等方面进行有针对性的指导。

　　目前,项目正致力于《联合国2030年可持续发展议程》中确立的可持续发展目标的研究性学习,仍然以"隔代共学互学大学堂"的方式推进。随着全球范围的碳中和共识与行动的确立,中国社会也将加快完成由工业文明时代向生态文明时代的转变,社会各个领域乃至全体公民必然将面对"如何可持续发展"的重大课题。鉴于此,教育系统理应承担起帮助所有学习者与全体国民"学会可持续发展"的时代责任。在这样的形势下,以"学会可持续发展"为导向,校正教育改革、发展与创新的方向,明确新时代人才培养目标,充实新的教育内容,创新教学与学习方式,是新时代教育面临的新挑战,也是教育工作者应思考、践行的新课题。

后 记

在抗击新冠肺炎疫情的寒假中,在疫情得以控制后的延迟开学期间,在抗疫走向有序运转时,我们项目组的每位伙伴努力总结、提炼隔代互学的成果,力图将真实的实践用生动鲜活的文字表达出来,将我们的思考和追求尽可能地呈现出来。

经过 2020 年 1—2 月全情投入的撰写,我们形成了初稿;经过 2020—2021 学年的实践探索,我们对初稿中的案例进行了丰富和更新;经过 2021 年 7—10 月的修改、打磨和完善,我们形成了初步的定稿;并在相关志愿者伙伴的帮助下,不断优化书稿,进而成型。

在此过程中,每位伙伴都真诚投入,不断修改和完善自己的稿件,且相互支持和帮助。这一切,反映的正是"隔代互学"项目组最为珍惜的"学习"意识和能力。

本书反映了一段时期项目实施的实践与思想,也更将导引我们走向新时期的隔代互学研究。

愿更多的老人、孩子在隔代互学中发展,也愿这样的学习文化融入家庭教育、社区教育和学校教育,成为学习型社会建设的重要力量,促成全民终身学习的不断实现。